Der Geist der Regenbogenschlange

Das Buch

Im Hause der alten Doña Celestina de la Soledad wird Merilyn Tunneshende in uralte schamanische Praktiken eingeweiht. Ihre drei Lehrer, Doña Celestina, Chon Yakil und Don Juan, der berühmte Lehrer von Carlos Castaneda, verstehen es, auf höchst spannende und humorvolle Weise ihr faszinierendes Wissen weiterzugeben. Und Merilyn ist bereit, ihre spirituelle Entwicklung vertrauensvoll in die Hände dieser alten schamanischen Heiler zu legen. Sie erlebt einen Transformationsprozeß, der sie die Welt mit völlig neuen Augen sehen läßt.
Die im Buch vorgestellten schamanischen Rituale sollen Leserinnen und auch Lesern dabei helfen, ihre weiblichen Energien zu entdecken und mit den männlichen zu versöhnen.

Die Autorin

Merilyn Tunneshende verbrachte nach ihrem Universitätsabschluß in Spanisch und Religion/Philosophie einige Jahre mit Forschungsarbeit und Reisen in Mexiko. Dort erfuhr sie eine umfassende Einführung in den Schamanismus. Heute lehrt sie selbst schamanische und visionäre Heiltechniken.

Von Merilyn Tunneshende ist in unserem Hause bereits erschienen:

Träume den Traum des Schamanen

Merilyn Tunneshende

Der Geist der Regenbogenschlange

Entdecken Sie die schamanische Kraft
der sexuellen Energie

Aus dem Englischen
von Heike Rosbach

Econ Taschenbuch Verlag

Diese Ausgabe entstand durch die Vermittlung
von Jürgen P. Lipp und Jürgen Mellmann.

Econ Taschenbuch Verlag 2000
Der Econ Taschenbuch Verlag ist ein Unternehmen
der Econ Ullstein List Verlag GmbH & Co. KG, München
Deutsche Erstausgabe

Titel der englischen Originalausgabe: The Rainbow Serpent
(Thorsons, an Imprint of HarperCollins Publishers, London)
Übersetzung: Heike Rosbach, Nürnberg
Redaktion: Birgit Förster, Köln
Umschlagkonzept: HildenDesign, München – Stefan Hilden
Umschlaggestaltung: HildenDesign, München – Andrea Barth
Titelabbildung: Tony Stone, München
Satz: Josefine Urban – KompetenzCenter, Düsseldorf
Druck und Bindearbeiten: Ebner Ulm
Printed in Germany
ISBN 3-612-18017-7

Für »Goyacle«, Geronimo,
einen großen Chiricahau-Krieger

Inhalt

Einführung

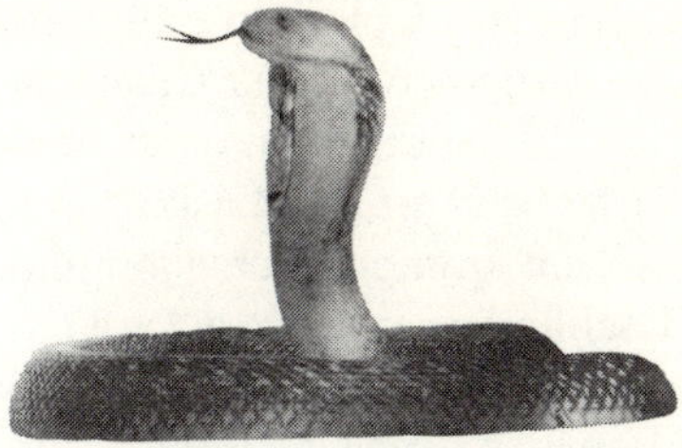

1994 verließ mein Mentor und energetisches Pendant, der Nagual (Formverschieber-Schamane), der vielfach auch mit seinem spanischen Namen Don Juan angesprochen wird, diese Welt. Er sprang wortwörtlich mit Hilfe des Feuers im Innern und der Regenbogen-Überquerung des Geistwassers, den klassischen Lehren der Regenbogenschlange, im Tode aus seinem Körper. Da ich mit ihm zusammen eine heilige Vereinigung der Energien vor, nach und zu dem Zeitpunkt, da er diese Welt verließ, erlebte, sah ich mich als Erbin seiner magischen Welten und seiner wüsten Heimat. Eine von mehreren noch lebenden Personen seines Vermächtnisses ist eine mächtige Zauberin namens Doña Celestina de la Soledad. Eine andere ist der raffinierte Träumer und Heiler Chon Yakil, den Carlos Castaneda einst Don Genaro nannte.

Doña Celestina ist auf den ersten Blick als Vollblutzauberin zu erkennen. Daran kann kein Zweifel bestehen, anders kann man es nicht ausdrücken. Die heute 84jährige Doña war 1984, als wir uns zum erstenmal trafen, 66 Jahre alt. Sie ist wie ich einen Meter achtzig groß, hat ein indianisches Gesicht mit grauem Haar, das sie unter einen Turban hochgesteckt trägt, und lebt genau so, wie es ihrem Namen »Soledad«, Solitude, Einsamkeit entspricht. Sie verbirgt ihren dunklen, schlanken, muskulösen Körper stets unter einem schlichten schwarzen Kleid und lächelt nur sehr selten, hat jedoch lange wunderschöne Zähne. Es war

Doña Celestina, Schreck o Schreck, die es übernahm, mich in den Wegen der weiblichen Kraft auszubilden.

Den Tag, an dem Don Juan mich über die mexikanische Grenze nach San Luis Rio Colorado mitnahm, um sie zu treffen, werde ich nie vergessen. Doña Celestina stand in ihrem schwarzen Kleid und in Sandalen an einer Straßenecke, hackte mit einer dicken Machete große Maiskolben von den Stielen, schälte sie teilweise mit kräftigen Schlägen und warf sie in eine Eisenwanne mit kochendem Wasser, die auf einer alten Öltrommel in einem Kohlenfeuer ruhte. Die Doña blickte argwöhnisch zu mir herüber, ohne ihre Arbeit zu unterbrechen, und ihr dunkler Schatten sprang in meine Richtung und streckte sich diagonal über den sonnenbeschienenen Bordstein; er schwebte über der Stelle, wo ich mich befand. Das ist keine Heilerin, keine Medizinfrau, dachte ich fröstelnd. Das ist eine richtige Zauberin, durch und durch. Don Juan starrte mich grimmig an, als er meine Gedanken las. »Das ist deine Lehrerin«, sagte er und machte uns bekannt.

Doña Celestina ist eine Mischung aus Maismutter und Drachendame. Ich stellte fest, daß sie äußerst grimmig und fähig ist. Sie ist Expertin für die Energie im Hinblick Langlebigkeit, sexuelle Energiepraktiken und kraftvollen Gegenzauber. Bei meinen folgenden Aufenthalten in ihrem Haus in San Luis Rio Colorado, Sonora, arbeitete ich täglich für meine Verpflegung, und das tue ich auch heute noch, wenn ich sie besuche. Sie besteht darauf. Zu Anfang schrubbte ich die gekachelten Wände, Tische und Böden mit einer Wurzelbürste, bis sie glänzten, und wusch Kleidungsstücke von Hand fleckenlos sauber. Später durfte ich dann immer und immer wieder Kleider bügeln, bis die Falten so scharf und gerade wie Klingen waren, und dann moppte ich die Fliesen, bis man von den Böden essen konnte. Als ich diese Arbeiten beherrschte, schloß ich mich einer kleinen Gruppe von Mädchen an, denen sie beibrachte, mit der Maschine blitzschnell gerade Säume zu nähen. Gemeinsam stellten wir nach ihrem sachkundigen Vorbild und unter ihrem hexenhaft prüfenden Blick Berge von Kleidungsstücken für den Verkauf auf dem Markt her. Nicht ein einziges Mal kam auch nur eine von uns auf die Idee, sich zu fragen: »Ist das eine Lehre?« Es war eine Frage des Überlebens.

Abends, wenn die Schatten länger wurden und die jüngeren Mädchen nach Hause oder zu Bett gingen, begaben Doña Celestina und ich uns in ihren dunklen Arbeitsraum, um »trabajitos« (kleine Arbeiten) auszuführen. Es war ihr Altarraum für Séancen, Beratungen und Gegenzauber. Ihn ohne sie zu betreten war untersagt, und niemand hätte es je gewagt, dieses Verbot zu brechen. Bei Anbruch der Dämmerung verzehrten wir in der alten gekachelten Küche eine einfache, aber kräftige Mahlzeit – Mais, Kürbis, Bohnen, Chilis und Tortillas zumeist – und tranken anschließend einen starken Kaffee. Wir weichten das Geschirr ein und beobachteten, in Korbschaukelstühlen sitzend, wie sich Licht und Wind auf ihrem Innenhof veränderten. Wenn es dann dunkel war, betraten wir wie zwei treibende Schatten den verräucherten Altarraum und setzten uns an ihrem rustikalen Arbeitstisch einander gegenüber. Der große Raum wurde damals und wird noch heute stets lediglich von Kerzen erleuchtet. In ihm ist jede nur vorstellbare Energie zu finden.

Häufig diskutierten und arbeiteten wir bis tief in die Nacht. Viele Dinge, die ich von Doña Celestina lernte, sind furchterregend, aber sie lehrt, was sie lehren muß, um zu überleben, ganz ähnlich wie die entthronte Mutter Erde zu einer Zeit, in der sich Veränderungen auf ihr vollziehen. Im Kern ihrer Lehren steht ein Korpus von spirituellen sexuellen Energiepraktiken und Übungen zur Langlebigkeit. Auf diese Gebiete werde auch ich mich im folgenden konzentrieren.

Neben diesem zentralen Punkt stelle ich noch weitere Praktiken der sexuellen Energie und des Träumens vor, die mir meine beiden anderen Mentoren Don Juan Matus und Chon Yakil vermittelten.

Die sexuelle Energie und das Träumen, vor allem das schamanische Träumen, sind eng miteinander verbunden. Einige Initiationen in die schamanischen Welten von Don Juan Matus und Chon Yakil wurden bereits ausführlich in meinem ersten

Buch TRÄUME DEN TRAUM DES SCHAMANEN dargestellt. Darin schildere ich, wie ich als Lehrerin in die Welt der schamanischen Heilrituale und die Entwicklung des Traum-»Doppelgängers« gestoßen wurde.

Im Augenblick steht bei meiner Arbeit mit Chon Yakil, einem 84jährigen Praktiker des Maya-Nagualismus, dieses Gebiet im Mittelpunkt. Auf Chons Bitte hin fungierte ich als seine Sendbotin in der Welt der Medizin und trat bei zahlreichen Veranstaltungen über Schamanismus und traditionelle westliche Medizin vor Psychiatern und Ärzten auf. Wenn ich im Detail die eigentlichen Traumpraktiken vorstelle, die für das Heilen vorgeschrieben sind und die darauf gründen, daß man die Energie direkt sehen kann, kann ich zeigen, daß Krankheiten und andere Beschwerden auf geistig-energetischer Ebene einen Vorläufer sowie ein Komplement ihrer körperlichen Manifestation besitzen.

Dieses ganze Wissen in Verbindung mit dem, was ich von Don Juan über die echte und authentische energetische Übergangspraktik »Feuer im Innern zum Zeitpunkt des Todes« lernte, umfaßt neuentdeckte Aspekte des alten nagualistischen Schamanismus und wichtige, bislang fehlende Stücke des schamanischen, spirituellen und metaphysischen Puzzles der Welt. Ich habe festgestellt, daß neben den Tolteken, Nahuatl und den Maya viele andere Ureinwohnerkulturen den Nagual oder die Formverschieber-Sonne (Uay Kin in der Maya-Sprache) hatten und das Feuer im Innern möglicherweise einst kannten. Die Q'ero, Abkömmlinge der Inka, wären hier zu nennen, aber auch die Yaqui, Yuma und Dineh sowie die frühen Mississippi-Kulturen. Der Nagualismus, so fand man heraus, hat seine Wurzeln in demselben Wissenspool, aus dem sich die vortibetischen und sibirischen schamanischen Traditionen speisten, und diese setzten vielleicht lange vor der transkontinentalen Verbreitung des Schamanismus ein – und traten in deren Verlauf ebenfalls auf –, vielleicht vor 40 000 Jahren.

In diesem Buch gebe ich weiter, was ich von diesen alten Methoden miterlebt, erfahren und gelernt habe; und ich zeige, wie Menschen von einer dramatischen Heilung, der Energie und dem erweiterten erleuchtenden Bewußtsein profitierten. Viele dieser Lehren werden erstmals offenbart und scheinen bis zum richtigen Zeitpunkt zurückgehalten worden zu sein. Jetzt hat man das Gefühl, es sei dafür an der Zeit. Die Menschheit, die Erde und all ihre Lebewesen stehen im Augenblick vor einer drohenden evolutionären Verschiebung und der Gelegenheit, sich mit unserer bestmöglichen Absicht neu auszurichten. Vieles von dem, was in der gegenwärtigen Weltsicht fehlt, ist in den alten Weisheitstraditionen zu finden. Einfach ausgedrückt, es wird ein Paradigmenwechsel hin zur Wahrnehmung und Energie verkündet, die heilen können und sowohl praktizierbar wie auch nützliche Hilfsmittel sind, um zu überleben, sich zu entwickeln und nach Erleuchtung zu streben.

Seid gesegnet.

1
Die Brücke von den Träumen in die Alltagswelt schlagen

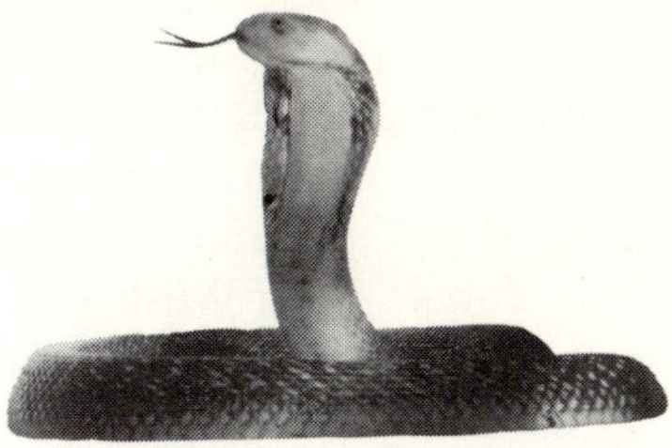

Im Jahr 1993 kehrte ich nach Yuma in Arizona zurück. Es sollte das letzte Jahr sein, in dem ich alle drei meiner Mentoren in ihren physischen Körpern erlebte. Die Fahrt war lang gewesen, vier Tage quer durch den Süden der Vereinigten Staaten in meinem weißen Jeep Cherokee waren ein Beleg für die große Distanz. Ich hatte die Nase voll davon, mit dem Fuß auf dem Gaspedal zu stehen, doch als ich den Picacho Peak, eines der ersten ausmachbaren Kennzeichen von Yuma, am Horizont erblickte, verspürte ich eine Welle der Energie und Heiterkeit.

Ich erreichte Old Town und fuhr direkt zu Lute's Casino, das eigentlich überhaupt kein Casino, sondern vielmehr ein Billardsalon, Saloon und Dominoclub aus der Zeit um die Jahrhundertwende ist, der wie eine mythische Oase in der Zeit fortbesteht. Hier erfuhr ich von einigen Yuma-Indianern, die auf der anderen Seite des Colorado River im Reservat lebten, daß Don Juan weggezogen war und sich nun in den Cocopa Mountains südlich von Mexicali aufhielt.

Nach der langen Fahrerei überraschte mich das nicht sonderlich. Ich wußte, wie gerne er die Wüste durchstreifte. Doch es bedeutete, daß ich noch länger im Jeep sitzen mußte, wozu ich aber nun seltsamerweise bereit war. Man erklärte mir den Weg in die Berge und zu der Stadt, und dann machte ich mich daran, meine Sachen in ein kleines Lehmziegelapartment zu bringen, das Don Juan für mich in der Nähe des Reservats in Old Town gefunden hatte. Das Apartment war eines von der Art, die so einfach, warm und leer wirken, daß man gar nichts hineinstellen möchte. Es war abgeschieden, und seine glatten Wänden und Böden wurden von Licht durchflutet; es lag inmitten der Wüste, und hinter ihm zog sich ein Bewässerungskanal entlang. Als ich mein Gepäck auslud und duschte, war es Spätnachmittag. Ich setzte mich wieder auf den Fahrersitz und fuhr in südwestliche Richtung zur Baja California.

Die Fahrt war, wie oftmals in der Wüste von Yuma, wunderschön. Zuerst ging es unter dem sonnigen wolkenlosen Himmel an den Algadones-Sanddünen vorbei, die in vielen Hollywoodfilmen als Wüste Sahara herhalten müssen, dann nach Süden auf die schroffe Baja Peninsula und die geschwärzten Lavagipfel zu, die nun im Licht der untergehenden Sonne golden glänzten. Ich gelangte zu der kleinen Cocopa-Stadt Pozo auf der mexikanischen Baja Peninsula, kurz nachdem die Sonne hinter diesen Gipfeln verschwunden war. Pozo war nichts Besonderes, es bestand nur aus ein paar staubigen Straßen mit kleinen Beton- oder Lehmhäusern vor dem Hintergrund der Berge. Ich fand Luis Tanfoya, einen Freund von Don Juan, auf einem Holzstuhl auf der schattigen Vorderseite seines winzigen Betonhauses sitzend. Ich stieg aus dem Jeep, begrüßte ihn höflich und fragte nach dem Weg. Mit seinem zahnlosen Grinsen bot er mir einen Becher Wasser an und zeigte die schmutzige Straße hoch auf ein kleines rosafarbenes Haus an deren Ende.

Nachdem ich den Becher kaltes Wasser genüßlich getrunken hatte und wir uns ein wenig unterhalten hatten, fuhr ich zum letzten Haus auf der rechten Straßenseite hoch. Davor wuchsen große Yuccapalmen, und an seiner Rückseite standen mehrere riesige Cardon-Kakteen, die sehr hoch und mehrere hundert Jahre alt werden können. »Don Juan?« rief ich, während ich eine kleine Kühlbox mit mehreren Packungen geräucherter Regenbogenforellen an der Beifahrerseite meines Jeeps herausholte.

»Presente«, rief er auf spanisch aus dem Garten hinter dem Haus zurück.

Ich ging eilig außen herum nach hinten, ohne das Haus zu betreten. Er trug ein schwarzes Hemd und eine bequeme Hose; er saß auf einem Holzstuhl und schälte mit einem kleinen Jagdmesser Pitayas – farbenprächtige Kaktusfrüchte in der Größe von Glühbirnen. Er stellte die Tonschüssel mit den Schalen zu Boden und erhob sich, um mich mit einer festen Umarmung zu begrüßen.

»Das ist für dich«, sagte ich und meinte die Kühlbox, die ich bei seiner kräftigen Umarmung hatte zu Boden fallen lassen.

»Setz dich«, forderte er mich auf und holte einen zweiten Holzstuhl aus dem hinteren Zimmer des Hauses. »Mmmm!« Er schnupperte in die Kühlbox und bot mir dann, während er sie wieder zuklappte, aus einer Tonschüssel geschälte Pitayas an.

Die leckeren Früchte waren von verblüffendem Weiß, Grün, Orange, Rot, Scharlach und schwärzlichem Purpur. Ich hatte derart pulsierende Früchte noch nie zuvor gesehen. Ich suchte mir eine von dunklem Purpur aus und biß hinein. Das dicke Fruchtfleisch war saftig und ein bißchen faserig, der Saft fast ein Elixier mit kleinen schwarzen Kernen. Ich schlürfte und wischte mir mit einem feuchten Tuch, das Don Juan mir von dem alten Holztisch reichte, auf dem er sein Messer, die Schalen und die noch ungeschälten Pitayas abgelegt hatte, die Purpurfarbe von Mund und Fingern.

Der Himmel war nun in hochroten Tönen gefärbt, und eine kleine Gruppe von Staren begann von einem Mesquitebaum in der Nähe zu zwitschern. »Ich bewundere deine Selbstbeherrschung, weil du mich nicht fragst, was ich hier noch weiter draußen im Nirgendwo treibe«, scherzte Don Juan.

»Bei den Arabern gibt es die Redewendung, daß Gott die Wüste schuf, damit er alleine sein konnte«, erwiderte ich auf derselben Ebene.

Don Juan lachte herzlich. »Das ist ein *ejido*. Kennst du das spanische Wort?«

»Wie eine Rancheria oder eine Stammes- oder Gemeindefarm?« fragte ich und suchte im Kopf nach einer angemessenen Übersetzung.

Don Juan griente über meine umständliche Definition. »Ja. Das ist der Stil, in dem die meisten Kulturen an Wüstenflüssen, von den Mohave bis zu den Yaqui, früher lebten. Um zu einer Gemeinde gehören zu können, muß man arbeiten, deshalb bin ich als der örtliche Kwaxot hier.«

»Der Schamane mit Traumkraft«, versuchte ich aus dem Yuma zu übersetzen.

»Richtig! Natürlich waren unsere Häuser anders, sie bestanden aus den Materialien der Wüste, aber das ist der Einfluß der Regierung.«

Er tätschelte die rosafarbene Zementwand des kleinen Hauses, das er von der Gemeinde Cocopa erhalten hatte. »Genau deshalb bin ich für eine Weile von Yuma weggegangen. Zu viele Regierungseingriffe bei den Indianern. In ihrer Verzweiflung denken sie an ein Casino, unmittelbar gegenüber von der Brücke zum Reservat. Ich hoffe, sie bauen es, wenn das nötig ist, um einen fairen Anteil von Uncle Sam zu bekommen.«

Ich dachte über die Möglichkeit eines Casinos auf Yuma-Land nach. »Als Yuma kannst du folglich beidseits der Grenze leben?«

»Ich kann Stammesmitglieder hier auf ›unbegrenzte‹ Zeit besuchen«, grinste er verschmitzt. »Als Yuma-Indianer kann ich ohne Papiere über die Grenze. Weißt du noch, daß ich dir auch beigebracht habe, ohne Papiere über die Grenze zu gehen?«

»Natürlich weiß ich das noch! Indem ich sage, ich sei eine US-amerikanische Einwohnerin irgendeines amerikanischen Grenzstädtchens, das in der Nähe liegt, die nur für einen Tag zum Einkaufen drüben war.« Ich lachte laut heraus. »Ich dachte immer, das wäre eine von deinen Zaubereien. Ich wende den Trick nach wie vor an. Es bereitet mir großes Vergnügen, die Beamten mit ihrer Konsummentalität mit dem Satz ›Ich war einkaufen!‹ zu hypnotisieren. Das funktioniert sogar, wenn ich monatelang in Mexiko war, solange ich nicht zuviel Gepäck dabei habe.«

»Eine Metapher für das Leben«, reflektierte Don Juan humorvoll und ein wenig pathetisch. »Es hat dir nicht nur Vergnügen bereitet, sondern auch den Geschmack der Freiheit vermittelt, einer wunderschönen Frucht, die nur darauf wartet, gepflückt zu werden.« Er langte über den Tisch und bot mir eine weitere sorgfältig geschälte Pitaya aus der Schüssel an.

Als ich noch darüber nachdachte, ob ich zulangen sollte, setzte er hinzu: »Dein Timing hätte nicht besser sein können. Ich bin überglücklich, dich zu sehen, und auch sehr froh, daß ich nun nicht nach San Luis trampen muß! Ich habe dort morgen etwas zu erledigen.«

Da ich gerade erst anfing, mich von den viereinhalb Tagen in meinem Jeep zu erholen, dachte ich sogleich an die dreieinhalbstündige Fahrt, die uns nun also am nächsten Morgen bevorstand. »Eigentlich hast auch du dort etwas zu erledigen«, deutete Don Juan an und verstummte dann.

»Was denn zu erledigen?« fragte ich.

Es war fast dunkel. Don Juan stand auf und machte mir Zeichen, ihm nach drinnen zu folgen. Er zündete eine Kerosinlampe an, und ich sah, daß der hintere Raum eine Küche war, in der ein kleiner Gasherd, mehrere große freistehende Wasserkrüge mit Deckeln, eine Spüle sowie ein Tisch und Stühle aus Holz standen. »Es gibt hier dank der mexikanischen Kampagne für Trinkwasser in kleinen Dörfern fließend kaltes Wasser. Aber trink es nicht«, lachte er.

»Was denn erledigen?« wiederholte ich.

Er ging mit der Kerosinlampe in der Hand weiter in den Hauptraum. Dort lagen dicke Strohmatten auf dem Boden und handgewebte Decken zusammengelegt an der einen Wand. Das Licht der Lampe warf unheimliche Schatten voller Goldtöne gegen das geöffnete Vorderfenster, das im purpurfarbenen Zwielicht den Blick auf den Umriß einer großen Yucca freigab. Ich gähnte. Don Juan bedeutete mir, ich solle mich auf eine Matte beim Fenster setzen. Er selbst ließ sich auf einer Matte neben mir nieder.

»Was habe ich in San Luis zu erledigen, abgesehen davon, daß ich dich morgen dorthin begleite?« beharrte ich schläfrig.

»Das kann ich dir noch nicht sagen. Geh heute nacht in deinen Träumen dorthin und finde den Grund dafür selbst heraus. Das wird dir nicht schwerfallen. Du schläfst ja jetzt schon fast, oder?«

Ich gab zu, daß die lange Fahrt nun endlich ihren Tribut forderte. »Es ist nicht die Fahrt«, lachte er sanft. »In der Bewegung steckt eine fabelhafte Energie. Versuche das heute nacht in deinen Träumen zu erhaschen, und morgen werden wir versuchen, die Brücke zu deinen Träumen zu schlagen.« Mehr mußte er nicht sagen. Ich döste bereits auf meiner Matte. Don Juan gab mir eine Decke, und als ich mich zugedeckt hatte, schlief ich auch schon ein.

Zunächst träumte ich, ich würde mit einem Aufzug hoch in meinen leuchtenden Energiekörper fahren. Dann erschien eine Schwingtüre; sie öffnete sich, und ich befand mich in dem sonnenbeschienenen Patio von Doña Celestina de la Soledads Haus in San Luis. Ich wurde plötzlich sehr aufmerksam, nicht nur weil ich so klar träumte, sondern weil Doña Celestina eine mächtige Cocopa-Zauberin ist und ich nicht wollte, daß sie meine Anwesenheit in ihrem Haus bemerkte.

Auf einem Tisch mit einer klaren Glasplatte lag ein wunderschön schillernder Perlenschmuck. Irgend jemand schien mit Perlen eine Schlange aus reinen Regenbogen zu fertigen. Ich spürte Chons Gegenwart und hörte ihn in der Ferne lachen. Da Chon ein Maya-Heiler ist und im mexikanischen Yucatán lebt, weit weg von Don Juans Haus, in dem ich mich im Augenblick aufhielt, erschien es mir seltsam, daß ich ihn hörte. Ein goldener Wasserkessel dampfte bei einem üppigen Papayabaum, und der Duft von Jasmin und Heliotrop hing in der Luft. Wunderbare sphärenartige Musik wehte abwechselnd mit dem Duft vorbei. Lange, schlanke, grüne Blütenstiele mit schwirrenden, perlenartig glitzernden, trichterförmigen Blüten wiesen nach oben in den Blumengarten beim Hauseingang. Ein Springbrunnen plätscherte still und durchsichtig sein Wasser in ein Rohr, die flüssige Mutter der Perle.

Ich hörte, wie Don Juans Stimme mich anwies, »diesen Traum zu öffnen«, und ich setzte mich summend nieder und schaukelte in einem Schaukelstuhl aus Korbweide.

Am Morgen erwachte ich erfrischt und summte dieselbe Melodie. Die Sonne war noch kaum aufgegangen, und die Luft war frisch. Don Juan war bereits wach und bereitete Eier mit Machaca zu, dem getrockneten Rindfleisch, wie man es in Sonora kennt. Der wunderbare Duft der Machaca und der riesengroßen Tortillas aus Sonora, die größer als Servierplatten und so dünn sind, daß man hindurchsehen kann, ist unverkennbar.

Ich ging den Korridor hinunter aus dem Hauptraum und fand das versprochene Bad: eine Toilette, ein an der Wand befestigtes Waschbecken sowie eine kleingekachelte Bodenfläche mit einem Abfluß in der Mitte, die als Dusche ohne Vorhang diente. Als ich geduscht und angezogen war, stand das Frühstück schon fast auf dem Tisch, und es wurde gerade der Kaffee aufgebrüht. Ich summte die mysteriöse Melodie aus meinem Traum, als ich mein kurzes Haar trocknete. Da antworteten mir zwei Gambel-Stare von einem Kaktus, den ich im Morgenlicht durch das kleine Badfenster sehen konnte. Hungrig ging ich in die Küche.

»Buenos dias!« begrüßte mich Don Juan munter, der vor einem dampfenden Teller an dem rustikalen Tisch saß. Er grinste, wie er es häufig tat, wenn er meine Träume mit seinen eigenen verfolgt hatte. Ich setzte mich, und er schenkte mir eine Tasse heißen Kaffee ein. »Wir können auf der ganzen Fahrt nach San Luis über die Träume reden, wenn du willst. Aber jetzt essen wir erst einmal, damit wir bald loskommen. Wir werden erwartet«, sagte er geheimnisvoll.

Ich aß das köstliche Frühstück aus heißem Salzfleisch, Eiern und Tortillas mit großer Begeisterung. Don Juan lächelte, während er mir mit offenkundigem Interesse beim Essen zusah. »Es freut mich, daß du gerne ißt und etwas Gewicht zugelegt hast. Mir ist es egal, was eure Frauenzeitschriften sagen, dünne Frauen sind ungesund. Bislang warst du immer eher zu dünn. Jetzt siehst du robust, muskulös und kräftig aus.« Er stand auf, um unser Geschirr abzuspülen. Ich half ihm dabei und belud dann erneut den Jeep, und eine halbe Stunde später fuhren wir auf der schmutzigen Straße aus Pozo hinaus.

Sobald wir die holprigen Straßen hinter uns gelassen hatten und auf dem Highway waren, begann Don Juan über Träume zu sprechen. Er machte es sich auf dem Vordersitz bequem, als wolle er sich auf eine lange Unterhaltung einstellen. »Jede Kraft in unserer Kultur ist von der Traumkraft abgeleitet«, begann er. »Träumen ist die tiefste natürliche und gesündeste Trance, die der Körper selbst induziert. Aufgrund dieser Tiefe und ihrer visionären Fähigkeit und auch aufgrund der Tatsache, daß der Energiekörper sich voll auf die Reise begeben kann, ist Träumen der am höchsten zu bewertende Trancezustand.

Man kann wirklich in den heiligen Bereich von Raum und Zeit eintreten, Pforten durchschreiten, handeln und Kräfte mit zurückbringen. Der Schlüssel dazu ist, wie du weißt, Klarheit, ein Schlüssel, den die meisten Angehörigen der weißen Kultur verloren haben, den aber wir, die nativen Völker um den Colorado River, nie weggeworfen haben. Was du letzte Nacht getan hast, nennt man ›Bridging‹, es gibt dafür kein besseres Wort im Englischen. Man betritt die Träume mit Klarheit und versucht dann etwas zu träumen, das man öffnen, zurückbringen und in den Wachzustand herüberholen kann.

Auf diese Weise finden Heiler ihre Heilpflanzen und -gesänge, werden Krieger von Kraft erfüllt und erfahren politische Führer, was sie den Menschen sagen sollen. Damit Träume wirklich Kraft besitzen, müssen sie in die Alltagswelt gebracht werden, damit es alle erfassen können. In der ganzen Baja hier und am Colorado River hoch bis Nevada gibt es Canyons und Höhlen voller Wandmalereien, die Visionen eines Schamanen wiedergeben oder zurückbringen. Wenn man sie betrachtet, erkennt man die Kraft des Träumens. Sie sind für alle aufgezeichnet, die in ihren Gebrauch eingeweiht sind.

Es ist jedoch nicht notwendig, Träume in den magischen Uterusbereich einer Höhle oder eines Canyons zu malen. Ein mächtiger Schamane kann seinen oder ihren Uterus physisch und energetisch mit sich herumtragen und ihn öffnen und betreten, wann immer es notwendig ist. Dies manifestiert das Träumen. Wir werden heute feststellen, wie gut du in der Lage bist, deine Träume in deinem Uterus zu tragen, und ob du fähig bist, ihn vollständig zu betreten.«

Ich begriff den Kern seiner Erklärungen sehr gut. Wie immer war er über das normale Verständnis von Klarheit hinaus deutlich und beleuchtete Dinge, an denen Anthropologen jahrzehntelang herumrätselten, wenngleich die Tatsache, daß Westler sich keines dieser Dinge so einfach vorstellen können, ihn weder interessierte noch ihm überhaupt bewußt war.

»Das heißt, wir werden Doña Celestina einen Besuch abstatten«, warf ich mit Bestürzung ein.

»Genau«, erwiderte er. »Das steht heute in San Luis an.«

»Wie konntest du nur im vorhinein wissen, daß ich von ihrem Patio träumen würde?« fragte ich in die Defensive gedrängt.

»Ich träumte es und holte den Traum herüber, bevor du ankamst«, teilte er mir lächelnd mit.

Eine ganze Weile war ich sprachlos, während er einfach nur dasaß und griente. Wir fuhren in östlicher Richtung nach Yuma und nahmen dann die Straße gen Süden durch Somerton nach San Luis. Schließlich fragte ich ihn: »Wie behält eine Frau ihre Träume in ihrem Uterus?«

»Auf die gleiche Weise, wie sie eine Empfängnis behält. Wenn sie kristallklar ist, kommen die Träume perfekt durch, so als würden sie transparentes Wasser durchqueren.«

»Also braucht man zum Träumen sexuelle Energie?« Ich verstand ihn sehr gut.

»Unbedingt«, bestätigte er. »Je mehr, desto besser.«

»Doch wie ist das dann bei Männern? Sie haben keinen Uterus.«

»Ein Mann muß seine Uterusregion aufbauen, indem er den Geist der heiligen Höhle oder des heiligen Canyons dazu bringt, mit ihm zu kommen. Dem Geist muß fortwährend Ehre erwiesen werden, damit er bei ihm bleiben will. Das ist ein Problem, das viele weiße Männer haben, das sie essentiell aus dem Gleichgewicht bringt und sie letztlich kraftlos macht. Sie achten das Weibliche nicht. Kein Schamane, der sein Salz wert ist, würde jemals so etwas tun. Der Geist einer Höhle oder eines Canyons reagiert auf Gesänge, Rufe, aufrichtige Äußerungen der Sehnsucht und kann mit Reinigungszeremonien wie Fegen und heiligem Räucherwerk verehrt werden.«

»Rechst du deshalb den Sand vor deinem Haus so oft in wunderschöne Muster?«

»Du erkennst die Schönheit und Verehrung darin, weil du einen vollständigen und gesunden Uterus in dir trägst.« Sein Tonfall wurde sanft und poetisch.

»Was ist mit der phallischen Energie, müssen Frauen sie für einen magischen Zweck aufbauen?«

»Frauen besitzen diese Energie bereits. Doña Celestina wird dir darüber mehr erzählen, wenn sie damit einverstanden ist, daß du eine Zeitlang bei ihr bleibst.«

»Ich soll bei Doña Celestina bleiben?« Meine Hände auf dem Lenkrad wurden feucht.

Don Juan lächelte und entblößte dabei seine gleichmäßigen Zähne. »Ja, das Apartment, das ich dir besorgt habe, ist nur zu deiner Erholung gedacht. Höchstwahrscheinlich wirst du sehr häufig mit Doña Celestina zusammensein, wesentlich mehr, als du vielleicht gedacht hast.« Er suchte in der Tasche seines Khakihemds und dann in der Hosentasche nach einem Quarter, den er einem kleinen mexikanischen Kind gab, das an der Grenzstation Orangen verkaufte.

»Wir sind gleich da. Bieg drüben an der ersten Straße links ab und dann an der ersten Straße nach dem El Tecolote-Kräuterladen nach rechts.«

Ein Grenzschützer lächelte und winkte uns durch die mexikanische Grenzstation durch. Das wirkte surreal, fast als ob er uns aus der Wirklichkeit, die wir nun verließen, verabschieden und uns in eine neue einweisen würde. Wie immer, wenn ich mich dem Territorium von Doña Celestina näherte, wurde ich in eine unheimliche Zeitlupe versetzt. Ich umklammerte das Lenkrad, als wir in eine wogende, wie tief unter Wasser wirkende Energie fuhren, die die einsame sonnenbeschienene Straße auf der ganzen Länge durchdrang.

Übung 1
Die Träume in die Alltagswelt herüberholen

1. Versuchen Sie, in Ihren Träumen klar zu sein – das heißt, zu erkennen, daß Sie träumen, während Sie mittendrin sind. Sagen Sie beim Einschlafen immer wieder zu sich: »Ich werde während des Träumens erkennen, daß ich träume.« Suchen Sie sich einen Hinweis – etwa Ihre Hände oder der Ton Ihrer eigenen Stimme –, der diese Erkenntnis auslösen soll. Sagen Sie zu sich: »Jedesmal wenn ich meine eigene Stimme höre oder meine Hände erblicke, werde ich erkennen, daß ich träume.«
2. Lassen Sie sich nach drei Stunden Schlaf und dann erneut alle zwei Stunden sanft wecken. Mehrmals in der Nacht aufzuwachen versetzt Sie in die Lage, ein besseres Erinnerungsvermögen an alle Traumaktivitäten zu haben und sich erneut der Aufgabe zu stellen.
3. Sobald Sie häufig Klarheit erzielt haben, fangen Sie an, nach einem vorher ausgewählten Gegenstand Ausschau zu halten, der sich nicht in Ihrem Besitz befindet, etwa nach einem glatten Stein. Wenn Sie diesen speziellen Gegenstand in Ihrem Traum finden, fangen Sie an, ihn, in dem Wissen, daß Ihnen das gelingen wird, auch im Wachzustand zu suchen, selbst wenn das vielleicht Zeit braucht. Dieser Gegenstand wurde Ihnen von der Kraft als Hilfe gezeigt.
4. Sobald Sie den Gegenstand im Wachzustand gefunden haben, haben Sie Ihre Träume erfolgreich in die Alltagswelt herübergeholt. Bitten Sie die Energie um Erlaubnis, den Gegenstand mit nach Hause nehmen zu dürfen, wenn das möglich ist. Stellen Sie ihn an einen Platz, von dem aus Sie ihn sehen oder spüren können, wenn Sie einschlafen. Wenn es sich bei Ihrem Gegenstand um einen Stein handelt, kann er über Ihre Nabelregion gesichert werden, indem Sie ihn in eine Schärpe einrollen, die Sie sich auf den Oberbauch binden. Falls es nicht möglich ist, physisch mitzunehmen, was Sie träumten, können Sie es fotografieren, berühren oder einfach im Gedächtnis behalten.
5. Sobald Sie fähig sind, die Brücke zu schlagen, können Sie versuchen, alles mögliche herüberzuholen: einen Ort, eine Person, eine Idee, eine Kraft, etwas für die Besserung der Welt, zum Beispiel Frieden. Je öfter Sie das tun, desto sicherer und stabiler wird das Fundament, bis es so stark ist, daß Sie tatsächlich in den Wachtraum hinüberschreiten können.

2
Mit der verärgerten Mutter/Vater-Gestalt Frieden schließen

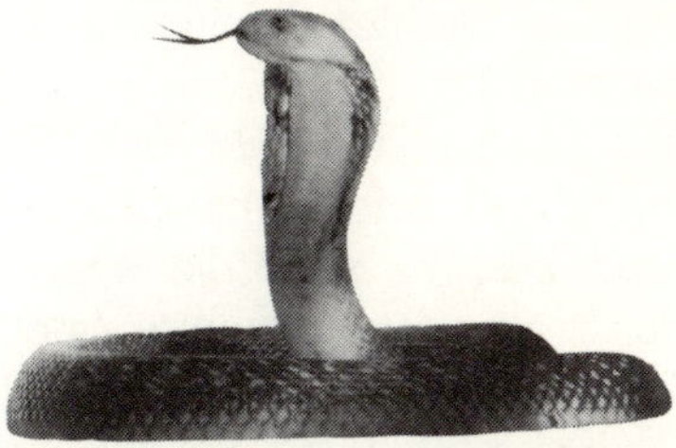

Eine junge indianische Frau, die heimlichtuerisch leise zu uns sprach, führte uns in den gefliesten Flur. Ich vermutete sofort, daß sie zu den »Mädchen« der Doña gehörte, jungen, häufig mittellosen indianischen Frauen, die aus den kleinen Dörfern tief im Innern Mexikos in die Orte an der Grenze kommen, weil sie hoffen, dort Arbeit und eine neue Chance zu finden. Doña Celestina hatte meines Wissens schon eine ganze Reihe solcher jungen Mädchen gerettet, die sie oft beim Betteln auf der Straße gefunden hatte. Standen sie einmal unter ihrer Obhut, dann gab sie ihnen im hinteren Teil ihres Patios ein Zimmer und verpflegte sie; außerdem vermittelte sie ihnen Kenntnisse in der Haushaltsführung, die die jungen Frauen für sie übernahmen, um ihr Kostgeld zu verdienen. Wenn sie eine Reihe von Hausarbeiten perfekt beherrschten, wurden sie mit anspruchsvolleren Tätigkeiten betraut, bis sie vermarktbare Fähigkeiten erworben hatten und als Näherinnen oder in einem Haushalt arbeiten konnten. Häufig verließen sie dann ihr Zuhause, stets jedoch mit ehrlichem, großem Respekt.

Nach kurzer Zeit des Zusammenlebens mit Doña Celestina

fanden die jungen Mädchen unweigerlich heraus, daß diese in San Luis als Zauberin fungierte, eine Tatsache, die, neben ihrer furchteinflößenden Präsenz, bei ihnen häufig Entsetzen auslöste, was auch bei diesem jungen Mädchen offenkundig der Fall war. Daß sie dennoch stets dablieben, war ein Beweis für die besondere Kraft und Fähigkeit der Doña. Es war mehr als deutlich, daß dieses Mädchen auch vor Don Juan Angst hatte. Es schien nun doppelt entsetzt, fast einer Ohnmacht nahe, als es uns in dem sonnigen Patio zu Stühlen geleitete und uns schweigend Gläser mit Wasser brachte.

Ich muß zugeben, auch ich bin nicht gegen das Entsetzen, das Doña Celestina hervorruft, gefeit. Obwohl Don Juan eine starke und angsteinflößende Präsenz besaß, die einem selbst noch nach seinem Tod Respekt abverlangt, konnte einem die Doña mit ihrem bloßen Blick einen eisigen Schauder durch die Knochen jagen. Man gewöhnt sich nie daran. Sie taucht wie ein Schatten auf, und die Frauen in ihrer Obhut flüstern und bleiben fast wie Fledermäuse aus der direkten Schußlinie in den Ecken und Dachsparren.

Ich begann leicht zu schwitzen, während wir warteten, und suchte den Patio nach etwas ab, auf das ich den Blick richten konnte und das mich in einem Zustand der Behaglichkeit stabilisieren würde. Meine Augen blieben an einem kleinen Tisch mit einer Glasplatte hängen, auf dem ein wunderschöner regenbogenfarbiger Perlenschmuck lag. Die Sprachrohre der Yuma, besonders die Mohave oder Yuma oder Kw'tsan, wie sie sich selbst nennen, und die Cocopa sind seit jeher für ihren Perlenschmuck berühmt, der weltweit zum besten zählt und vielfach in Museen ausgestellt ist. Doña Celestina ist, was die Feinheit ihrer Arbeit betrifft, wirklich eine Künstlerin höchsten traditionellen und visionären Ranges. Ich bewunderte das Klapperschlangenmuster des Perlenschmucks, und dann dämmerte es mir: Das war dasselbe Stück, das ich in meinen Träumen gesehen hatte. Don Juan lächelte mir scheu über den Rand seines Wasserglases zu.

Die ganze Szene verschwamm auf einen Schlag, als würde ich mich genau in jenem Augenblick in meinen Träumen befinden. Don Juan unterbrach meine Tagträumerei, indem er mir mitteilte, das sei Wachträumen. Er erklärte, daß man, wenn man seine Träume herüberholt und sie betritt, häufig von neuem zu träumen beginnt, als würde die Synchronizität den physischen und den Energiekörper in das luzide gemeinsame Erschaffen des Jetzt zusammenziehen. Seine Erklärung wurde von dem unmißverständlichen Rascheln eines Rockes unterbrochen. Ich wappnete mich für Doña Celestinas bevorstehende Gegenwart.

»Wer plaudert da in meinem Patio?«

Guter Gott! Sie war noch stärker als beim letztenmal, als ich sie gesehen hatte. Es ist nicht ihre Größe, sie ist einsachtzig groß, sondern vielmehr ihr Schatten, der ihr wie ein versklavter Berg zu folgen scheint. Ich krümmte mich.

»Na, Juan, was haben wir denn da? Wie alt bist du jetzt, 150?«

»Dieses Jahr 100«, sagte er, wobei er sich erhob und graziös verbeugte. »Und du, meine Liebe?«

»79, denke ich, und es geht rückwärts. Und wer ist das?« wollte sie auf ihre entwaffnende Weise wissen; sie schaute mich an und gab vor, mich nicht zu kennen. »Oh, das ist Mer ... ilyn.« Sie stolperte über meinen Namen, der auf spanisch schwierig auszusprechen ist, mit bewußt schläfriger Stimme, einer Stimme, die ich sie mehr als einmal einsetzen hörte, um ihren Adressaten buchstäblich zu hypnotisieren. »Ich werde deinen Namen ändern müssen, Liebes, zu einem, der glatter von der Zunge geht. Merlina, das klingt auf spanisch flüssiger. Meinst du nicht?« Sie blickte mir nun direkt in die Augen.

»Das ist nett. Ja, er gefällt mir.«

Doña Celestina lachte so beklemmend, daß eine Krähe auf dem Papayabaum in der Nähe krächzte. Sie ging hinüber zu dem Tisch mit dem Perlenschmuck. »Sie hat Mut, das läßt sich nicht leugnen, oder, Juan? Sag mir, Merlina, warum besuchst du mich wieder?«

Es war mir unmöglich, das komplizierte Vorhaben in Worte zu fassen. Tatsächlich fiel es mir schwer, überhaupt irgendeine Antwort auf diese Frage zu finden. Es war schwierig, einen Gedanken zu formulieren, wenn Doña Celestina in diesem völligen Schweigen wartete und den Augenblick mit jeder weiteren Pause noch ausdehnte. Sie setzte sich in einen Korbschaukelstuhl, kreuzte die Beine unter ihrem langen schwarzen Rock; dann begann sie zu schaukeln und eine seltsame Melodie vor sich hinzusummen, die sonderbarerweise genauso klang wie die, dich ich selbst an jenem Morgen vor mich hingesummt hatte.

Alles, was mir durch den Kopf ging, war die Pointe eines mexikanischen Witzes. Die Geschichte geht so: Ein Maler erhält den Auftrag, das Letzte Abendmahl für eine offizielle politische Veranstaltung zu malen. Am Abend vor dem Fertigstellungstermin ist er betrunken und fügt einen dreizehnten Apostel hinzu. Wieder nüchtern geworden, fällt ihm am Morgen des Ereignisses als einzige Möglichkeit, seinen fürchterlichen Fehler rechtzeitig vor dem Bankett zu bereinigen, nur ein, eine Sprechblase dazuzumalen, die dem dreizehnten Apostel aus dem Mund steigt. In dieser Sprechblase stehen die Worte: »No soy apostele, no soy nada. Nada mas vengo a comer, y despues a la chingada«, was sich auf spanisch reimt und bedeutet: »Ich bin kein Apostel, ich bin ein Niemand. Ich kam nur her, um zu essen, und danach fahre ich zur Hölle.« Das sagte ich auf spanisch zu Doña Celestina.

Sie brüllte buchstäblich vor Lachen. Einen Augenblick lang dachte ich, sie und Don Juan würden von ihren Stühlen kippen. Dann stand sie auf und sprach ruhig zu einem der Mädchen in einem anderen Teil des Hauses, und kurz darauf wurde uns im offenen Patio ein köstliches Mahl serviert. Es gab geröstetes Ziegenfleisch, Mais-Tamales, gedämpften Kürbis und frische grüne Jalapeno-Paprikaschoten. »Eßt auf«, forderte sie uns auf. »Abgemacht ist abgemacht.« Und nachdem er zu Ende gegessen hatte, erhob sich Don Juan vom Tisch und ließ mich mit ihr allein.

Die Angst schien mir nicht den Appetit zu verderben. Als Don Juan den Tisch verlassen hatte, aß ich langsam weiter. Ich hatte noch nie geröstete Ziege probiert, deshalb aß ich vorsichtig, und ich muß sagen, sie war hervorragend. Das Aroma des Fleisches war ein wenig metallisch, vermischt mit geräucherten Obertönen. Es schmeckte scharf und gebraten. In seiner Konsistenz ähnelte es dunklem Putenfleisch.

Doña Celestina blieb bei Tisch und aß ebenfalls schweigend. Als sie fertig war, brachte uns eines der Mädchen, das während des ganzen Essens unmerklich an der Seite gewartet hatte, mit dem geschockten Ausdruck der Angst auf dem Gesicht Kaffee. Das war vielleicht das erstemal, daß es die Doña gesellig mit Gästen speisen gesehen hatte. Mir war immer noch unbehaglich, deshalb studierte ich die mexikanische Spitzentischdecke aus indianischem Leinen und das handbemalte folkloristische Porzellan, die wunderbar festlich und exotisch waren, während die junge Frau unser schmutziges Geschirr abräumte.

Ich wußte, daß ich nun den Mut aufbringen mußte, das Schweigen zu brechen, sonst würden wir darin verharren, bis Don Juan zurückkehrte, wann immer das sein mochte. »Ich konnte nicht umhin, deinen herrlichen Perlenschmuck zu bewundern, Doña Celestina«, begann ich erwartungsvoll.

»Danke, Merlina. Das ist die Regenbogenschlange. Es ist ein Brustschmuck, der traditionell von einem Mann getragen wurde, aber ich habe diesen hier für dich angefertigt.«

»Für mich?« Ich war wirklich erstaunt.

Doña Celestina lachte schüchtern. Sie stand vom oberen Ende des langen, schweren, hölzernen Garten-Eßtisches auf und ging durch den Säulengang des Patio in den offenen Garten hinaus. Ihr dunkler Rock raschelte bei jedem Schritt. An dem kleinen Tisch mit der Glasplatte, auf dem der Schmuck im Sonnenlicht glänzte, blieb sie stehen und machte mir ein Zeichen, ihr zu folgen.

Ich war von der grellen Mittagssonne, die von den vielfarbigen Glasperlen reflektiert wurde, überwältigt, als ich näherkam. Doña Celestina legte mir den Schmuck um und sang etwas auf Cocopa zu der Melodie, die ich in der Nacht zuvor im Traum gehört hatte. »Nun«, sagte sie. »Es herrscht Frieden zwischen uns. Du mußt keine Angst vor mir haben. Du bist mir nie in die Quere gekommen. Wußtest du nicht, daß die Frauen der Yuma und der Cocopa hervorragende Träumer sind? Ich habe jeden deiner Schritte verfolgt, Merlina – mit großem Interesse, wie ich hinzufügen möchte.«

Ich war sprachlos. Zum ersten Mal konnte ich Doña Celestina wirklich verstehen. Sie ist so mächtig, daß sie gefährlich wirkt, und doch auch wie eine Klapperschlange; solange man keine falsche Bewegung macht, schlägt sie auch nicht zu. Es war, als ob die Illusion der Schatten verschwunden wäre, als ob ein innerer durchsichtiger Deckel, ein Schleier vor meinen Augen gelüftet worden wäre. Ich merkte, daß ich in diesem Augenblick ganze Bände über die alte weibliche Kraft absorbierte.

Plötzlich wurde mir klar, daß Don Juan sie auf dieselbe Weise wahrnehmen konnte und daß er aus diesem Grund soviel Respekt für sie empfand. Mir wurde auch klar, daß die jungen Mädchen in ihrer Obhut diese Offenbarung nicht erlangt hatten, und doch respektierten sie ihre ungewöhnliche Kraft, weil sie sie lehren konnte, sich vor den Härten des Lebens zu schützen. Ich faßte den Entschluß, sie nach diesen vielfachen Wahrnehmungen zu fragen, doch zunächst einmal dankte ich ihr von Herzen für das herrliche Geschenk und das köstliche Festmahl. Wir nahmen den Kaffee mit zu den Korbschaukelstühlen und machten es uns im Schatten des Papayabaums gemütlich.

»Doña Celestina, verzeih mir bitte, ich will ganz direkt zu dir sprechen. Du erschrickst die Hälfte der Menschen hier in der Stadt fast zu Tode, jeden, der jemals irgend etwas mit dir zu tun hatte. Du verdienst deinen Lebensunterhalt unter anderem als Zauberin. Und dennoch spüre ich jetzt irgendwie, daß man dich mißverstanden hat.«

»Ich sage es noch direkter«, antwortete sie. »Man hat mich kein bißchen mißverstanden. Ich bin genau das, als was du mich wahrgenommen hast, und noch mehr. Jene Menschen, die mich fürchten, haben guten Grund dazu. Haben Menschen, die in der Nähe eines aktiven Vulkans leben, etwa keine Angst? Worauf willst du hinaus?«

»Nein, Doña Celestina, worauf willst du hinaus?«

»Nun, ich verstehe, was du meinst. Du willst, daß ich mich selbst erkläre. Sehr gut, Merlina. Ich werde dir sagen, was du wissen willst, aber langsam. Du wirst eine Weile hier bei mir bleiben müssen und meine Geheimnisse kennenlernen. Was ich mitzuteilen habe, ist für alle Frauen und Männer. Es ist von der Erde. Bist du einverstanden?«

Sie webt wie eine Spinne, dachte ich bei mir, und doch spüre ich jetzt, daß ich ihr vertrauen kann. »Ja, Doña Celestina. Ich bin einverstanden. Danke für die Einladung.«

Sie drehte ihren Schaukelstuhl so, daß sie mich direkter anschauen konnte. Ich bewunderte ihr langes, bronzefarbenes Gesicht, faltig und doch irgendwie glatt, gekrönt von dem schwarzen Schal, den sie häufig als Turban trug, um ihr glänzendes silberfarbenes Haar zu bändigen. »Merkst du, daß du jetzt eine andere Seite von mir gesehen hast, ist es so?«

»Ja, das stimmt.«

»Denk doch nur, wie die Erde war, bevor die Menschen anfingen, ihre Kraft mißzuverstehen und sie mit Mißachtung zu behandeln. Sie war rein, kraftvoll, manchmal gewalttätig und hart in Zeiten der Veränderung, aber weise, lebenspendend, überreich. Es bestand nie ein Zweifel daran, wer das letzte Wort hatte. Die Verantwortlichkeit lag bei der Erde. Sie konnte wenn nötig unbändig sein, aber sie teilte diese Unbändigkeit mit ihren Auserwählten. Die Erde ist die Überlebende, sie kämpft, aber sie kennt auch Frieden.« Sie begann langsam im Stuhl zu schaukeln.

»Jetzt steht im Zweifel, wer die Kontrolle besitzt. Es gibt Machtmißbrauch, Korruption, Luftverschmutzung. Aber ich versichere dir, die Kontrolle liegt immer noch an derselben Stelle, und die Erde läßt sich Reißzähne für den Fall wachsen, daß sie sie benutzen muß. Was ich mache, ist nichts weiter als eine Widerspiegelung der Kräfte, die ich ausübe, weiblicher Kräfte, die geradewegs von der Erde kommen. Jene, die große Angst und Furcht vor mir haben, sehen nur die Konsequenzen ihrer unsauberen Methoden widergespiegelt. Jene, die mit mir in Frieden sind, erkennen, daß eine starke Frau stets für die besten Männer und Frauen verantwortlich ist und für die beste Balance des Lebens auf Erden. Eine starke Frau besitzt, wenn sie aufgrund ihrer Kraft ausgeglichen ist, starke Liebe und liebt die

Stärke. Sie schafft Stärke in Liebe, und es gibt Balance und Frieden. Wenn ein Ungleichgewicht besteht, gibt es Wut und Grund zur Angst.

Der Unterschied zwischen einer Zauberin und einer gewöhnlichen kraftvollen Frau ist der, daß die Zauberin die geheimen Künste, die sie praktiziert, kennt und weiß, woher sie kommen. Die gewöhnliche Frau ist wie ein starkes Auto; sie ist stark, weil sie einen dynamischen Motor hat. Trotzdem weiß sie nicht, wie sie funktioniert, und blickt auf den Mann, auf daß der sie zusammenschustert und repariert und weiß, wie sie zu bedienen ist. Kannst du dir vorstellen, daß die Erde je vergessen würde, wie sie funktioniert? Oder vergessen könnte, daß sie diejenige ist, die Leben spendet und dessen Erhaltung lehrt?

Na gut, genausowenig würde das die Zauberin tun, aber das ist die Misere gewöhnlicher Frauen. Und deshalb fürchten normale Männer und normale Frauen die von ihnen so genannten Hexen, eine Bezeichnung, die Schrecken hervorrufen soll. Mächtige weise Männer haben keine Angst, sondern respektieren mächtige weise Frauen. Schau, wie Juan sich verhält. In ihm steckt kein Quentchen Angst, aber doch Vorsicht und Respekt, so wie es sein sollte. Er ist einer der besten Männer, die ich je getroffen habe. So können Männer sein, wenn Frauen gestattet wird, zu sein, was sie sein sollten.«

Doña Celestina zuzuhören, wie sie als ältere Indianerin über Don Juan als einen Vertreter der männlichen Spezies sprach, war für mich als viel jüngere Frau ziemlich ungewöhnlich. »Ich weiß, daß er seine Mutter verlor, als er elf oder zwölf Jahre alt war, und auch seinen Vater, und daß er in noch jungen Jahren eine Großmutter hatte, die ein traditionelles Leben führte, bis zur Zeit des Goldrausches die Weißen in diesem Gebiet auftauchten«, warf ich ein.

»In jenen Tagen waren Jungs mit zwölf Jahren bereits Männer. Sie hatten ihre Einweihungszeremonien in das Mannsein und rannten vier Tage und Nächte lang auf der Suche nach Visionen umher. Das Leben war ausgeglichener, und die Welt der Macht gehörte für jedermann zum Alltag. Wir lebten in Frieden mit dieser harten Wüste und hatten es angenehm hier. Die Männer und Frauen wurden sehr groß, die Männer oft weit über einsachtzig. Wir alle hatten gerade Knochen, kariesfreie Zähne und ein langes gesundes Leben. Es gab viele, die 110 oder 115 Jahre alt wurden, ohne an Senilität oder Schwäche zu leiden. Es gibt immer noch ein paar davon. Alle Männer trugen zu Ehren der Erde lange, mit Schlamm verschmierte Haare. Wir waren ein wildes Volk und sind es noch, und doch kannten wir auch Frieden. Von da kommen wir. Ich würde sagen, wenn Juans Mutter die Erde verlassen mußte, als er noch jung war, so suchte sie sich den richtigen Zeitpunkt dafür aus.

Die Weißen, die diese Wüste erstmals erblickten, waren entsetzt, und mit Recht. Sie kann feindselig erscheinen, und wenn man hier nicht ein sauberes und ausgewogenes Leben führt, wird sie einen austrocknen. Und doch kann man nur in der Einsamkeit und den offenen Weiten dieser wunderschönen, farbenprächtigen Wüste sich wirklich öffnen und alles spüren, was es gibt: Leere, Leben, Tod, Überleben, Weisheit und Macht.«

»Dein Name Soledad, Solitude, paßt perfekt zu dir«, rief ich aus, berührt von den Metaphern für die herrliche Wüste. Ich fühlte mich wirklich mit ihr in Frieden. Sie war wie der weibliche Ur-Schöpfer-Zerstörer, vollständig, Mutter-Vater, Frau und Mann in einem, irgendwie drachengleich.

Während wir redeten, war es Spätnachmittag geworden. Doña Celestina erhob sich aus ihrem Schaukelstuhl und bedeutete mir, ihr den langen Korridor hinunter auf der rechten Seite ihres Patios zu folgen. Vor einer der Türen hielt sie an und zeigte mir ein Zimmer, in dem ich während meines Aufenthalts schlafen sollte. Das kühle schattige Zimmer wirkte auf mich so einladend, daß ich beschloß, eine Siesta zu machen.

Übung 2
Mit der verärgerten Mutter/Vater-Gestalt Frieden schließen

1. Bieten Sie dem weiblich-männlichen schöpferischen Prinzip und der Erde eine Opfergabe zur Entschuldigung an. Das Opfer kann ein Gebetsgebinde sein, eine Zeremonie oder ein speziell dafür geschriebenes Lied. Wählen Sie Ihre Opfergabe, indem Sie beabsichtigen, sie zu träumen, und dann in die Alltagswelt herüberholen, was Ihnen gezeigt wurde. Wenn Sie ein Lied erhalten, singen Sie es. Wenn Sie die Teile Ihres Gebetsgebindes in Ihren Träumen finden, dann suchen Sie in der wachen Welt nach ihnen. Vielleicht hören Sie das Gebet, das Sie opfern sollen, oder sehen Sie die Zeremonie, die Sie durchführen sollen.
2. Bringen Sie die Opfergabe an einen heiligen Ort, der zu Ihnen über die Schöpfung spricht und der Ihrem Gefühl nach diese Energie bietet. Dort können Sie Ihr sorgfältig hergestelltes Gebetsgebinde zurücklassen, das einige kleine Gegenstände enthalten sollte, die Ihre Zusicherung des Friedens und der Erneuerung repräsentieren. Sie können Ihr Gebet anbieten. Ihre Zeremonie kann hier durchgeführt werden, vielleicht unter Einschluß von Opfern an die Elemente und Kräfte der Natur. Wenn Ihr Geschenk aus einem Lied besteht, so singen oder spielen Sie es mit Gefühl, während Sie Copal oder heiligen Tabak verbrennen.
3. Schließlich lassen Sie Ihre Absicht an diesem Ort zurück. Vielleicht äußern Sie sie laut und sagen anschließend ebenfalls laut danke. Gehen Sie ruhig weg, mit ruhigen, dankbaren Gedanken.

3
Rekapitulation

Als ich erwachte, war ich erstaunt, daß ich den ganzen Abend und die Nacht durchgeschlafen hatte, ohne mich auch nur einmal zu rühren. Die Sonne ging nicht unter, sondern auf. Morgenvögel gaben versuchsweise Rufe von sich und schienen zu fragen, wann das Licht erscheine. Ich schritt hinaus auf den Korridor und quer über den Patio in die Küche, wo ich einem der jungen Mädchen, das bereits aufgestanden und angekleidet war und Tortillas machte, sagte, ich wolle ein paar Sachen aus dem Jeep holen.

Ich fuhr den Jeep leise von der Straße weg und hinter Doña Celestinas Haus. Als ich einige meiner Habseligkeiten hereingebracht hatte, schlich ich auf Zehenspitzen zur Gartendusche im hinteren Teil des Patio und spürte zum erstenmal seit 48 Stunden heißes Wasser auf meinem Körper. Draußen inmitten der Wüstenflora, unter den Vögeln und dem großen tropischen Papayabaum, der häufig gegossen und besprengt werden mußte, zu duschen war fast wie im Paradies. Als ich mich angezogen hatte, ging ich in die Küche.

Die junge Frau arbeitete schweigend und war vermutlich bereits seit vier Uhr morgens auf, nach der Menge Tortillas, die sie bereits gemacht hatte, und der jungfräulichen Sauberkeit der Küche zu schließen. Es war offensichtlich, daß sie fürchtete, dabei erwischt zu werden, wie sie sich unterhielt anstatt etwas zu tun, und sie versuchte, mir nur kurz und im Flüsterton zu antworten, während sie arbeitete, wobei sie mir nie direkt in die Augen blickte.

Ich fragte sie, wie sie heiße. Sie erzählte mir, ihr Name sei Amalita und sie sei Mixtekin aus Oaxaca, doch die Doña habe für sie den lustigeren Spitznamen Mala, denn dabei handele es sich um ein Wortspiel mit der Bedeutung »schlechtes Mädchen«. Sie konnte nicht älter als 15 sein. Schmeichelnd sagte sie, sie sei auf der Suche nach Arbeit nach San Luis gekommen und habe Chicle, Kaugummi, an der Straßenecke verkauft, als Doña Celestina vorbeikam und sie ausfragte. Mala beschrieb sich mir gegenüber als Waise ohne Schulbildung, unverheiratet und noch kinderlos, doch in ihrem Dorf habe es einen Mann gegeben, der hinter ihr hergewesen sei. Sie rannte aus dem Dorf weg, um ihm zu entkommen, und dann, wie man sich leicht vorstellen kann, noch mehr Elend durchstehen zu müssen.

Mala erzählte mir dann, der »señor«, Don Juan, sei am Vorabend zurückgekehrt und schlafe in dem Zimmer am oberen Ende des Flurs. Es schien ihr zu widerstreben, noch irgend etwas anderes über einen von uns zu sagen, vor allem über Doña Celestina, und sie wollte auch von mir nichts über Don Juan oder mich selbst hören. Ich erfuhr, daß außer ihr noch drei weitere Mädchen im Haus waren und daß sie seit fünf Monaten bei der Doña lebte. Zwei der Mädchen waren schon mehrere Jahre hier, und das neueste Mädchen gerade eineinhalb Monate. Ihr Name war Chencha, und sie wusch bereits die Laken im Waschbecken hinter dem Patio. Die anderen Mädchen waren Neida und Pacha, und sie wischten und moppten, doch auch sie lernten nähen und erledigten häufig die Einkäufe.

Als ob sie das Thema wechseln wolle, teilte Mala mir mit, daß die Doña vor dem Frühstück chinesischen schwarzen Tee mit Ginsengwurzel bestellt hatte, und fragte mich, ob ich auch eine Tasse wolle. Ich ging davon aus, wenn es mich auch schockierte, daß Doña Celestina Sinn und Geld für chinesischen Tee hatte, vor allem da ich wußte, daß Ginseng eine bedeutende alte Wurzel von hervorragender Qualität war. Mala erklärte mir ruhig, es gebe in San Luis eine kleine chinesische Gemeinde, die exzellente Restaurants habe, was mir bereits bekannt war. Der Besitzer des feinsten, flüsterte sie, war wegen eines »trabajito« – wortwörtlich eines kleinen Jobs –, in diesem Fall einer Zauberei, zu Doña Celestina gekommen. Dann zeigte sie mir Dosen mit erstklassigem Gunpowder und Lapsang Souchang Tee und zwei glückbringende Katzenstatuen, eine schwarze und eine weiße. Doña Celestina hatte auch Geld sowie einen aufwendig geschnitzten Holzstab erhalten, erinnerte sich Mala verwundert.

Dann verzog Mala vor Schreck das Gesicht, als ihr klar wurde, daß sie die Katze aus dem Sack gelassen und zuviel geredet hatte, vor allem über etwas, das nicht erlaubt war. Ich sagte ihr, sie solle sich keine Gedanken machen, ich wisse, daß ihre Langlebigkeit und ihre Fähigkeiten Doña Celestina zu vielen Bekanntschaften und Begegnungen verholfen hatten. Und, fügte ich mit Nachdruck hinzu, das gleiche gelte für den »señor«. Mala klappte das Kinn herunter. Das hatte sie bereits vermutet. Nun steckte sie doppelt in Schwierigkeiten. Hastig, wie um davon abzulenken, erzählte sie mir, das Morgengetränk sei normalerweise ein Tee aus Ephedra, die wild in den trockenen Flußcanyons des Gebiets wüchsen. Ich ging mit meiner Teetasse in mein Zimmer zurück und kicherte leise vor mich hin.

Nachdem ich etwas später alleine gefrühstückt hatte, schrieb ich in meinem Zimmer in mein Tagebuch. Ich glaubte, ich hätte Don Juan im Bereich des Patio Gegenstände herumrücken gehört, deshalb legte ich das Notizbuch rasch in die Schublade des alten Untersuchungstischs und ging hinaus, um herauszufinden, was da los war. Ich hatte eine Menge Fragen über Träume von männlicher und weiblicher Energie, sprudelte nach den Erfahrungen der vergangenen zwei Tage geradezu über. Auf dem Weg nahm ich den Perlenschmuck vom Nachttisch mit, den Doña Celestina mir geschenkt hatte, um ihn Don Juan zu zeigen, damit er ihn genauer untersuchen könne.

»Don Juan, hast du das gesehen?« platzte ich verwundert heraus, als er sich bückte, um den Glastisch und die Schaukelstühle an eine schattige Stelle unter dem Portiko zu bringen, und eine Fläche unter dem Papayabaum freimachte. Ich gab ihm den Schmuck, und er nickte bewundernd, hielt das feine Stück sanft in der Hand und drehte es im Licht der Morgensonne hin und her.

»Weißt du, welche Bedeutung das Muster hat?« fragte er zurück.

»Alles was mir Doña Celestina bislang gesagt hat, ist, daß das Muster das der Regenbogenschlange ist«, antwortete ich, neugierig auf mehr Einzelheiten.

»Vor langer Zeit«, antwortete Don Juan, »erkannten Seher, daß die Schlange die Wächterin der Welten der Evolution ist. Für Schamaninnen ist es das größte, die Schlange als Geisthelferin zu haben. Bei den Yuma suchten die Mädchen die Schlange in ihren Pubertätsinitiationen.«

»Ein deutlicher Unterschied zu Adam und Eva«, scherzte ich.

Don Juan lachte. »Angst vor unserer eigenen Natur kann unser schlimmster Feind sein.«

»Die Schlange war in schamanischen und esoterischen Traditionen oft mit Weisheit, sexueller Energie, Langlebigkeit und Transformation verknüpft. Warum wurde die frühe judäisch-christliche Geschichte der Schöpfung so verdreht?« Ich konnte mir diese Diskrepanz nicht erklären und sprach meine Gedanken laut aus.

»Vielleicht hat es etwas mit der Schlange selbst zu tun«, mutmaßte Don Juan. »In unserer Tradition ist die Schlange die Wächterin des Weiblichen, die Hüterin der Höhlen, Felsspalten und des Uterus. Die Schlangenkraft ist weiblich.«

»Aha! Ich verstehe. Sie haben die Göttin abgesetzt!« rief ich.

Doña Celestina schritt genau in diesem Augenblick durch den Patio. Sie lächelte mich breit, fast anzüglich an, als sie vorbeiging. Mit ihrem raschelnden Rock schritt sie zum Nähzimmer, wo Neida und Pacha auf sie warteten. Ich war von Ehrfurcht ergriffen.

»Für was, glaubst du, steht der Regenbogen?« fragte mich Don Juan und ließ dabei das schimmernde bunte Halsband wie ein Hypnotiseur vor meinen Augen herumwirbeln.

Vor meinem geistigen Auge sah ich die spiralförmige Doppelhelix. Ich schnappte nach Luft. »Die alten Schamanen sahen die DNA?« rief ich aus.

»Träume sind das mächtigste Mikroskop, Teleskop oder Abtastgerät der Welt. Ein geschulter Seher kann alles erkennen, aber nur mit Nüchternheit und Scharfblick kann man Weisheit aus dem Anblick ziehen. Sonst ist alles nur wie ein Rauchspiegel. Der erste Akt des klaren Sehens mit Unterscheidungsvermögen ist das Reinigen der Fenster, wenn du willst, von allen vorgefaßten Meinungen. Das ist der magische Akt, den wir heute durchführen werden, genau hier in diesem offenen Raum.

Wir werden ein Ku'ruk vollziehen, eine Zeremonie der Rekapitulation, in der wir uns alle Gelegenheiten in Erinnerung rufen, bei denen das Weibliche belastet und entthront wurde. Wir werden unsere Akte der Rekapitulation, die all diese Versuche nacherzählen, auf einen Scheiterhaufen legen, den ich hier errichten werde, und wir werden zusehen, wie sie verbrennen, während wir von ihrem Ruhm und ihren Triumphen singen.«

In seiner Stimme lag eine Kraft, die mir Schauder den Rücken hinunterjagte, als ob er die Ursexualität heraufbeschwöre, die schon vor dem allerersten Funken existierte. »Du schreibst gerne, also wirst du deine Rekapitulation auf diese Weise durchführen. Heute wirst du sehen und die Schöpfung aufschreiben, die Geschichte, wie die ganze Sache begann und wie sie sich veränderte. Du wirst die Geschichte aufschreiben, damit sie verbrannt wird, und damit werden die Kräfte an ihre angestammten Plätze zurückkehren. Doña Celestina und ich werden dieselbe Aufgabe nach unserer Tradition durchführen, und in der Dämmerung treffen wir uns hier wieder, um davon zu erzählen und alles zu verbrennen.«

Plötzlich kam ein Wind auf, der signalisierte, daß es ein staubiger Tag werden würde. Ich zog mich zum Schreiben in mein Zimmer zurück, damit mich weder der Wind noch der Staub stören konnten. Es war eine beängstigende Aufgabe, die ich sehr ernst nahm. Statt einer Auflistung, die ich selbst schuf, schien sich die Aufgabe selbst ihre Richtung zu wählen. Es war, als würde die so lange schweigende weibliche Kraft in meinem Inneren sich endlich bereit erklären zu sprechen. Was ich für eine Tirade gehalten hatte, erwies sich eher als ein Bericht aus erster Hand über die Schöpfung, in dem offen jede Stelle benannt wurde, an der das heilige Weibliche enteignet worden war und uns infolgedessen verlassen hatte. Zeitweise war ich in Tränen aufgelöst und glaubte, ich wäre vielleicht nicht in der Lage weiterzumachen, doch die befreiende, reinigende Absicht der Aufgabe verschuf sich stets von neuem Geltung und verlieh mir Sachlichkeit.

Ich arbeitete den ganzen Tag hindurch, und kurz vor Anbruch der Dämmerung hatte ich bis auf die letzten paar Seiten ein ganzes Notizbuch vollgeschrieben. Bei Anbruch der Dämmerung versiegten die Wörter, Gefühle und Bilder einfach, als hätte die Energie selbst die verabredete Stunde erkannt. Ich ging zu dem alten Waschtisch an der einen Wand meines Zimmers hinüber und füllte die Keramikschüssel mit kaltem Wasser aus dem Krug auf der Marmorplatte. Nachdem ich mir das Gesicht befeuchtet hatte, fühlte ich mich erfrischt und bereit. Ich nahm mein Notizbuch und schritt in den Abend hinaus.

Unter dem Papayabaum waren ein großer Sandhaufen aufgeschüttet und auf seiner Spitze ein kleiner Scheiterhaufen errichtet worden. Don Juan und Doña Celestina standen bereits daneben, sie hatten gerade das Anmachholz angezündet. Beide hielten jeweils eine kleine selbstgefertigte Figur in den Händen. Don Juan erlaubte mir, seine zu halten. Die geschrumpfte, deformierte, gebeugte und kantige Holzfigur von knapp acht Zentimetern Höhe zu berühren war widerlich. Er nannte sie *K'tar*, blinder alter Mann. Dann reichte Doña Celestina mir ihre kleine Figur, eine Tonpuppe, eine mit roter Farbe überzogene, nackte Frau, aus deren Bauch eine Schlange emportauchte.

Ich gab ihnen mein Notizbuch. Sie spürten beide sein Gewicht und blätterten die Seiten durch, um die Schrift darin vor- und zurückfließen zu sehen. Sie nickten anerkennend, und es hatte den Anschein, als ob beide den Inhalt kennen würden und mich nicht bitten mußten, ihn laut vorzulesen. Dann begann Don Juan eine Reihe von mythischen Liedzyklen in den Sprachen der Ureinwohner zu singen. Doña Celestina stimmte mit ein und schlug mit den Füßen den Takt. Das Feuer fing zu glühen an, und es war an der Zeit, daß sie ihre weibliche Figur in aufrechter Stellung den Flammen übergab.

Don Juans Lied schien sich nun in eine Klage zu verwandeln, und er setzte seine Holzschnitzerei der Tonpuppe gegenüber ab. Nun sangen sie im Wechselgesang, als fände zwischen den zwei Figurinen, deren Umrisse im Feuer auszumachen waren, ein Kampf statt, während das Tempo und die Spannung stiegen. Als erstes brach die Schlange vom Bauch der weiblichen Puppe ab. Dann brannte der Mann. Schließlich explodierte die Frau mit einem lauten knallenden Sprung. Das Lied, das Don Juan und Doña Celestina sangen, war nun wirklich traurig, und ihnen standen die Tränen in den Augen.

Nach diesem Zyklus forderten sie mich auf, mein Notizbuch ungelesen ins Feuer zu legen. Das erschien mir vollkommen logisch, und ich tat es bereitwillig und mit Ehrerbietung. Die Stimmung der Lieder veränderte sich erneut, diesmal in eine der Hoffnung und Erlösung. Es wurde gesungen, bis der letzte schwelende Zinder seinen Geist aufgegeben hatte, wir den Schrei einer Eule hörten und der Wind kalt wurde. Doña Celestina signalisierte, wir sollten den Patio verlassen und eine Weile in unsere Zimmer gehen. Dann bedeutete sie eiligst zweien ihrer Mädchen, herzukommen und die Asche wegzuräumen.

Einige Stunden später klopfte es an meiner Tür. Ich ging hinaus und stellte fest, daß das ganze Mobiliar im Patio ersetzt worden war. Unter dem Papayabaum brannte wieder ein Feuer, und diesmal dampfte darüber ein großer Kessel, genau wie ich ihn in meinem Träumen gesehen hatte, nur spielte sich die Szene jetzt nachts ab und alles war dunkel. Ich ging zum Kessel hinüber, um herauszufinden, was sich darin befand. Frische Maiskörner und Reis brodelten sanft in mit nachts aufgehenden Jasminblüten versetztem Wasser.

Es wurde serviert, und wir saßen alle in Schaukelstühlen und verzehrten den cremigen, schmackhaften Brei unter den Sternen. Rätselhafterweise war es nicht mehr so kalt. Nachtvögel sangen hingebungsvoll, und der zunehmende Mond stand hoch am Himmel. »Wir werden später nicht mehr darüber sprechen«, begann Doña Celestina in ihrem Stuhl, »wenn du also Fragen hast, solltest du sie besser jetzt stellen.«

Ich blickte im Mondschein zu ihr hinüber. Sie schaukelte so friedlich wie eine sanfte Brise. Ich dachte an die Beziehung zwischen den Frauen und dem Wind, denn ich wußte ja, daß Doña Celestina normalerweise aus Norden bläst. Ich spürte die Richtungsänderung.

»Haben wir mit unserer Zeremonie heute abend irgendeine Kraft besänftigt?« fragte ich. »Anders kann ich mir die Stimmungsumschwünge, die wir erlebten, nicht erklären. Es war, als hätten wir in einem *mitote* [eine die ganze Nacht andauernde Zeremonie, eine Visionssuche, bei deren Ritual die Teilnehmer vom Peyotekaktus essen, ein kraftvolles Halluzinogen, und Träume, Visionen und Führung suchen, begleitet von einer rituellen Reinigung, Liedern und einer Feuerzeremonie] heilige Pflanzen genommen. Wir alle wurden in bestimmten Augenblicken auf dieselbe Weise von Wellen der Energie getroffen.«

»Zusammen zu träumen kann fast wie ein mitote sein. Das individuelle Bewußtsein verschmilzt mit einem allen gemeinsamen höheren Bewußtsein. Was wir gemeinsam erlebten, ist real«, gab Don Juan zurück.

»Die Reinigung war für dich allerdings der wichtigste Teil«, setzte Doña Celestina hinzu. »Jetzt können wir alles frisch angehen. Wie Juan dir bereits erklärte, sind unsere sexuellen Energien für die Zauberarbeit sehr wichtig. Eine sorgfältige Rekapitulation ist notwendig und mehr noch eine Reinigung. Wir mußten die tote Illusion wegbrennen und dich vorbereiten.«

»Mich auf was vorbereiten?«

»Nun, zunächst einmal wird morgen Chon hier eintreffen.« Doña Celestina lächelte.

»Chon, hier?« fragte ich verwirrt.

»Ja, und du weißt, die Maya erwarten, daß man rein ist, bevor sie mit irgend etwas Bedeutsamen beginnen.« Sie lachte laut heraus.

»Was ... warum ... wie ist es möglich, daß Chon nach San Luis kommt?«

»Er kommt ungefähr alle drei Jahre, um Heilpflanzen und Rezepturen mit dem hierbero [Kräuterkundler] von El Tecolote zu tauschen. Dieser Laden ist bei Heilern, Pflanzenkundlern und Zauberinnen in ganz Mexiko bekannt. Wußtest du nicht, daß wir uns dort kennenlernten?« fragte Don Juan beiläufig. »Einmal, vor langer Zeit, als wir beide noch jung waren, brachte ich etwas Datura hin. Chon kam, als ich gerade dort war, und suchte nach etwas für eine Zeremonie. Wir kamen miteinander ins Gespräch, und daraus entwickelte sich eine langjährige Freundschaft.«

»Und Chon kennt auch Doña Celestina?« versuchte ich respektvoll zu fragen.

»Natürlich«, sagte sie. »*Curanderos* [Heiler] und *brujas* [Zauberinnen] haben oft Kontakt zueinander. Er wird hier im Haus wohnen, während er seine Geschäfte bei El Tecolote erledigt.«

»Das ist unglaublich! Wir alle vier unter einem Dach?« Bis zu jenem Augenblick war es noch nie vorgekommen, daß wir uns alle zur gleichen Zeit an ein und demselben Ort aufhielten. Ich war hocherfreut und fand die Vorstellung äußerst aufregend. Chon würde aus dem Dschungelhochland von Chiapas in die Wüste von Sonora kommen! Das war mehr, als ich zu hoffen gewagt hätte. Und er würde schon morgen dasein.

Übung 3
Rekapitulation

1. Schreiben Sie das Ereignis oder die Situation, von denen Sie Ihre Energie abziehen wollen, vollständig nieder, und überprüfen sie jeden Augenblick und jedes Detail. Konzentrieren Sie sich jeweils immer nur auf ein Ereignis, eine Person oder Situation, und fokussieren Sie zuerst die problematischsten und kritischsten Bereiche Ihres Lebens.

2. Wenn Sie mit dem Aufschreiben fertig sind, zünden Sie ein zeremonielles Feuer an, und verbrennen die Arbeit. Atmen Sie die Wärme des Feuers durch die Nase tief in den Bauch ein. Diese Wärme und Glut ist Ihre Energie, die von den Flammen befreit und erlöst wird, damit sie gereinigt zu Ihnen zurückkehrt.
3. Wenn das Feuer nur noch glimmende Asche ist, atmen Sie die letzte Glut ein und atmen kräftig durch die Nase aus, wobei Sie beim Ausatmen den Bauch einziehen und den Kopf nach rechts drehen. Dieses Ausschnaufen löst alle Bindungen an die Erfahrung und verstreut deren Asche, damit sie von der Erde weiter gereinigt und recycelt werden kann.
4. Sobald das Feuer völlig erloschen ist, sammeln Sie die restliche kalte Asche und verbrennen sie oder verstreuen sie über Wasser. Bitten Sie dabei mit einem Gebet um Vergebung und Erlösung.

4
Die Enthaltsamkeit erkunden

Am nächsten Morgen konnte ich meine Begeisterung kaum in Zaum halten. Neida und Pacha waren einkaufen gegangen, um die bevorstehende Ankunft eines weiteren Gastes vorzubereiten. Doña Celestina hielt in ihrem Altarraum Sprechstunde, und Don Juan besuchte in der Stadt einen Freund. Auf der Suche nach irgend etwas, das ich tun könnte, um mich abzulenken, half ich Chencha beim Bügeln. Wir lauschten der mexikanischen Rancheramusik und den Corridos, während wir mit den Fingerspitzen aus Schüsseln Wasser auf die Blusenkrägen spritzten und sie wunderschön steif preßten. Ein Corrido handelte von Cesar Chavez, einem Helden der Landwirtschaft, der in der Nähe von Yuma, Arizona, geboren wurde. Ich kannte einige Wörter, und so sang ich, was ich wußte, auf übertriebene Weise mit und summte den Rest.

»Cerca de Yuma Ari-zooooona ...«

Chencha kicherte und entblößte dabei einen abgebrochenen Vorderzahn. Ich lächelte verwundert zurück. Sie war wohl noch jünger als Mala, 13 oder 14 Jahre vielleicht, ich fragte sie allerdings nicht danach. Sie war eine Papago aus dem Gebiet um Yepachic in den Bergen von Sonora. Sie befand sich in einer ähnlichen Situation wie Mala, der Hunger hatte sie aus ihrem Dorf getrieben, und sie hatte zunächst einen Job als Arbeiterin auf den Salatfeldern angenommen. Eines frühen Morgens vor nicht allzu langer Zeit hatte sie Doña Celestina in San Luis getroffen, als sie in fast völliger Dunkelheit an einer Haltestelle auf den Arbeiterbus wartete.

Doña Celestina kam gerade vom Bäcker, der in den frühen Morgenstunden mit dem ersten Schub frischgebackener Brötchen öffnet. Chencha roch das Brot im Korb der Doña, und obwohl sie nicht wollte, daß Doña Celestina ihren Appetit darauf bemerkte, tat diese es doch. Doña Celestina blieb an der Ecke stehen und bot Chencha ein warmes Brötchen an, das diese gierig und dankbar verzehrte. Die Doña war beeindruckt von dem Hunger des Mädchens und erzählte ihr, sie habe in ihrem Haus Arbeit und es gäbe dort viele solcher Brötchen, ja, sie würde Chencha sogar beibringen, selbst welche zu backen. Sie habe ein Zimmer für sie, wenn Chencha jetzt mitkommen wolle, was diese ohne zu zögern sofort tat.

Als ich beim Bügeln über die Geschichte nachdachte, mußte ich den Stil der Doña einfach bewundern. Die Geschichte von der alten Hexe mit einem Korb voller Essen war köstlich. Ich konnte die ganze Szene vor mir sehen, als würde ich über ihr schweben. Doña Celestina, das perfekte alte Weib; Chencha, das perfekte hungrige, unschuldige junge Mädchen, das das warme Brötchen verschlingt, während die alte Hexe sich vor finsterer Erwartung die Hände reibt. »Willst du nicht mit mir kommen, Kindchen?«

Der Unterschied – ob Doña Celestina da nun zustimmt oder nicht – besteht natürlich darin, daß sie sich wirklich um diese armen jungen Frauen kümmert. Und mehr noch, und das wird sie bereitwillig einräumen, sie bringt ihnen etwas Nützliches bei. Sich als ältere indianische Frau seit Jahrzehnten selbst über Wasser zu halten muß entsetzlich mühevoll gewesen sein. Doña Celestina kann jedem, der lernwillig ist, ganze Bände voll beibringen, doch sie wählt stets Mädchen aus, die am meisten Not leiden, die aber dennoch nicht in Selbstmitleid verfallen.

Obwohl ich Chenchas Gesellschaft und meine Grübeleien ganz angenehm fand, verging der Morgen durch das Bügeln auch nicht schneller. Ich dachte dauernd an Chon, wann er wohl ankäme, wie er in dieser südwestlichen Wüste aussehen würde, welche Geschichten er zu erzählen hätte und ob es für seinen Besuch noch einen anderen Grund gäbe, denn trotz Don Juans beiläufigen Bemerkungen erschien diese Visite mir reichlich ominös. Chencha spürte meine Aufregung, und da wir mit dem Bügeln fast fertig waren, sagte sie mir, die Doña habe sie angewiesen, mich in den Altarraum zu führen, wenn ich unruhig erschiene.

Ich war verblüfft. Ich war noch nie zuvor bei einer Sprechstunde von Doña Celestina dabeigewesen. Wir hatten stets erst über die Arbeit gesprochen, nachdem diese beendet war. Ich räumte zunächst das Bügelbrett und das Bügeleisen weg, ging dann in mein Zimmer, um mich frisch zu machen, und setzte mich anschließend auf einen der Stühle vor Doña Celestinas Arbeitszimmer, wo bereits eine Klientin wartete. Da ich nicht mitten in eine Sitzung hineinplatzen wollte, wartete ich, bis die schwere Holztür sich öffnete und ein kleinwüchsiger mexikanischer Mann herauskam.

Die Klientin, die vor der Tür saß, schaute mich fragend an. Ich erhob mich von meinem Stuhl und bedeutete ihr, mit mir zusammen den dunklen Arbeitsraum zu betreten. Wir gingen hinein, und ich nahm schwach einen Rauch wahr, den ich nicht recht einordnen konnte. Er hatte sofort einen beruhigenden Effekt. Doña Celestina saß mit dem Rücken zum Altartisch, auf dem eine hohe dicke rote Kerze brannte. Sie quittierte unser beider Anwesenheit mit einem Kopfnicken und wies mich an, mich links von ihr auf einen Stuhl zu setzen, der unauffällig an der Wand stand. Die Klientin setzte sich direkt vor Doña Celestina.

Diese schmächtige Mexikanerin, die etwa 35 Jahre alt zu sein schien, war sehr nervös und rutschte unter Doña Celestinas kalt prüfendem Blick unruhig hin und her. Sie hielt einen Rosenkranz in den Händen, die sie taktvoll auf ihrem Schoß gefaltet hatte. Still arbeitete sie sich durch den Rosenkranz und drehte ihn eng um ihre Finger.

»Ja?« fragte Doña Celestina abwartend.

Die Frau schluckte ihre riesengroße Angst hinunter und setzte stotternd zum Sprechen an. »Als erstes, mit allem gebührenden Respekt ...« Sie legte eine Pause ein. »Ich will sagen, daß ich nie zu Ihnen gekommen wäre, Ma'am, wenn ich nicht völlig verzweifelt wäre.« Ihre Stimme zitterte. »Ich wurde als Katholikin erzogen, und ich habe immer und immer wieder zu Gott gebetet ... aber vergebens.« Tränen benetzten ihre Augen, und ihre zarten Gesichtszüge verzogen sich vor Gram. »Eine Freundin meiner Mutter erzählte mir von Ihnen, Ma'am. Es war ihre Idee, daß ich Ihnen mein Problem vortragen sollte.« Sie verstummte für einen Augenblick, während ihr Kiefer zu zittern begann.

Doña Celestina lehnte sich auf ihrem Stuhl zurück und kreuzte die Arme unter der Brust. Sie seufzte leise und funkelte die zitternde Frau an, die wie ein nacktes Kind im kalten Wind wirkte. Die Doña wandte sich langsam um, nahm die rote Kerze vom Altar und stellte sie zwischen ihnen beiden auf dem Boden ab. Diese schien die Frau zu wärmen und ihr die Kraft und Zuversicht zu geben, ihr Problem genauer zu schildern. Das Licht der Kerze warf lange Schatten auf die beiden, es betonte das Schwarz von Doña Celestinas Gewand und die Angstblässe der Frau. Die Frau versuchte, neu anzusetzen.

»Ich war Witwe und hatte drei Kinder, als ich zum zweitenmal heiratete«, gestand sie. »Wir waren mittellos, und ich dachte, wir bräuchten jemanden zu unserem Schutz, der uns versorgen könnte. Meinen ersten Mann habe ich geliebt, aber ich muß zugeben, daß ich meinen zweiten niemals liebte. Damals war ich noch attraktiver, und er hatte Arbeit und war bereit, die Kinder zu akzeptieren. Diese Dinge waren bei meiner Entscheidung ausschlaggebend. Jetzt habe ich eingesehen, daß das nicht richtig war. Denn vor meinem Mann müssen wir nun am meisten beschützt werden.

Zu Anfang waren es nur gelegentliche Prügel, wenn er betrunken nach Hause kam, und er hatte noch andere Frauen. Ich dachte, das könnten wir ertragen, denn er brachte das Geld heim. Ich fühlte mich schuldig und dachte, daß ich diese Behandlung vielleicht verdiente, denn ich empfand keinerlei Leidenschaft für ihn. Nach jedem dieser Vorfälle ging ich zum Priester, um zu beichten und um Rat zu bitten, und ich betete, daß die Liebe zu mir käme und das Benehmen meines Mannes sich bessern möge.

Als mein Mann anfing, sich an meine dreizehnjährige Tochter ranzumachen, sagte ich mir, daß das meine Schuld sei. Ich versuchte alles im Haus so zu machen, wie er es mag, und eine Zeitlang herrschte Frieden. Dann auf einmal wurde meine Tochter verdrießlich und verschlossen und weigerte sich, mit mir darüber zu reden. Die Veränderung konnte man ihr ansehen. Sie schien beschämt und verängstigt zu sein, aber sie sprach nicht darüber.

Nun ist es noch schlimmer geworden. Ich bin mir fast sicher, daß er sie belästigt. Sie sagt nichts, aber mein Mann ist zu Hause streitsüchtiger denn je. Ich spüre, daß er ihre Seele gestohlen hat. Sie ist geprügelt, leer, als wäre sie besessen. Ich ging zum Priester und beschuldigte meinen Mann in der Beichte, weil ich hoffte, die Kirche würde zugunsten meiner Tochter einschreiten. Ich denke, der Priester hat mir nicht einmal geglaubt. Er ist schließlich auch nur ein Mann. Er schlug mir Gebete vor, die mir helfen sollen, die richtige Entscheidung zu treffen.

Ich kann nicht zur Polizei gehen, denn ich habe keinerlei Beweise, und meine Tochter wird nicht darüber sprechen. Außerdem, bei der Polizei sind auch nur Männer. Wenn ich meinen Mann selbst beschuldige, wird er uns halbtot schlagen, und wenn ich versuche, ihn zu verlassen ... na ja, wir können nirgendwo anders hingehen. Ihm gehört nun alles. Meine Mutter ist tot, also kann ich nicht in ihr Haus zurückkehren. Ich bin sicher, wenn ich versuche, ihm meine Tochter wegzunehmen, wird etwas Schreckliches geschehen. Ich weiß, daß er sie bedroht hat.«

»Was soll ich nun tun?« fragte Doña Celestina melancholisch.

»Ich habe Angst, Sie um Hilfe zu bitten. Ich fürchte, ich habe meine Seele verloren, als ich diesen Mann heiratete. Ich weiß nicht, wohin meine Depression noch führen wird.«

»Welche Art von Hilfe suchen Sie denn?« hakte Doña Celestina konzentriert nach.

»Er muß uns verlassen, er muß weg aus dieser Stadt und uns in unserem Haus in Ruhe lassen! Ich kann einen Job in einer Näherei bekommen. Ich weiß, daß ich das kann. Die *comadre* [beste Freundin] meiner Mutter hat so eine Arbeit, und sie hat mich unterrichtet. Man sagte mir, Sie können ihn dazu bringen, uns zu verlassen, daß Sie in der Lage sind, in Träumen zu erscheinen und … aber …«

»Sie befürchten, ich bräuchte den Teufel dazu«, beendete Doña Celestina ihren Gedanken. »Diese Angst kann ich Ihnen nehmen, meine Liebe. Ich brauche ihn nicht.«

»Oh, Doña Celestina! Sie können mir also helfen?«

»Ja. Bringen Sie mir einen persönlichen Gegenstand, der Ihrem Mann gehört. Ich werde Ihnen nicht sagen, wie ich meine Arbeit mache, doch in der Nacht, wenn er träumt, werde ich ihn hierherbringen und ihm ein paar Dinge zeigen, ein paar Besucher in seinen Träumen, wenn er schläft und wenn er wach ist. Wenn Sie mit dem Gegenstand wiederkommen, gebe ich Ihnen auch etwas, das Sie ihm ins Essen mischen können. Das wird ihn ruhigstellen, und er wird das Interesse am Sex verlieren, er wird … fügsamer werden. Schließlich wird er an allem das Interesse verlieren und Sie verlassen. Was Ihre Tochter anbelangt, so trifft heute nachmittag ein Bekannter, der ein Heiler ist, hier ein. Sie sollten Ihre Tochter morgen zu ihm bringen. Ich garantiere Ihnen, die Situation wird sich von selbst lösen.«

Die Frau erhob sich so schnell, daß ihr Rosenkranz zu Boden fiel. Voller Hoffnung rief sie: »Oh, danke, Doña, danke schön.« Ich stand auf, um ihr den Weg nach draußen zu zeigen, und legte ihr den Arm um die Schultern. Sie sah durch tränenfeuchte Augen, die vor Dankbarkeit strahlten, zu mir auf. »Sie ist echt, nicht wahr?« bekräftigte die Frau. Ich nickte.

Nachdem ich sie zum vorderen Tor begleitet hatte, überlegte ich, wie vollständig die Rekapitulation doch meine Wahrnehmung und Energie gereinigt und mich befähigt hatte, an der Konsultation mit Klarheit, Sachlichkeit und einer Ruhe teilzunehmen, die zuvor nie möglich gewesen wären, und, das war vielleicht am wichtigsten, ohne zu urteilen. Chon betonte stets, daß energetische Reinheit entscheidend sei, um die angemessene Verstärkung zu bekommen und den Energiefluß aufrechtzuerhalten. Ich freute mich darauf, all dies mit ihm diskutieren zu können, wenn er ankam.

Ich mußte nicht sehr lange warten, denn fast unmittelbar nachdem die Frau durch das Tor hinausgegangen war, hörte ich die Klingel an der Vordertür. Ich rannte zur Tür, um ihn einzulassen. »Chon!« rief ich und breitete die Arme zu einer Umarmung aus. Da stand er in einem kanariengelben Hemd, Jeans und Sandalen und grinste. Er ließ seine Tasche fallen, umarmte mich, fuhr mir mit der Hand durch mein kurzes Haar und blickte mir fröhlich in die Augen.

»Komm rein!« rief ich aus. »Doña Celestina hält gerade ihre Sprechstunde, und Don Juan ist spazieren, so habe ich dich eine Weile ganz für mich allein! Was kann ich dir bringen?«

Chon setzte sich in einen der Schaukelstühle, während ich ihm ein Glas frische Limonade mit Honig holte. »Wie war die Reise?« fragte ich, als ich ihm den großen Becher reichte.

»Lang, staubig und wunderschön«, antwortete er mit einem Lächeln. »Ah!« Er lehnte sich entspannt zurück und schaute sich im Patio um. Dann blieben seine Augen auf mir haften, und er prüfte mich neugierig, so als sei ich eine seltene Spezies der Wüstenflora. »Was hast du in deinen Träumen vorgehabt, mein Rehlein?« Mein Bewußtsein verschob sich, um die Träume von Doña Celestinas Patio nun, da Chon hier war, voll herüberzuholen.

Ich kicherte und erzählte ihm alles, vor allem das, was sich seit meiner Ankunft in Don Juans Haus ereignet hatte. Es war für Chon offensichtlich eine Freude, so viele Details von mir zu erfahren. Sein Blick prüfte mich weiterhin sanft, er lächelte und schien von der Aufregung dieses Besuches sehr belebt. Nachdem seine beinahe unendliche Neugierde befriedigt war, verkündete er, ich würde einen Traum perfekt festhalten. Dann erzählte ich ihm von der Rekapitulation und schilderte die Sprechstunde am Morgen, wobei mir die Fragen wieder einfielen, die ich ihm darüber stellen wollte.

»Nun, Merlina«, sagte er schelmisch, und es schien ihm Spaß zu machen, mich bei dem neuen Namen zu nennen, den Doña Celestina mir gegeben hatte, »ich sehe, daß du nun erwachsen bist und die Verbindung zwischen sexueller Energie, Träumen und Heilen entdeckst.« Er nahm mich auf den Arm und neckte mich wegen meiner Frage. »Du bringst einen alten Mann wirklich in Verlegenheit. Besonders nach einer so langen Reise!« Er schaukelte in seinem Stuhl und täuschte Erschöpfung vor. Wie üblich war Chon voller Humor, und er brachte jede Ernsthaftigkeit, die in mir lauerte, vollständig zum Verschwinden. Anstatt aus dem Gleichgewicht zu geraten, paßte ich mich problemlos seinem Ton an. Mir schoß durch den Kopf, daß wir hervorragende Träumer waren, daß dies ein Traum war, den wir in wachem Zustand träumten, aber irgendwie holte meine Absicht mich zurück, und ich interessierte mich mehr dafür, was er zu sagen hatte. Er spürte das und kam ebenfalls zurück. Dann fiel mir wieder ein, daß seine vielleicht größte Fähigkeit als Heiler die ist, in der Energie Freude zu übertragen und trotzdem effizient seine Arbeit auszuführen.

»Deine Frage betrifft die energetische Reinheit, habe ich recht?« Sein Tonfall wurde ernst. »Ich kann dir sagen, wie die Maya es sehen, denn ich wurde in diese Kultur hineingeboren. Wir verstehen es so: Wenn man als Day Keeper für die Kalenderzählung oder als Lineage Head für ein Dorf dient oder ein H'men ist, im höchsten Rang eines Heiler-Priesters steht, ist energetische Reinheit und Potenz notwendig, einschließlich der Abstinenz von sexuellen Beziehungen, wenn man der Gemeinschaft mit einer außergewöhnlichen Fähigkeit dient. Das ist notwendig, um die Energie in reiner Form sehen und herüberbringen zu können.

Die schamanischen Traum-Praktiken, die die Maya vollziehen, wie etwa das Verschieben oder die energetische Heilarbeit, erfordern eine Menge gereinigte sexuelle Energie, und sie entwickeln sie, wecken sie und transformieren sie nach oben. Das soll nicht heißen, daß zwischenmenschliche Beziehungen in ihren bestmöglichen Ausdrucksformen unrein sind, aber sie sind verworren. Ein Praktiker versucht, große Mengen gereinigter Energie für seine Entwicklung freizusetzen. Sein oder ihr Begehren wächst und dehnt sich aus, um die Energien zu treffen, die Kräfte, Geister, Öffnungen in andere Welten, die sich selbst präsentieren.

Praktiker, die einander mögen, teilen diese Energien auf Weisen, die sich ebenfalls verfeinern und entwickeln. Das kann gemeinsam geschehen, oder es kann eine Liebesbeziehung mit großen Mysterien, dem Sein und der Schöpfung selbst werden. Dabei geschieht folgendes: Die sexuelle Reaktion auf Energie wandelt sich entschieden, und das soll auch so sein. Die verfeinerten Energien konzentrieren sich und beginnen hoch zum Leben und Bewußtsein zu wachsen und nicht nach unten zum Tod.

Das ist ein wichtiger Punkt. Die sexuelle Energie ist eine der Urenergien der Schöpfung und Evolution. Unglücklicherweise aber ist die Energie, wenn ein normaler Mensch das endlich herausfindet – so es ihm überhaupt gelingt –, bereits für die Herstellung des Status quo eingesetzt worden. Sie ist vollständig aufgebraucht.«

Wir mußten beide lachen. »Aus diesem Grund empfehle ich meinen männlichen und weiblichen Schülern, wie du weißt«, er stupste mich sanft an, »daß sie ihren Sexualtrieb so lange bezwingen, bis etwas Besseres kommt. Wir sollten nach Ausdrucksformen der Sexualität streben, die nicht schmerzlich, sondern entwickelt, langlebig und ekstatisch sind.

Ich für meine Person bevorzuge das Träumen. Wie Juancho dir zweifelsohne gesagt hat, braucht man einen Haufen sexuelle Energie zum Träumen, denn das Träumen vermittelt den Zugang zur Kunst und Energie der Schöpfung. Meine zweite Leidenschaft, die ich mir nicht selber ausgesucht habe, mit der ich jedoch vollkommen zufrieden bin, ist das Heilen. Das sind die Gärten, in denen meine Blumen blühen, meine intimen Beziehungen stattfinden; das private Paradies, das mir begegnet und das ich manchmal mit anderen wie dir teile.«

Übung 4
Die sexuelle Energie reinigen

1. Erkunden Sie das Wesen der energetischen Bindungen, die durch den Geschlechtsverkehr geschaffen werden. Diese kann man als Fasern sehen, als Tentakel, die Ihre schöpferische Energie an das manifest werdende Potential Ihres Partners oder Ihrer Partner binden. Fragen Sie sich, ob Sie wollen, daß Ihre schöpferischen Energien auf diese Weise eingesetzt werden.
2. Wenn Sie sich aus einer energetischen Verworrenheit dieser Art lösen wollen, müssen Sie natürlich als erstes alle sexuellen Beziehungen zu dem Partner oder den Partnern, von denen Sie Ihre Energie abziehen wollen, kappen.
3. Eine sorgfältige Rekapitulation jedes einzelnen schließt sich daran an (siehe Rekapitulation, S. 35).
4. Nach der Rekapitulation müssen Sie das Muster analysieren, das von den energetischen Fasern der Verbindung geschaffen wurde, und feststellen, warum es nicht wünschenswert war. Dann müssen Sie danach streben, dieses Muster nicht zu wiederholen. Die Rekapitulation wird Ihnen einen genügend großen Energieschub vermitteln, um Sie bei Ihrer Aufgabe und der Zerschlagung des Musters zu unterstützen.
5. Daran schließt sich eine Zeit ernsthafter Enthaltsamkeit oder der Loyalität gegenüber einem sehr intimen und vertrauenswürdigen Partner an; in Verbindung mit einer zusätzlichen Rekapitulation wird dies die Energien weiter reinigen, entwirren und erneuern.

5
Unsere verlorene Energie wiedergewinnen

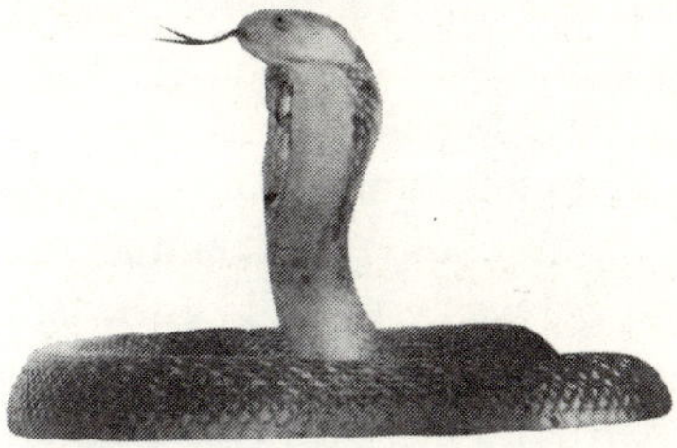

Nachdem Don Juan von seinem Spaziergang durch San Luis zurückgekehrt und Doña Celestina ihre Sprechstunde, die sie nur jeweils an den ersten Tagen der Woche abhielt, beendet hatte, machten wir uns alle daran, zu Ehren von Chons Ankunft aus dem Yucatán ein Festmahl zuzubereiten. Pacha und Neida hatten ein paar Hühnchen gekauft, die wir auf yukatánische Art zubereiteten, indem wir Yams, Mangos, Papaya, Zwiebeln, Tomaten und Gewürze hinzugaben, die Mischung in frische Bananenblätter wickelten und alles zusammen in einem Tontopf schmoren ließen, bis das Fleisch so zart war, daß es von den Knochen fiel.

Die Atmosphäre wurde durch Chons Anwesenheit in der Gruppe sehr festlich, beinahe exotisch. Neida, Pacha und ich begannen zu tanzen, als wir schwarze Bohnen zerrieben, um Refritos zu machen. Aus dem Patio war Lachen und Gerede zu hören. Als es dämmerte, war das Mahl fast fertig. Wir stellten den schweren Holztisch für die Gäste unter dem Säulengang des Patio auf und einen zweiten kleineren in der Küche für die vier Mädchen.

Das Essen war so köstlich, daß sich zunächst alle darauf konzentrierten, aber später, als der Appetit nachließ, fing Chon an, den Tisch mit neuen unterhaltsamen Geschichten zu beglücken. Einige waren lustig, andere ernst; sie drehten sich um die bevorstehende Maya-Revolution im mexikanischen Bundesstaat Chiapas. Die mit Abstand beste Geschichte handelte von einem berühmten Transvestitenstar namens Eufemia, die zufällig früher einmal Chons Patientin gewesen war.

Man erzählt sich, Eufemia sei in einer Maya-Familie in einem Dorf auf dem Yucatán, das Chon häufig besuchte, nachdem er Guatemala wegen der Massaker an Mayas dort verlassen hatte, als Eufemio zur Welt gekommen. Als armer kleiner Junge von fast überirdischer Schönheit zog Eufemio es vor, von seiner Mutter und seinen Schwestern die Haushaltspflichten zu erlernen, anstatt hinauszugehen und mit den anderen Jungen des Dorfes herumzurennen. Für seine Familie und für die anderen Familien in dem kleinen Ort stellte das kein Problem dar.

Doch als Eufemio sechs Jahre alt war, nahm sein Vater in der Großstadt Merida, der Hauptstadt des Bundesstaates Yucatán, einen Job als *hamaca*-[Hängematten-]Hersteller an. Sein Vater zog mit der Familie dorthin, und Eufemio erhielt die Gelegenheit, die Schule zu besuchen. Am ersten Tag wies die Lehrerin die Jungen und Mädchen an, sich getrennt aufzustellen. Eufemio gesellte sich zu den Mädchen und bestand darauf, er sei ein Mädchen. Die Kinder lachten alle, und die Lehrerin versuchte mit sanfter Gewalt ihn in die andere Reihe zu drängen. Eufemio widersetzte sich hartnäckig und sagte zur Lehrerin, sie sei es, die den Fehler mache.

Die Lehrerin beklagte sich darüber bei Eufemios Mutter, als diese an jenem Nachmittag von ihrem kleinen Haus zur Primaria ging, um ihn abzuholen. Die Familie war beunruhigt, als ihr klar wurde, daß es nicht nur eine Frage der Präferenz war, sondern daß ihr Kind den Unterschied zwischen sich selbst und kleinen Mädchen nicht erkannte und das Konzept von Männlich und Weiblich nicht zu verstehen schien.

Eufemios Mutter versuchte so bald als möglich, einen schamanischen Heiler-Priester zu finden, der mit dem Kind reden sollte. Auf dem indianischen Markt stieß sie auf Chon, der an einem Stand seine pflanzlichen Heilmittel verkaufte. Auf den ersten Blick erkannte Chon, daß der Junge etwas Besonderes war. Nachdem er seinen Körper energetisch untersucht, sich mit ihm unterhalten und später verfolgt hatte, wie Eufemio aufwuchs und sich entwickelte, gelangte Chon zu dem Schluß, daß der junge Mensch mehr weiblich als männlich war.

Das Wort Verurteilung kam in Chons Wortschatz nicht vor. Er beriet Eufemio einfach bei zahlreichen Fragen und vollzog häufig *limpias* – energetische Reinigungen –, um die negativen Effekte der Hänseleien, die der Junge fortwährend über sich ergehen lassen mußte, zu neutralisieren. Sie sprachen über die Aspekte der weiblichen Kriegerschaft, und Chon brachte Eufemio bei, keine große Affäre daraus zu machen.

Mit fünfzehn Jahren war Eufemio eine überwältigende Schönheit und überstrahlte viele Mädchen, mit denen er zusammen war. Als er eines Abends vom Kino nach Hause ging, wurde er von einer Gruppe Jugendlicher angegriffen und faßte dann den Entschluß, an einen Ort wegzurennen, wo niemand über seine Geschichte Bescheid wußte. Er beschloß, nach Mexico City zu fliehen, dort in die Menge einzutauchen und ein Leben als Frau zu führen, ohne daß irgendwer dort wußte, daß er einen Penis hatte.

Zu Anfang war es nicht einfach, doch Eufemia war unbestreitbar schön. Die mexikanischen Männer rieten ihr, sie solle Showgirl in einem der glitzernden Clubs der Zona Rosa werden, wobei sie nicht merkten, daß sie, entkleidet, keine Brüste hatte. Schließlich erkannte Eufemia, daß sie sich ihrer ambigen Sexualität stellen mußte, und sie tat, was ihr möglich war. Sie wurde Showgirl in einer Transvestitenrevue. Von Zeit zu Zeit schaute Chon, wenn er auf dem Weg in die nahegelegene Stadt Toluca durch Mexiko City kam, um dort dienstags auf dem indianischen Markt Kräuter zu verkaufen, bei Eufemia vorbei, um sich zu versichern, daß es ihr gutging, und um Neuigkeiten an ihre Familie übermitteln zu können, wenn er durch deren Dorf kam.

Ihr Ruhm als Transvestitenstar nahm langsam zu. Selbst wenn manche heterosexuellen mexikanischen Männer die Show als

Jux ansahen oder dies zumindest behaupteten, so mußten sie und die Homosexuellen, die den Club frequentierten, doch zugeben, daß Eufemia hübscher als alle »echten« Frauen auf den Bühnen der anderen Nachtclubs war. Wenn Chon durch die Stadt kam, betete er zu den neun Maya-Herren der Nacht für ihren Erfolg.

Eufemia wurde regelrecht berühmt, und schließlich wurde die Revue zu einem Gastspiel nach Rio de Janeiro, Brasilien, eingeladen. Das Publikum und der Clubbesitzer verliebten sich in Eufemia, und so konnte sie in dieser weitaus kosmopolitischeren Umgebung bleiben und ihr Einkommen um das Zwanzigfache steigern. Schließlich hatte sie genug Geld, um eine Operation zur vollständigen Geschlechtsumwandlung zu finanzieren. Damals wurde diese Operation am besten in Brasilien durchgeführt, und als sie schließlich nach Mexiko zurückkehrte, tat sie dies als grazile, jedoch äußerst kurvenreiche und würdevolle Frau.

Als Chon sie wiedersah, war Eufemia der Star einer rein weiblichen Gala in einem der besten Hetero-Nachtclubs von Mexico City. Sie dankte ihm überschwenglich für alles, was er für sie getan hatte, und sagte ihm, wenn sie sich jemals revanchieren könne, würde sie das gerne tun. Einige Jahre später bot sich die Gelegenheit dazu. Zu jener Zeit bat ein Politiker des Bundesstaates Jalisco, der durch einen jungen Freund, einen mexikanischen Anthropologen, der bei den Maya gearbeitet hatte und nun in Mexico City lebte, von Chon erfahren hatte, um einen Termin bei Chon, als sie sich beide in der Hauptstadt aufhielten.

Zu Chons Bestürzung prahlte dieser aufgeblasene Politico damit, daß er dank seiner »finanziellen Verbindung« zur mexikanischen Regierung seiner jungen Frau durch eine Erkrankung an Brustkrebs und eine zweiseitige Mastektomie geholfen habe. Nun wollte er ihr neue Brüste kaufen, damit sie sich wieder so schön wie früher fühlen könne. Er war eigentlich wegen einer Primicia, einer Maya-Zeremonie, zur Segnung einer neuen Unternehmung und der Gesundheit seiner Frau gekommen, in dieser Reihenfolge.

Chon teilte ihm mit, er werde nur zu gerne für das dauerhafte Wohlergehen der jungen Frau tätig werden, er wolle aber wissen, warum dazu neue Brüste erforderlich seien. Hatte sie nicht schon genug durchgemacht? Der Regierungsbeamte sagte Chon bestimmt, diese neuen Brüste seien notwendig, damit er seine nach wie vor bestehende Liebe zu seiner Frau auf die intimste mögliche Weise demonstrieren könne. An diesem Punkt lachte Chon ihm ins Gesicht.

»Es macht Ihnen nichts aus, daß sie künstlich sein werden?« fragte er.

Der Mann antwortete mit nein, aber die dafür notwendige Operation sei kompliziert, und aus diesem Grund habe er um den Segen gebeten.

An diesem Punkt warf Doña Celestina ein: »Ich bin überrascht, daß er nicht um einen Segen für seinen Dorn bat, damit der ihm steht. Ich werde dauernd um so etwas gebeten.«

Wir kippten fast von unseren Stühlen und trommelten auf den Tisch, während Chon fortzufahren versuchte. Ich mußte an den Blick des Mexikaners denken, der am Morgen aus Doña Celestinas Sprechstunde kam, bevor ich hineinging. Ich fragte mich, ob er deswegen bei ihr gewesen war. Und wenn dem so war, so hatte Doña Celestina ihn zweifelsohne wie eine Spinne auf dem heißen Herd verschrumpeln lassen.

Chon versteckte sein breites Lächeln hinter seinen Händen, holte tief Luft, schüttelte den Kopf, bedeckte seine Augen und dann seine Ohren und fuhr schließlich, als er sich erholt hatte, mit der Geschichte fort. »Sehr gut«, sagte er dem Mann, »aber bevor ich den Segen durchführe, möchte ich, daß Sie eine Bekannte von mir kennenlernen. Ihr Name ist Eufemia. Sie ist ein berühmter Nachtclubstar und sehr schön. Sie ließ einst die Operation, von der Sie sprechen, durchführen und ist so attraktiv wie die begehrenswerteste Frau auf Erden. Sie wird mir den Gefallen tun und Ihnen ihre Brüste zeigen. Sie sind ein Werk der Götter. Wenn Sie davon erregt werden, dann werde ich zufrieden sein und die Zeremonie für Sie durchführen.«

Der Politico war äußerst nervös, als Chon die piekfeine Adresse für ihn aufschrieb und ihm Anweisungen gab. »Besuchen Sie sie erst morgen gegen zwei Uhr nachmittags. Sie tritt nachts auf und schläft am Morgen gerne aus. Ich werde Eufemia selbst anrufen und sie bitten, Sie zu empfangen.« Ich versuchte mich zusammenzureißen, doch ich ahnte, daß uns die Geschichte dieser Begegnung alle vor Lachen auf den Boden werfen würde.

Am folgenden Nachmittag fuhr der verheiratete Politiker in seinem besten Anzug und mit Brillantine im Haar zu dem luxuriösen Apartmenthochhaus, in dem Eufemia wohnte. Er war bereit, die Brüste zu inspizieren und vielleicht noch ein bißchen mehr. Seine Frau würde es nie erfahren. Vielleicht war das Gottes Art, ihm all seine Freundlichkeit ihr gegenüber während ihrer Krankheit zu vergelten. Er drückte auf die Türklingel und unterhielt sich durch die Sprechanlage mit einer wohltönenden, tiefen und sinnlichen weiblichen Stimme, die ihn hereinbat.

Er klopfte um exakt 2.05 Uhr nachmittags an die Tür von Eufemias Apartment im 14. Stock und wurde von einer hochgewachsenen schlanken, graziösen Göttin Anfang dreißig begrüßt. Sie war hypnotisierend, faszinierender als er erwartet hatte. Er war von der Schönheit ihrer Figur, ihren klaren Gesichtszügen, die an die klassischen Maya erinnerten, mit den großen, nach oben gerichteten dunkelbraunen Augen und dem glänzenden, langen blauschwarzen Haar, das sie auf lockere, fast römische Art trug, in den Bann geschlagen. Sie hatte die langen Beine eines jungen Rehs, wie sie so in einem blaßgoldenen seidenen Morgenmantel quer durch das wunderschön möblierte Wohnzimmer schritt.

Er setzte sich auf das weiche Sofa und blickte hoch ins verheißene Land. Die Brüste! O ja! Sie waren wunderschön, von perfekter Größe, rund, keck und fest, genau wie Chon es versprochen hatte! Eufemia führte ihm ein wenig von ihrem Auftritt vor, tanzte in dem seidenen Morgenmantel, deutete ihre Enthüllung an, bis er praktisch außer sich war.

»Chon hat mir gesagt, Sie möchten meine *tetas* sehen«, sagte sie verführerisch.

Der Politico nickte gierig, fast außer Kontrolle. »Si! Si!«

»Bitten Sie nett darum«, neckte sie ihn spröde.

»Si! Por favor!« bettelte er.

Eufemia entblößte sich mit einer fließenden Bewegung und war unter dem Seidengewand vollkommen nackt. Voller Würde stand sie da und enthüllte einen schlanken Körper, der für den exotischsten aller Weine aus Amberglas in eine subtile, fast stundenglasartige Form gegossen zu sein schien. Dem Politico fielen die Augen aus dem Kopf, und seine Zunge fuhr hin und her. »Ay Mamasita, mi diosa«, schmachtete er.

Sie trat näher an ihn heran. »Würden Sie mich gerne berühren?« fragte sie ihn. »Berühren Sie sie.«

Er langte nach vorne und betastete ihre Brüste, die sich weich und geschmeidig anfühlten. »Natürlich«, sagte er. »Sie fühlen sich vollkommen natürlich an.«

»Und nun berühren Sie meine *cuca*«, befahl sie ihm.

Das war mehr, als er zu hoffen gewagt hatte. Sie forderte ihn auf, ihre Vagina zu streicheln.

»Fühlt sie sich natürlich an?« fragte sie ihn, als er sie streichelte.

»O ja!« stöhnte er. »Sehr natürlich.«

Es war offensichtlich, daß er äußerst erregt war und eine harte Erektion hatte, die sie sanft und zustimmend mit ihrer Hand befühlte. »Mmm! Chon wird sich freuen, wenn er hört, daß Sie zu solch einer Erregung fähig waren.«

»Schlaf mit mir«, bat er.

»Du schläfst mit mir«, gab Eufemia zurück, als er sich rasch seiner Hose entledigte. Er war praktisch auf ihr drauf, als sie sagte: »Denk dir nichts dabei, querido, du wirst in der Lage sein, deiner Frau wie ein Macho zu gefallen. Derselbe Doktor, der mir meine tetas gab, gab mir auch meine cuca, und schau nur, wie heiß du bist. Du bringst sie zu den besten Chirurgen, und du wirst keine Probleme haben. Willst du den Namen von meinem Arzt in Brasilien?«

»Was?« Er schnappte wie vom Donner gerührt nach Luft.

Eufemia lächelte nur süßlich und wiederholte: »Der Arzt, der mir meine cuca gab. Du weißt doch!«

»Ay Dios mio!« rief der Politico, während er hastig versuchte, seine Hose wieder überzuziehen. »Dieser brujo-Bastard hat mich mit seinen Tricks schlimmer drangekriegt als den dümmsten Hahnrei! Das soll er mir büßen.«

Don Juan heulte vor Lachen. Auch aus der Küche kam Gegacker. Die Mädchen hatten gelauscht. Wir brachen alle in verrückte Heultöne und Rufe aus.

Chon beendete die Geschichte mit dem Satz, daß Eufemia dann trotzig aufstand und ihren Morgenmantel anzog. »Du wirst Chon gar nichts tun, oder ich verkünde der Prensa, daß du heute hier warst und mit mir schlafen wolltest«, rief sie.

Eufemia verließ das Zimmer und wies ihr Hausmädchen an, dem Mann, sobald er sich erholt hätte, höflich den Ausgang zu zeigen. Chon berichtete, daß der Politico an jenem Nachmittag kurz vor Verkaufsschluß beim Kräuterstand erschien und rief: »Tío Chon! Tío Chon!« Tío bedeutet Onkel, kann aber auch als herabsetzende vertrauliche Anrede verwendet werden. »Sie hat eine künstliche Vagina, du verdammter alter Hexer!« Chon lächelte und sagte zu ihm, da Eufemia ihm inzwischen Bericht erstattet hatte, er würde nun die Primicia nur zu gerne auf die künstlichen Brüste seiner Frau ausdehnen.

Noch mehr Gelächter verkrafteten wir nicht mehr. Es riß uns das Zwerchfell auseinander, so daß sogar Doña Celestina gekrümmt in die Küche ging, um die Mädchen zu bitten, den Tisch abzuräumen. Wir zogen uns wiehernd und einzelne Passagen der Geschichte wiederholend in unsere Zimmer zurück.

Chons Zimmer lag auf dem Korridor direkt neben meinem, Don Juans jedoch am Ende des Durchgangs auf der anderen Seite. Doña Celestinas Zimmer befand sich, durch einen kleinen Flur abgetrennt, neben dem Konsultationszimmer. Dadurch konnte sie bis spät in die Nacht an Trabajitos arbeiten, wenn sie das wollte. Das Gefühl, uns alle gemeinsam unter einem Dach zu wissen, war angenehm elektrisierend. Meine Träume waren wie eine ausgedehnte Kreuzfahrt in reine Energie.

Am nächsten Tag ging Chon nicht zum El Tecolote, um Kräuter zu tauschen, sondern verbrachte die ganze Zeit mit der

Tochter der Frau, die am Vortag um Doña Celestinas Hilfe nachgesucht hatte. Er arbeitete in einem freien Zimmer hinter dem Patio mit der jungen Frau, in dem Teil des Hauses, in dem die Mädchen der Doña schliefen. Ich konnte brennenden Copal riechen und wußte, daß er Limpias ausführte und sie beriet. Das gab mir die Zeit, mich mit Don Juan zu unterhalten, denn Doña Celestina war nun ebenfalls mit Trabajitos für ihre Klienten beschäftigt.

»Chons Geschichte über Eufemia wirft eine Frage auf, Don Juan«, begann ich.

»Welche Frage denn, muchacha mía?« entgegnete er, während er den Papayabaum mit einem großen Blecheimer wässerte.

»Nachdem ich Chon zugehört und mit euch allen geträumt habe, ist mir klar, daß sexuelle Energie mit unserem Leben viel mehr zu tun hat, als wir in unserer konventionellen, unterdrückten modernen Kultur zum Ausdruck bringen dürfen.«

»Das wird dir erst jetzt klar?« scherzte er.

»Nein, nicht wirklich. Aber was kann ein normaler Mensch tun, um all den Fallen, der Repression, den Mißhandlungen und Mißbräuchen unserer sexuellen Energie zu entgehen, die von der Gesellschaft, unseren Religionen, unseren Werten, unserem Materialismus, unseren eigenen Ängsten sogar noch gefördert werden?«

»Als erstes kann er dafür sorgen, daß er nicht verrückt wird«, antwortete er und stellte den Eimer ab. »Das ist eine potente Energie, eine ernste Situation, die Sachlichkeit erfordert. Setzen wir uns, und sprechen wir darüber.« Wir gingen zu den bequemen und vertrauten Schaukelstühlen hinüber. »Eine Sache, die die Menschen tun müssen, besteht darin, die Energie, die sie von ihren Eltern und Vorfahren bekommen haben, zu rekapitulieren, und zwar vollständig mit all den Kräften, falschen Vorstellungen und Mißbräuchen, die es gegeben haben mag. Sie müssen feststellen, wie diese Energie verbraucht wurde, bevor sie sie empfingen, in welchem Zustand sie sich befand und welcher Teil von ihr an sie weitergegeben wurde, damit Segensreiches, Unausgewogenes und Erschöpfungen aufgedeckt werden.

Dann müssen sie schauen, wie sie selbst die sexuelle Energie verbraucht und möglicherweise mißbraucht haben, und zwar in bezug auf sich selbst und ihre Partner, in welcher Konfiguration auch immer. Falls sie Kinder haben, müssen sie herausfinden, welcher Teil ihrer Energiedosis in welchem Zustand weitergegeben wurde. In all diesen Fällen kann das Wesen der Bestie, nachdem es herausgeschält wurde, sozusagen den Flammen überantwortet und zerstückelt werden, so daß die Energie im richtigen Augenblick gereinigt und in ihrer richtigen Konfiguration wieder zurückgerufen werden kann.

Ich treffe zum Beispiel andauernd Mütter und Väter, die ihre Energie nicht zum richtigen Zeitpunkt von ihren Kindern wiederbekommen. Der Anteil an Energie, den ein Elternteil beiträgt, wird dem Kind geliehen, wie Stützen, die man um einen Sämling setzt, damit sein Stamm gerade hochwächst. Im richtigen Augenblick können die Eltern diese Energie zurückerhalten, das müssen sie sogar, sonst engen die Stützen den Nachwuchs ein und deformieren ihn vielleicht. Doch statt dessen geschieht es häufig, daß es den Eltern, aus welchen Gründen auch immer, nicht gelingt, ihre Energie wiederzuerlangen. Das zwingt den jungen Erwachsenen, einen Teil der elterlichen Energie als eine Last mit sich herumzuschleppen, denn sobald das Erwachsenenalter erreicht ist, kann ein gesunder Mensch voll mit der Energie, die ihm von der Schöpfung zugeteilt wurde, ausgestattet werden.

Ich höre sogar Eltern sagen: ›Ich werde in dir, Sohn, ewig leben und in deinen Kindern und in deinen Kindeskindern.‹ Dadurch werden die Eltern schwach und klammern. Sie sollten in sich selbst weiterleben. Das ist eine heimtückische Neigung, die abhängige Eltern und abhängige Kinder schafft. Keiner wird je erwachsen und will das ändern. Jeder ist am liebsten ein Krüppel.«

»Ko-Abhängigkeit nennen die Psychologen das, wovon du sprichst, heute«, sinnierte ich.

»Sie sagen es, aber sie sehen es nicht, und das bedeutet, sie gewinnen die Energie nicht zurück. Und wenn man das tut, kann man exquisite Ausdrücke dafür finden. Man kann Zeremonien und Kraftakte unternehmen, um verlorene Energie wiederzugewinnen, aber man muß lernen, den Wert dessen, was so natürlich erleuchtend ist und doch so hart gewonnen wird, wenn es einmal verloren wurde, anzuerkennen.

Ich kann jetzt erkennen, daß jeder von uns dich an seinen Lektionen teilhaben lassen sollte, solange du hier bist. Vielleicht können dich unsere Erzählungen und Praktiken bei deiner eigenen Evolution und der Suche nach Heilung leiten. Ich bin sicher, daß Doña Celestina und Chon das nur zu gerne tun werden. Es gibt viel zu lernen, viel auszudrücken, Merlina. Leben und Tod.« Er erhob sich aus seinem Schaukelstuhl und strich mir auf dem Weg zu seinem Zimmer über den Kopf.

Übung 5
Verlorene Energie wiedergewinnen

1. Erforschen Sie die Bereiche Ihres Lebens, in die Sie Energie investierten, die schließlich Ihnen zurückgegeben werden sollte, es aber nicht wurde. Beispiele wären etwa ein dysfunktionaler Elternteil, der nach wie vor auf mißbräuchliche Weise Ihre Energie festhält, oder ein Kind, das Sie nicht davon abhalten können, Baby zu sein.
2. Führen Sie eine sorgfältige Rekapitulation der Person oder der Personen durch, ohne diese darüber zu informieren (siehe Rekapitulation, S. 35).
3. Nehmen Sie sich vor, einen Traum zu träumen, in dem Sie in einem einzigen Akt die ganze verlorene oder falsch verteilte Energie von dem besagten Menschen zurückgewinnen. Holen Sie ein Element dieser Handlung in den Wachzustand herüber. Wenn Sie zum Beispiel träumen, Sie berühren die linke Schulter Ihres Vaters und Ihre Energie kehrt zu Ihnen über die Kraft Ihrer Absicht zurück, so suchen Sie die Gelegenheit, im Bewußtsein der stillen Kraft der Absicht, auf gleiche Weise seine linke Schulter zu berühren, und spüren Sie, daß die Sache abgeschlossen ist.
4. Überprüfen Sie eigene Verhaltensweisen, die den Betreffenden ermutigen, das Muster zu reaktivieren, und stellen Sie diese ab. Damit werden die Fasern, die

diese Menschen auf nicht wünschenswerte Weise mit Ihnen verbinden, zerdrückt. Die Fasern werden verdorren, und in der Person wird die Energie verhungern.

6
Energie in der Natur gewinnen und freisetzen

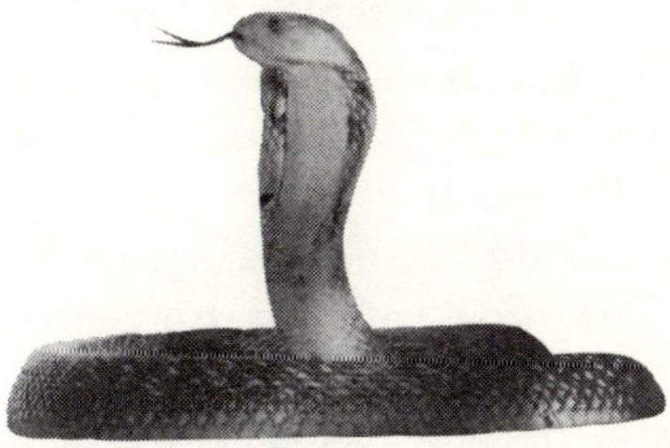

Am nächsten Morgen schienen alle den Ablauf des Spiels zu kennen. Chon war bereits auf und wartete auf mich, als ich mein Frühstück beendet hatte. »Es sieht so aus, als ob ich heute dran bin«, grinste er. »Ich weiß nicht, wann ich zu El Tecolote komme. Vielleicht bin ich noch tagelang hier! Machen wir eine Fahrt in die Wüste und schauen uns Pflanzen an.«

Wir gingen hinter Doña Celestinas Haus zu der Stelle, an der ich den Jeep abgestellt hatte, und ließen uns auf den Vordersitzen nieder. Chon hatte mehrere Säcke dabei für den Fall, daß er auf Arzneipflanzen träfe. Er wies mich an, auf einer staubigen Straße in östlicher Richtung aus der Stadt geradewegs in die Wüste hinauszufahren. Wir starteten. Mit Chon Auto zu fahren war neu für mich und völlig anders als mit Don Juan. Während Don Juan stets ernst war, während wir fuhren, und häufig die Zeit für Diskussionen nutzte, saß Chon hingegen schweigend neben mir, und mit ihm im Wagen herrschte irgendwie eine karnevalähnliche Stimmung. Es fiel mir schwer, nicht in Tagträume abzugleiten, und ich fühlte mich, als würden wir in die aufgehende Sonne hinaustreiben.

Wir hielten knapp 22 Kilometer weit vor der Stadt in einem Gebiet, in dem es, nach den Mesquitebäumen und Büschen zu schließen, mit Sicherheit unterirdische Wasservorkommen gab. »Ich sehe schon einen Jojobabaum«, sagte Chon, als er aus dem Jeep stieg.

Als ich auf meiner Seite hinauskletterte, erspähte ich als erstes ein aggressiv großes Jimson weed, auch Datura oder *toloache* genannt, das nicht weit von einem reifen schattenspendenden Mesquite wuchs. Die Datura schien meine Aufmerksamkeit auf sich zu ziehen. Trotz meiner Versuche, mich für die anderen Pflanzen in der Umgebung zu interessieren, kehrte mein Blick immer wieder zu ihr zurück.

»Toloache«, bemerkte Chon und zeigte auf die Datura, als er auf meine Seite kam. »Sie mag dich. Kannst du sie von hier aus riechen?«

Ich konnte tatsächlich etwas wahrnehmen, das ich als ein brennendes Verlangen in der Luft beschrieben hätte und das anscheinend von dem Wind herrührte, der direkt von der Rückseite der winterharten Pflanze blies.

»Gehen wir hinüber«, schlug Chon vor.

Die Pflanze stand nicht in Blüte und lag breiter und niedriger auf dem Boden, als es bei einer männlichen Pflanze der Fall gewesen wäre. Die Stengel waren unanständig dick, mit Unmengen Blättern bedeckt und mit runden Samenkapseln gespickt.

»Die Datura ist wirklich eine Frauenpflanze, deshalb werde ich hier mit dir anfangen«, sagte Chon. »Ein Tee aus ihren Blättern bringt eine Frau in Wallung, und eine Paste der frischen Bodenblätter, die man auf dem Körper verreibt, löst einen Flug des Energiekörpers aus, weshalb Hexen sie oft zum Vergnügen, für eine Vision oder für einen Schlag gegen einen Feind einsetzen.« Chon kniete sich hin, um mir einen dicken Haufen Blätter zu zeigen. »Die Maya rauchen die Blätter in einer Zeremonie, um in die Zukunft zu sehen oder den Aufenthaltsort vermißter Personen oder Dinge zu träumen. Wir trinken auch zu einem bestimmten Zweck einen Tee aus Calea zacatechichi, die nur in Chiapas wächst. In der Zeremonie trinkt die ganze Gemeinde den Tee und tritt in kurze, aber intensive Traumperioden, die die

Pflanze induziert, ein; diesen folgt ein ungewolltes Erwachen, das wir dazu nutzen, die mitgebrachten Informationen zu besprechen. Wenn der H'men Daturablätter raucht, so tut er das alleine, und während des Rauchens oder im Anschluß daran oder auch später in seinen Träumen kann er dann das Vermißte sehen.«

Der Schatten des Mesquitebaums wirkte mit seinen im spätherbstlichen Wind rauschenden Blättern sehr einladend. Chon und ich merkten es, und nachdem wir zwei Stellen von Blättern und Geröll gesäubert hatten, setzten wir uns mit den Rücken an den Stamm gelehnt unter den Baum. »Die Natur fließt geradezu von vitaler und sexueller Energie über, und ein Praktizierender kann sich dies zunutze machen, indem er oder sie sich mit den Elementen der Natur, Elementen wie Wind, Sonne, Wasser, Erde, Metall, Gestein, pflanzliches Leben und Lebewesen, verbündet«, fuhr Chon fort.

»Es gibt unendlich viele Eintrittspunkte ins Aufwachen und Träumen, alle möglichen einfachen Handlungen wie Essen, Trinken, Atmen, Gehen, Baden und Sonnen, bis hin zu den aufwendigeren Bitten, Anrufungen und Verschmelzungen, die Schamanen und Heiler praktizieren. Eine Möglichkeit, mit der ein Heiler etwas über die heilenden Eigenschaften von Pflanzen lernt, besteht zum Beispiel im Träumen. Nehmen wir mal an, jemand kommt mit einer Krankheit zu mir, die mir noch nie zuvor begegnet ist und die ich zum Zeitpunkt seines Besuches nicht heilen kann.« Chon versetzte mir einen leichten Stoß. »Ich flehe die Kräfte und Geister an, mir eine Vision der Heilung in meinen Träumen zu zeigen. Wenn es die Form einer Pflanze annimmt, die mir nicht vertraut ist, dann muß ich den Traum herüberholen und hinaus in die Welt gehen, um die Pflanze aufzuspüren. Ich beschwichtige meine Gedanken, erlaube meinem Energiekörper, mich zu führen, und ziehe meinen physischen Körper wie an Drähten mit. Ich mildere meinen Blick ab, trete wach ins Träumen ein, indem ich meinen Traum in dem Augenblick der Offenbarung öffne, und wandere einfach so lange durch den Dschungel oder Wald, bis ich die Pflanze gefunden habe.

Sobald ich sie finde, bedanke ich mich beim Geist der Pflanze und bitte ihn um Hilfe, wobei ich meinen Traum und meine Suche erkläre. Dann sinke ich, um die Methoden der Zubereitung und Verabreichung zu erfahren, am Ort der neuentdeckten Pflanze in den Schlaf und trete mit meiner Absicht wieder ins Träumen ein. Sobald ich all das Wissen, das ich im Träumen suchte, erlangt habe, wache ich auf und bitte die Pflanze um Erlaubnis, ein wenig von ihr nehmen und es auf die Weise, wie es mir gezeigt wurde, zubereiten und verabreichen zu dürfen.

Wenn ich nach Hause zurückkehre, lege ich stets einen Teil dessen, was ich mitgebracht habe, auf meinen Altar; dieser wird nicht als Arznei verwendet, sondern bildet den repräsentativen Teil der Pflanzenentität für den, dem ich Segnungen senden will. Dann unterweise ich meinen Patienten gemäß dem Geträumten darin, wie er die Kur durchzuführen hat. Wenn der Betreffende sehr krank ist, befolge ich die Anweisungen selbst und verabreiche die Medizin zusammen mit anderen Behandlungen oder Zeremonien, die ich geträumt habe. Während des Heilungsprozesses träume ich jeden Abend den Patienten gesund und versuche diese Träume mit dem Patienten jedesmal zu öffnen, wenn wir in der wachen Welt miteinander zu tun haben.«

Als ich hörte, wie leidenschaftlich und intim Chon ans Heilen herangeht, verstand ich, warum die Kraft ihn als natürlichen Heiler auserwählt hatte. Meine Augen wurden feucht, als er seine Erzählung abschloß. »Ich möchte, daß du etwas ausprobierst«, sagte er, stand vom Boden auf und klopfte sich den Rücken ab. »Diese Toloachepflanze hat eine Botschaft für dich. Während ich herumstreife und weitere Pflanzen suche, solltest du hier unter diesem freundlichen Baum, in der Nähe der Pflanze, einschlafen und sie zu dir sprechen lassen. Schau, ob sie ihre Stärke mit dir teilt. Sie ist sehr sexuell und ein Überlebende. Vergiß nicht, wenn du einen Verbündeten gewinnst, mußt du ihm stets auch etwas von dir geben.«

Chon ließ mich auf seinen Säcken zurück, damit ich einen Platz hatte, auf den ich meinen Kopf betten konnte. Während er in die Wüste hinausging, rollte ich mich auf meiner linken Seite liegend unter dem Mesquitebaum gegenüber der Pflanze zusammen. Es ist mir noch nie schwergefallen einzuschlafen. Wie eine Katze kann ich in tiefer Entspannung schwelgen, bis sie ekstatisch wird. Don Juan sagte mir einmal, Feliden seien herausragende Träumer, die wissen, wie man Energie aus dem Schlafzustand zieht. Im Gegensatz zu anderen Lebewesen, die träge erwachen, schlafen Katzen bis zu 16 Stunden täglich und sind doch mit die agilsten, geschmeidigsten und mächtigsten Lebewesen der Erde.

Innerhalb von Minuten döste ich angenehm in der Morgensonne, die von den überhängenden Ästen des großen Mesquite gefiltert wurde. Ich träumte, zu gähnen, aufzuwachen, meine Augen aufzuschlagen und festzustellen, daß das große Jimson weed in meine Richtung wuchs. Die Pflanze streckte sich zu mir hin und eilte über den Boden, wobei sie tentakelartige, mit Blättern bedeckte Fühler ausschickte, die mich umschlangen und dann verschluckten.

Ich bewegte mich durch das Innere der Pflanze, ganz ähnlich wie sich ein unversehrtes Ei durch den Körper einer Schlange bewegt, nachdem es von ihr verschluckt wurde. Grünes Hämoglobin umfloß mich, und alles, was ich sah, war durch einen grünlichen Farbton gefiltert. Tiefer und tiefer drang ich vor, bis ich in das Herz der Pflanze geriet, während duftendes Kraut und Gewürz meinen Traum durchdrang.

Als ich im Herzen ankam, wurden meine Beine zu Wurzeln und meine Arme zu Ästen. Eine trompetenförmige weiße Blüte wuchs mir als Kopf, und meine Eierstöcke stülpten sich nach innen und verwandelten sich in stachlige runde Samenkapseln. Ich breitete mich wie ein Seestern in fünf Richtungen aus und spürte ein Hämmern und Pulsieren, als die Lebenskraft in meinen Körper schoß. Ein Gefühl der Wärme begleitete meine Empfindung zu fliegen, und ich konnte atmen, als sei mein ganzer Körper in riesengroße Lungenflügel verwandelt worden. Von der geschmolzenen Erde begann Feuer durch meine Füße, den eigentlichen Enden meiner Wurzeln, zu fließen, und mein Unterleib empfing einen kühlen Quell von Wasser und trank, gurgelte, füllte und zirkulierte die lebenspendende kristalline Reinheit.

Der Duft wurde mir als meine Potenz, mein hypnotischer Zustand, meine behexende Essenz bekannt. Ich spürte das, als ich mit der Pflanze eins, wirklich zu ihrer Ganzheit wurde, und mir fielen wieder Chons Worte ein, daß ich dafür etwas zurückgeben sollte. Das war eine schwierige Aufgabe, denn ich war nackt, mit nichts gekommen, und dann dachte ich: »Ein Lied! Ja!« Das Staubgefäß meines Blütenkopfes wurde zu meiner goldenen Zunge, und ich sang so süß wie noch nie zuvor in meinem Leben.

Die Worte waren unbekannte Silben voller Gefühl und Schwingung, die Melodie war schwermütig und beschwörend. Während ich sang, begann ich zu erwachen. Chon saß mit einem Sack voller Pflanzen neben mir unter dem Mesquitebaum. »Schöner Gesang«, bemerkte er und strich mir über den Kopf.

Ich trieb hinein und heraus, als würde ich an eine Liebesbeziehung zurückdenken, während wir zum Jeep gingen und die langsame Rückfahrt durch die Wüste auf der staubigen Straße antraten. »Du solltest dieses Lied behalten«, sagte Chon schließlich. »Sing es immer der Toloache vor, wenn du sie um einen Gefallen bitten oder ihre Wirkungen verstärken willst. Genau wie du mit ihr verschmolzen bist, so kannst du auch mit anderen Elementen der Natur verschmelzen, wenn sie es zulassen. Es ist wichtig, daß man stets erst eine Aufforderung erhält oder um Erlaubnis fragt und diese auch bekommt. Das ist unbedingt nötig. Viele taktlose Suchende denken, sie könnten überall hineingehen, ohne um Erlaubnis zu fragen. Dafür werden sie bestraft. Mach das niemals. Da liegt keine Liebe oder Achtung darin. Es kostet nichts, zuerst um Erlaubnis zu bitten, und es ist alles zu gewinnen.«

Als wir etwa die Hälfte des Weges zurückgelegt hatten, entdeckte Chon eine Gruppe von Felsen, die ebenfalls höchst einladend erschienen, und befahl mir, den Jeep anzuhalten. Wir stiegen aus und gingen auf sie zu. Diesmal ließen wir die Pflanzensäcke im verschlossenen Wagen zurück. Vor uns lag eine ziemlich phallische Gruppierung glatter, aufrecht stehender Steine. Der eine war auf die Spitze mehrerer anderer gefallen und hatte so einen Überhang, einen abgeschlossenen Felsunterstand geschaffen.

Bevor wir uns noch weiter näherten, wies Chon mich an, die Erlaubnis zur Annäherung zu erfühlen und vielleicht die Einfriedung betreten zu dürfen. Die Antwort kam als eine Welle angenehmer, wohltuender Gefühle. Chon sagte, wenn der Ort sich geweigert hätte, hätte ich vielleicht ein Gefühl des Abscheus und unheimlichen Geheimnisses oder vielleicht ein Gefühl der Unreinheit empfunden. Wir traten durch einen Freiraum zwischen zwei stehenden Steinen ein, die einen unregelmäßigen Kreis bildeten, der oben von dem gefallenen Stein geschlossen wurde, und stellten fest, daß der Abdeckstein bemalt war. Schamanische Figuren, Klapperschlangen, Hirsche und sogar ein Dickhornschaf huschten und tanzten glücklich über die Oberfläche.

»Nach der Form dieses Gebildes und den Piktogrammen zu schließen«, begann Chon, als wir uns hinsetzten, »scheint dies ein Ort der Visionssuche gewesen zu sein. Ich bin sicher, Juan würde dem beipflichten. Vermutlich weiß er sogar über dessen historische Verwendung Bescheid. Was ich dir sagen kann, ist, daß Orte wie dieser zeremoniell genutzt wurden, wenn ein bestimmter Praktiker oder eine Praktikerin sich absonderte und mit dem Fels zu verschmelzen suchte, um in ihn hineinzugehen und von dem ihm innewohnenden Geist zu lernen. Häufig wurde auch der Geist dazu verlockt, herauszukommen. Dieses Deckengemälde hier«, sagte er, während er über unsere Köpfe deutete, »war eine Art Steinzeit-Kino. Der Suchende legte sich hin oder lehnte sich zurück und blickte mit einem weichen Fokus und zum Schweigen gebrachten Gedanken auf die Oberfläche des Gesteins. Die Isolation ließ die Welt anhalten, und durch das ernste Hinsehen und die sich lösende Absicht verschob sich die Aufmerksamkeit des Praktikers auf das Leben im Felsgestein. Jene, die niemals den Fehler begingen, Steine und Berge für leblose Materie zu halten, konnten das problemlos.

Felsen, Felsspalten und Höhlen sind Pforten in andere Welten der Erde, und Berge sind die Wohnsitze der Geister. Eidechsen wie diese kleine hier sind Wanderer zwischen den Welten.« Ein kleiner Chuckwalla hielt an und spähte zu uns herüber, bevor er über den Erdboden rannte und in einen Spalt zwischen zwei Steinen flitzte. »Die Schlangen sind, wie Juan dir meines Wissens gesagt hat, die Wächter. Männer versuchen, in den Fels an weiblichen Orten einzutreten, und gehen dann in Richtung des männlichen, von daher rührt diese uterusähnliche Einfriedung auf der Innenseite, die von den aufgerichteten Steinen auf der Außenseite geformt wird.

Die Maya haben in unterirdischen Hohlräumen ähnliche Initiationskammern. Die Höhle und das in ihr fließende Wasser sind die weiblichen Eigenschaften, genau wie die Schlangenwächter, die sich dort aufhalten. Die Felsoberflächen und das Feuer, das der Schamane mitbringt, sind das Männliche, wenn auch das Feuer unter der Erde weiblich ist. Zusammen können sie Dampf, Leben und Gold erzeugen. Für einen Mann ist die Visionssuche im Gestein wie rituelles Liebemachen. Für eine Frau ist es wie Geliebtwerden. Lehn dich zurück, und sieh selbst, was ich meine.«

Ich lehnte mich nach hinten und blickte auf das Deckengemälde, das stellenweise durch das Spiel der Sonnenstrahlen auf unterschiedlichen Mineralien in seinem Innern und auf kleinen Pockennarben und Unregelmäßigkeiten an deren Oberfläche erleuchtet erschien und den Eindruck eines mit Sternen übersäten Himmels vermittelte. Die Schamanenfiguren waren lebendig und trugen alle Stöcke oder Lichtspeere und schienen bereit zum Verkehr mit dem Kosmos, dem Felsgestein, dem Himmel und den Regenwolken. Der Tanz dieser Gestalten auf dem Gemälde hatte etwas Aufregendes und Erotisches, und als ich so dalag, fühlte ich mich gekitzelt, fröhlich und wollte sogar freudig loslachen, als würde mich jemand streicheln oder mit mir flirten. Ich konnte mir leicht vorstellen, daß diese Empfindungen sich im Traum zu einer vollendeten Ekstase auswaschen konnten.

»Siehst du, was ich meine?« flüsterte Chon lächelnd.

»Potente kleine Knaben«, antwortete ich.

»Potente Energie«, gab Chon zurück.

»Ich habe den Eindruck, Regen zu machen war so, wie wenn der Himmel einen Orgasmus hat«, sinnierte ich.

»Hier draußen mitten in der Wüste tust du gut daran, das zu glauben!« jubelte Chon vergnügt.

Wir lachten beide und setzten uns mit dem Rücken an den Stein gelehnt auf. Was für ein wunderbarer Ort! Ich fühlte mich phantastisch. Nicht nur hatten mich die Kräfte hier beschützt, wieder aufgefüllt und genährt, sie hatten auch mit mir geflirtet! Ich beschloß, eines Tages alleine zurückzukehren und hier zu schlafen.

Übung 6
Energie aus der Natur ziehen und freisetzen

1. Suchen Sie sich einen sonnigen Fleck, vielleicht einen glatten Findling oder eine Wiese in der Nähe von fließendem Wasser. Legen Sie sich mit dem Gesicht nach unten auf den Fleck, und entspannen Sie sich völlig. Atmen Sie alle toxische Energie aus, indem Sie mit einem sanften Stöhnen ausschnaufen und dabei den Bauch einziehen. Spüren Sie, wie all die schwere, erschöpfte, abgestorbene Energie in die Erde abgeführt wird, wo sie recycelt wird. Wenn in der Nähe Wasser fließt, so lassen Sie die Empfindung zu, daß es durch Sie hindurchströmt, und legen Sie sich so hin, daß der Strom von Ihren Füßen aufwärts durch ihren Körper, ihren Kopf und darüber hinaus verläuft. Lassen Sie die toxische Energie mit demselben stöhnenden Ausatmen und Baucheinziehen raus.
2. Schlafen Sie einen Augenblick lang ein, und erlauben Sie dem Prozeß, daß er sich im Traum fortsetzt und dabei die Energie noch stärker freisetzt.
3. Rollen Sie sich auf den Rücken herum, und lassen Sie das Sonnenlicht jede Faser Ihres Wesens erneuern. Nehmen Sie das Sonnenlicht durch die kaum geöffneten Lider in Ihre Augen auf, mildern Sie mit Ihren Wimpern das Licht. Lassen Sie zu,

daß die Erde Ihre Wirbelsäule mit kräftiger Feuerenergie von neuem auflädt. Atmen Sie tief in den Bauch ein, und fühlen Sie die Unterstützung der Erde.

4. Schlafen Sie erneut ein, und setzen Sie den Erneuerungsprozeß im Traum fort, nehmen Sie die Energie des Sonnenlichts in Ihren Traum und Ihr leuchtendes Bewußtsein auf.
5. Wachen Sie auf, und danken Sie dem Ort. Werden Sie ganz wach, stehen Sie auf, strecken Sie sich, und atmen Sie dabei tief ein.

7
Formverschiebungstraum

Die Frage, wer am jeweiligen Tag an der Reihe sei, wurde zum Running Gag im Haus, und am folgenden Tag war es Don Juan. Die Zauberer gingen nicht in strenger Reihenfolge, sondern nach Themen geordnet vor. Deshalb konnte einer von ihnen mich mehrere Tage hintereinander unterrichten, oder es wurde jemand übersprungen. Aus diesem Grund konnte ich keinen vorhersagbaren Ablauf erkennen und wurde immer wieder aufs neue überrascht.

Mein Unterricht begann mit einem Morgenspaziergang in der Wüste und der Suche nach Klapperschlangen. Don Juan versicherte mir, sie hätten sehr viel zu erzählen. Wir liefen vorsichtig einen ausgetrockneten Flußcanyon entlang und untersuchten im Vorbeigehen die Felsspalten und Felsen. Don Juan trug einen langen, am oberen Ende gegabelten Stock bei sich, mit dem er wenn nötig den Kopf der Klapperschlange festhalten konnte. Als wir uns schließlich einer Biegung näherten, erspähten wir eine noch kleine Klapperschlange, die sich in einem hohen Spalt über einem Felsbrocken ungefähr in Schulterhöhe versteckt hielt. Wir traten näher heran, und sie begann zu zischen und zu rasseln, streckte sich in die Höhe und vollführte ein paar Scheinangriffe gegen uns.

»Ist die Mutter in der Nähe?« fragte ich besorgt.

»Wahrscheinlich nicht«, antwortete Don Juan. »Sobald die Babys wie diese Kleine hier auf der Welt sind, überläßt die Mutter sie sich selbst. Deshalb sind sie so tückisch.« Die winzige Klapperschlange zischte nachdrücklich. »Klapperschlangen bringen lebendige Junge zur Welt, im Gegensatz zu anderen Schlangen, die Eier legen, die Lieblingsspeise der Klapperschlange. Um ihren Nachwuchs zu schützen, gibt die Mutter ihnen ein Geschenk mit, einen so starken und giftigen Biß wie ihren eigenen, obwohl die Babys vergleichsweise schwächlich sind. Die anderen Tiere wissen das und lassen sie in Ruhe. Wenn du dieses Kerlchen anfassen wolltest, würdest du höchstwahrscheinlich eine starke Dosis Gift abbekommen. Sobald sie ein bißchen größer sind, lernen sie, ihr Gift nicht an Lebewesen zu vergeuden, die sie wegen deren Größe eh nicht fressen können, und dann verabreichen sie einem großen Angreifer vielfach einen ›trockenen Biß‹, um ihre tödliche Ladung für ein kleines Säugetier, Reptil oder einen Vogel aufzusparen.«

»Das ist ziemlich klug«, bemerkte ich, als sich die Babyklapperschlange dem Lärmverursacher zuwandte und einen Scheinangriff in meine Richtung unternahm.

»Da die Schamanen Klapperschlangen als reine sexuelle Energie auffassen, haben die Wüstenkulturen in diesem Gebiet aus der Lektion gelernt. Die Männer erwarben vor allem Kenntnisse über die Bewahrung dieser Energie und über deren Potenz, was die Männer, wie du weißt, sehr langlebig und hochgewachsen werden ließ. Die Frauen erwarben Wissen über deren konzentrierte Potenz und wunderbaren Überfluß, was die Frauen weise und die Kinder stark machte. Wir bevölkerten dieses Gebiet nicht mit zu vielen Menschen, denn die Wüste war unser Lehrer, und doch mangelte es uns nicht an Leidenschaft. Gehen wir weiter, und lassen wir diesen kleinen Kerl sich beruhigen. Suchen wir uns hinter der Biegung eine Stelle, wo wir uns hinsetzen und miteinander reden können.«

Zur großen Erleichterung der kleinen Klapperschlange gingen wir weiter und fanden tatsächlich einen schattigen Fleck unter einem überstehenden Felsen, der sich nach genauerer Untersuchung als vollkommen frei von Schlangen, Skorpionen und Insekten erwies. Wir fegten den Boden sauber und setzten uns geschützt vor der stetig höher steigenden Sonne, um uns zu entspannen. Ich holte aus meinem Rucksack eine Wasserflasche heraus und bot Don Juan etwas zu trinken an, bevor ich mich selbst bediente.

»Welche Methoden, außer der Beobachtung von Klapperschlangen, wurden denn noch angewandt, um von ihnen zu lernen?« fragte ich neugierig, als wir es uns gemütlich gemacht hatten.

»Wie Chon dir bereits erzählt hat, muß man um Erlaubnis fragen und diese erhalten, bevor man anfangen darf. Der Ablauf besteht aus dem Träumen und Herüberholen. Im ersten Schritt handeln die Träume von Schlangen. Man kann träumen, Schlangen zu sehen oder, wie in deinem Fall, tatsächlich träumen, mit ihnen zu sprechen.«

Nur zu lebhaft hatte ich den Traum in Erinnerung, auf den er anspielte. Er hatte mich träumend auf einem Felsen an einem kühlen Fluß zurückgelassen, und kurz darauf war mir im Traum eine Klapperschlange erschienen und hatte sich ausführlich mit mir unterhalten. Dann sagte ich Don Juan, daß ich diesen Traum schließlich in den Wachzustand geholt hatte, und er forderte mich auf, das ganze Erlebnis nochmals zu schildern.

»Nun«, begann ich, »ich wanderte in einer kalten stürmischen Nacht in den Bergen oberhalb von Tucson, nicht lange nachdem ich aus Mexiko zurückgekehrt war. Ich hatte meine Taschenlampe dabei. Es war eine wunderschöne Nacht mit starkem Wind, Blitzen und leichtem Regen. Als ich mich einer Biegung auf dem staubigen Fußweg näherte, entdeckte ich eine Klapperschlange, die sich in voller Länge quer über den Weg gelegt hatte und ihren Bauch auf der feuchten Erde kühlte. Ich ließ das Licht meiner Taschenlampe über die ganze Klapperschlange gleiten und stellte fest, daß der Weg auf beiden Seiten von Büschen gesäumt war, so daß ich das Tier nicht umgehen konnte. Der plötzliche Lichtschein irritierte sie offensichtlich nicht. Sie schien sich eher im Licht zu aalen. Die Klapperschlange zischte und klapperte nicht, sie rollte sich auch nicht ein und machte keinerlei Anstalten, zuzuschlagen oder wegzugleiten. An dem von ihrem Blick reflektierten Licht konnte ich erkennen, daß sie lebendig war, hellwach, und ihr meine Anwesenheit bewußt war, und doch schien sie nicht im mindesten ängstlich. Sie war vielmehr völlig entspannt, fast hypnotisch.«

»Eine Schlange kann nicht zuschlagen, wenn sie sich ausgestreckt hat. Sie muß sich einrollen, um zuzuschlagen, aber das ist nicht der entscheidende Punkt. Mach weiter«, drängte Don Juan.

»Ich überlegte, was ich tun sollte, ob ich warten oder umkehren sollte. Eine große Klapperschlange so dicht in meiner Nähe war phantastisch, und ich verhielt mich ganz still und respektvoll, unterließ jede überflüssige Bewegung. Mir kam sogar der Gedanke, die Schlange sei womöglich so entspannt, daß ich sanft über sie hinwegsteigen und meine Wanderung fortsetzen könnte, worauf ich eine verblüffende Antwort hörte.«

Don Juan lachte laut heraus. »Diese Schlange hat deinen Weg auf die allerdramatischste Weise gekreuzt«, sagte er mit Nachdruck und deutete mit dem Zeigefinger auf mich. »Sie tat es buchstäblich und in vollem Bewußtsein. Es war eine Verabredung mit der Macht. Es bestand nicht die Möglichkeit, daß du woanders entlanggingst. Hättest du dich unbekümmert verhalten, so wäre das eine schrecklich gefährliche Vergeudung eines Geschenks gewesen.«

»Genau das hat die Schlange mir gesagt!« rief ich erstaunt aus und dachte im stillen, wie seltsam ich mich außerhalb dieses Kontexts wohl anhörte. »Ihr Blick traf direkt den meinen, und ich hörte mit meinen Ohren und mit dem Zentrum meiner Stirn. Sie sagte: ›Ich weiß, daß du keinen weiteren Schritt machen wirst.‹«

»Was hast du daraus gelernt?« fragte Don Juan gespannt.

»Die Schlange zeigte mir, wie sie sich in einen Lehrer verwandeln kann, wie man eine tiefe Trance und Entspannung produziert, wie man sich zum eigenen Wohlbefinden ausruht und dabei gleichzeitig in gesteigertem Bewußtsein bleibt. Ich lernte auch, daß Schlangen freundlich und furchtlos sein können, daß sie aber nie tollkühn sind. Ich empfand Ehrfurcht vor ihrer Weisheit, und ich erkannte, daß sie ganz genau wissen, wann die Energie taxiert oder ihre Geduld strapaziert wird. Ich fühlte mich gedrängt, in genau diesem Augenblick respektvoll zurückzugehen, und ich kehrte der Klapperschlange so lange nicht den Rücken zu, bis ich mich wieder hinter der Kurve befand.«

»Ich gratuliere dir zu deiner Leistung«, sagte Don Juan aufrichtig. »Es ist an der Zeit, daß du den nächsten Schritt in dem Prozeß erlernst, der darin besteht, zur Schlange zu werden. Gehen wir zurück, und besuchen wir unsere kleine Freundin noch einmal. Ich bin sicher, sie ist noch da.«

Wir standen auf, klopften uns den Staub ab und gingen das kurze Stück zurück zu der Stelle im Canyon, wo wir zuvor die kleine Klapperschlange entdeckt hatten. Als ich in den Spalt blickte, konnte ich sehen, daß sie noch da war, sich kaum von der Stelle gerührt hatte. Sie zischte mir zu, als wolle sie mich an ihre frühere Warnung erinnern, aber sie rührte sich nicht, um sich aufzubäumen oder zuzuschlagen, solange ich keine falsche Bewegung ausführte.

Don Juan trat näher, öffnete einen Beutel, den er an seiner Hose festgebunden hatte, und reichte mir ein kleines Nest aus Zweigen, das er am Morgen, als ich noch schlief, angefertigt hatte. Dann gab er mir ein unversehrtes Wachtelei, das er von Doña Celestina erhalten hatte. Er wies mich an, das Ei mit dem Nest nicht allzu weit, sondern in einer nicht bedrohlichen Entfernung von der kleinen Klapperschlange abzustellen. Dann unternahmen wir eine ungefähr eineinhalbstündige Wanderung in die Wüste und kehrten in unseren Fußstapfen zurück.

Bei unserer Rückkehr zum Felsspalt der Schlange im Canyon überraschte es mich nicht, daß das Nest leer war. Das Gesicht der kleinen Schlange verriet nichts als Befriedigung, doch nicht weit hinter ihrem Mund hatte sie nun eine verräterische Ausbuchtung.

»Sie wird eine Weile brauchen, bis sie das Ei verdaut hat«, bemerkte Don Juan. »Dieser Klumpen wird sich in ihrem Körper langsam nach hinten bewegen und dabei kleiner und kleiner werden. Es wird keine festen Überreste geben, denn Schlangen besitzen eine perfekte Verdauung«, erklärte er.

Wir gingen zu dem schattigen Überhang hinüber, unter dem wir zuvor schon gerastet hatten, und ließen uns dort nieder. »Der nächste Schritt beim Träumen ist der, zur Schlange zu werden«, fuhr Don Juan fort. »Oft träumt man zuerst, daß man gebissen wird, aber in deinem Fall glaube ich nicht, daß das nötig ist. Du verfügst jetzt über eine Affinität zu Klapperschlangen. Ich kenne aus der Arbeit mit Chon den Maya-Traum, daß man von einer großen Schlange verschluckt wird. Wenn der Schwanz in die Höhe geht und der Kopf aus dem Kosmos heruntersinkt, steigen sie in die höheren Welten der Energie auf. Wenn der Schwanz nach unten zeigt und der Kopf aus der Unterwelt emporfährt, steigen sie in die tieferen Welten namens Xibalba hinab. In der Yuma-Praxis träumt man sich ins Rückgrat, um sich in eine Schlange zu verwandeln. Du kannst ausprobieren, was dir lieber ist, oder auch beides versuchen. Laß die Macht entscheiden, was für dich das richtige ist und in welcher Reihenfolge du vorgehen sollst. Warum machst du es dir hier nicht bequem und träumst? Die gutgefütterte kleine Klapperschlange nicht weit von hier wird dir sicher zur Seite stehen. Ich marschiere mal los und schaue, was heute nachmittag in der Wüste sonst noch so geboten wird. Später komme ich zu dir zurück, und dann können wir zum Mittagessen nach San Luis fahren.«

Don Juan stand auf und setzte seine Wanderung durch den Canyon fort. Seine Taktik war genial. Als er mich genau um die Mittagszeit hier zurückließ, hatte ich nichts weiter zu tun, als an meinen wachsenden Appetit zu denken und ungeduldig auf seine Rückkehr zu warten oder meinen Hunger fortzuschieben und geduldig zu schlafen, solange Juan unterwegs war. Aus Neugier und Vernunft entschied ich mich für letzteres.

Ich lehnte mich mit dem Rücken gegen einen Steinbrocken im Schatten eines Felsvorsprungs; schon bald war ich eingedöst, und meine Aufmerksamkeit wurde durch den Druck des Gesteins in meinem Rückgrat zentriert. Es dauerte nicht lange, und ich nahm eine dort konzentrierte goldene Energie wahr, die wie flüssiges Quecksilber in einer stabähnlichen Säule trieb. Ich begann zu träumen und schwamm energetisch zu ihrem Boden, wo ich in ihr auftauchte; dadurch begann sie zu steigen und sprudelte an meinem Scheitel hervor – genau wie die Königskobra.

Die Spitze dieser Energiesäule beugte sich dann von selbst leicht nach vorne, so daß sie mir ins Gesicht sah. Ein Auge wurde sichtbar, das sich öffnete, indem sich die Lider teilten und sich eine durchsichtige Schicht vom Auge hob beziehungsweise herunterrollte. Unterhalb des Auges verjüngte sich die goldene Energie und bildete eine Zunge sowie einen Mund aus, als wolle sie Weisheit verkünden und singen, und der ganze Traum vibrierte wie die Saiten einer Harfe im Wind.

Dann wurde mein Traumbewußtsein von dieser goldenen Schlange verschluckt, und ich fand mich hellwach in der Alltagswelt wieder, ohne mein gesteigertes Bewußtsein oder die Erinnerung an das Erlebnis auch nur im mindesten verloren zu haben. Ich hörte Don Juans leichten Schritt etwa 90 Meter entfernt auf dem Wüstenboden. Er strahlte, ein breites Lächeln lag auf seinem Gesicht.

»Ich weiß, du stirbst fast vor Hunger«, sagte er enthusiastisch und schlug mir auf den Rücken, als ich rasch aufstand. Ich klopfte mir den Staub ab und bemühte mich, mit ihm Schritt zu halten. Er hatte recht. »Schauen wir, ob wir in San Luis etwas finden, das deinem Appetit entspricht!«

Auf dem Weg zum Jeep statteten wir der kleinen Klapperschlange einen respektvollen Dankesbesuch ab. Sie befand sich noch immer in dem Spalt und verdaute schwer an ihrem Wachtelei. Don Juan nahm das kleine Nest aus Zweigen mit, das er angefertigt hatte, und wir gingen fröhlich weiter.

Während der Rückfahrt in die Stadt war nicht zu übersehen, daß auch Don Juan begierig darauf war, meinen Traum vom Nachmittag zu besprechen, allerdings erst bei einem guten und reichlichen Essen. Wir hielten an einem seiner Lieblingsplätze, einem schlichten Restaurant ohne Schild über dem Eingang. Es hatte einen großen Hinterraum voller Tische, die sich unter Deckenventilatoren um eine Tafel gruppierten, auf der die Gerichte des Tages standen.

Wir bestellten Mineralwasser mit Limonellen, Fleischbällchensuppe, Käse-Enchiladas und Chile rellenos mit Mais-Tortillas. Don Juan rieb sich über dem dampfenden Tortillakorb eifrig die Hände und schlug das weiche Tuch zurück, woraufhin mehrere frischgebackene Tortillas zum Vorschein kamen, und bot mir eine an. Die Kellnerin setzte unser Wasser mit Limonellen und Suppenschüsseln zusammen mit frischgeschnittenen Jalapenos auf dem rotweiß karierten Tischtuch ab und ließ uns mit dem Wunsch »Buen provecho« allein.

Don Juan rollte eine Tortilla auf und tunkte sie in die köstliche Suppe. »War das Schlange-Träumen so, wie du es erwartet hast?« fragte er mit einem Grinsen.

»Ganz und gar nicht«, sagte ich ruhig. »Ich weiß nicht, was ich erwartete, aber das war's gewiß nicht. Das Erlebnis war viel esoterischer, viel exotischer, als ich gedacht hatte. Sinnlich. Es erinnert mich an den antiken ägyptischen Pharaonen-Kopfschmuck und Erzählungen von Yogis aus Indien.«

Don Juan warf mir einen fragenden Blick zu.

»Was ich sagen will, ist, daß diese beiden Kulturen anscheinend etwas Ähnliches beschreiben oder andeuten wie das Erlebnis, das ich hatte. Sie haben da ganz schön viel reinvestiert. Ich kann jetzt verstehen, daß jemand, der dieses Erlebnis nicht kennt, nicht wirklich verstehen kann, wovon sie redeten, aber ich sehe auch die Tatsache, daß sie selbst anscheinend an dieser Erfahrung nur begrenzt mitwirkten.«

Don Juan stellte mir Fragen über den Kopfschmuck und den ägyptischen Hang zum Bau von Pyramiden, den er mit dem der Maya verglich. »Die Ausführung ist nicht vollkommen identisch«, bemerkte er. »Der Fokus ist verschieden, aber sie sahen etwas, das dem nicht unähnlich ist, was Schamanen seit Jahrtausenden gesehen haben. Ein weiterer Unterschied ist vielleicht die Art und Weise, wie das Wissen eingesetzt wurde. Da ihre Schlangen so golden wie die deine waren, will ich dir sagen, daß Gold noch nicht die endgültige Form der Schlange ist. Nur wenige Menschen gelangen jemals so weit, das zu erkennen! Die Eigenschaften von Gold sind Nichtkorrumpierbarkeit und große Feuerbeständigkeit. Ganz gleich, mit was es verunreinigt wird, ein Feuer ausreichender Intensität wird das Gold abspalten und es in seiner Reinheit wiederherstellen, die unter keinen Umständen verkohlt oder beeinträchtigt werden kann. Das ist eine große energetische Leistung, und doch kann Gold für einige schwer sein, obwohl ich denke, daß das in deinem Fall nicht so ist. Aber die Schlange kann sich noch weiter verwandeln.«

»In was denn?« fragte ich fasziniert.

»Nun, das ist das große Mysterium«, erwiderte er leise, fast im Flüsterton.

»Regenbogen! Licht«, flüsterte ich sogar noch leiser. »Du erzählst mir mehr darüber, Don Juan, ja?«

»Das ist ein Grund, warum ich dich hierher zurückgerufen habe, Merlina. Ich werde langsam eine alte Schlange, deren Gift wie Kaktuswein lange fermentiert ist. Wenn man es richtig anstellt, wird der energetische Wein durch das Altern stärker und konzentrierter. Dieses letzte Abstreifen der Haut wird für mich eher wie ein Kokon sein.«

Es schüttelte mich. Don Juan sprach von Dingen, denen ich noch nicht bereit war, ins Auge zu blicken, und doch konnte ich an seinem Gesichtsausdruck erkennen, daß der Zeitpunkt nicht mehr fern war.

Übung 7
Formverschiebungstraum

1. Beginnen Sie damit, daß Sie beim Träumen auf das gewünschte Lebewesen schauen, sei es nun eine Schlange, ein Falke oder ein Baum. Bitten Sie um die Erlaubnis, sich mit ihm verbinden zu dürfen, und fokussieren Sie Ihren Blick auf die Augen oder die Essenz, wobei Sie den Rest des Lebewesens nur mit

Ihrer Peripheriesicht im Blick haben. Spüren Sie den wechselseitigen Energieaustausch.

2. Heben Sie langsam die Schranke zwischen dem »Ich«, das Sie träumt, und dem »Ich«, das das Träumen des Lebewesens ist, auf.
3. Erlauben Sie Ihrem Energiekörper zu reisen, sich hineinzuzoomen, mehr und mehr zu der gewünschten Form zu werden, während er sich vorwärts bewegt.
4. Teilen Sie friedlich mit dem Bewußtsein, das da bereits präsent ist, den Körper, in den Sie sich verschoben haben, und die Wahrnehmungen.
5. Erkunden Sie Ihr Traumreich so lange, wie es Ihre Energie erlaubt, vergessen Sie nicht, daß das Erlebnis endet, wenn die Energie zum Träumen knapp wird.
6. Es besteht keine Notwendigkeit zu träumen, daß Sie in Ihre normale Form zurückkehren. Das wird von selbst geschehen, wenn Ihre Energie für das Träumen aufgebraucht ist. Sie werden aus dem Träumen mit neuem Wissen und neuen Wahrnehmungen für Ihren physischen wie Ihren Energiekörper erwachen.

8
Männliche und weibliche Polarität

Am nächsten Morgen wurde ich um vier Uhr durch Neidas Klopfen und Flüstern an der Tür in Doña Celestinas Altarraum gerufen. Ich suchte in der Dunkelheit nach Streichhölzern, um eine Kerze anzuzünden, glättete mein Haar und benetzte mein Gesicht, schlüpfte in ein schlichtes Baumwollkleid und ging unter dem Licht der Sterne den Korridor entlang. Ich wußte aus früheren Begegnungen mit Doña Celestina, daß sie erwartete, daß man, wann immer sie es wollte, zur Arbeit bereit war, und ich wäre nie auf die Idee gekommen, mich auch nur einen Augenblick zu verspäten. Ein nachdrückliches Klopfen in den frühen Morgenstunden ist stets beunruhigend und verlangt sofortige Aufmerksamkeit. Meine Aufenthalte bei Chon hatten mich gelehrt, stets bereit zu sein, denn diese Aufenthalte wurden häufig auf ähnliche Weise zu jeder Tages- und Nachtzeit durch dringende Heilungsrufe unterbrochen. Ich richtete mich darauf ein, überrascht zu sein, denn ich wußte, das gehörte dazu. Nach einem langen tiefen Atemzug klopfte ich an die Tür des Altarraums und hörte Doña Celestinas Stimme mich hineinbitten.

Der Raum wurde vom Licht einer einzelnen weißen Kerze erhellt, die auf dem Altar brannte. Ein Fenster stand ein Stück weit offen, und eine leichte Brise wölbte sanft den Vorhang.

Doña Celestina saß in Schwarz gekleidet hinter dem Altar. Vor dem Altar stand ihr gegenüber ein freier Stuhl. Sie bedeutete mir, darauf Platz zu nehmen. Als ich es tat, nahm ich die Vielzahl von rituellen Gegenständen in mich auf, die auf dem Tisch ruhten und der Grund für mein Erscheinen oder der Fokus unserer Arbeit zu sein schienen.

»Diese Stunden sind für die Arbeit, die ich oft ausführe, am besten«, begann Doña Celestina mit einer Erklärung. »Energetisch gesehen sind die Menschen zu dieser Nachtzeit sehr empfänglich für Einflüsse beim Träumen. Zwischen zwei und vier Uhr morgens ist die Zeit, in der die Zauberer springen und die meisten Inbesitznahmen und anderen dunklen Arbeiten ausgeführt werden. Dessen sollte man sich bewußt sein, damit man Gegenmittel einsetzen kann. Heute nacht habe ich an dem Stiefvater dieses jungen gequälten Mädchens gearbeitet, dessen Mutter du in meiner Sprechstunde kennengelernt hast. Willst du mir zur Inbesitznahme und zu meiner Arbeit mit diesem Mann Fragen stellen, oder warum habe ich dich hereingerufen?«

Ihr Tonfall war so melancholisch und geschäftsmäßig, daß nur allzu klar war, daß sie gerade eine lange Arbeitssitzung beendet hatte. »Du hast mir bereits erzählt, daß es mehrere Arten der Inbesitznahme gibt. In welcher Beziehung stehen sie zu dem, was du für diese junge Frau und ihre Mutter tust?« fragte ich vorsichtig. »Und was hat diese Arbeit damit zu tun, daß du mich gerufen hast?«

»Gut. Es gibt viele Arten der Inbesitznahme, Merlina. Bei manchen wird der Energiekörper eines Menschen aus dem physischen Körper entfernt und für eine Zeitlang einbehalten, er wird vorübergehend ausgeborgt, um im Guten oder Schlechten eine Arbeit auszuführen. Im Schlaf reist der Energiekörper sowieso umher und erhält manchmal nächtliche Lektionen, das macht die Arbeit einfach. Es gibt positive und negative Inbesitznahmen, weißt du. Die meisten Menschen, sogar jene, die sagen, sie wüßten über Hexerei Bescheid, sind sich darüber nicht im klaren. Eine Person beispielsweise, die in ihrem Leben eine Kraft nicht bekämpfen kann, wie etwa das unglückliche junge Mädchen oder ihre Mutter, können tatsächlich eine positive Inbesitznahme verlangen. In diesem Fall bitten sie darum, in Schutz genommen zu werden. Die meisten Arten der Inbesitznahme involvieren stets eine Bindung oder Eindämmung. Als erstes mußt du den Energiekörper zu dir bringen oder zu ihm springen. Dann kannst du ihn beeinflussen, unterweisen, binden oder festhalten. Schamanen, Zauberer, Fernheiler, Geister, selbst himmlische Wesen benutzen anscheinend alle diese Methode. Eine gewissenhafte Energie wird später zurückgeben, was sie ausgeliehen hat, wenn die Arbeit, um die ersucht wurde, abgeschlossen ist. Eine skrupellose Energie wird oft versuchen, eine Möglichkeit zu finden, das zu vermeiden.

Eine weitere Art der Inbesitznahme ist die der Kontrolle über die energetischen und physischen Körper der gewissen Person. Diese umfaßt zahlreiche Ebenen, von der vorübergehenden Inbesitznahme von Medien durch nichtstoffliche oder stoffliche Ganzheiten bis hin zur umfassenden Okkupation. Diese Techniken wurden erstmals von jenen entdeckt, die die Formverschiebung praktizieren. Ich weiß, daß Don Juan gestern mit dir an dieser Praktik arbeitete. Sobald ein energetischer Kontakt hergestellt ist, sobald man den eigenen Energiekörper in eine andere energetische Form umkonfigurieren kann, kann das Wesen, das in dieser Form haust, dich auffordern, die Körper zu teilen. Folglich muß man zum Beispiel im Fall einer Krähe zuerst den Prozeß des Fähigseins, den eigenen Energiekörper in den der Krähe zu transformieren, durchlaufen. An diesem Punkt kann man vielleicht mit der Krähe kommunizieren, und möglicherweise wird man aufgefordert zu springen, zu wechselseitigem Nutzen den eigenen Körper energetisch zu verlassen und vorübergehend den Körper der Krähe zu teilen. Die Krähe lernt vom Praktiker, und der Praktiker lernt von der Krähe.

Natürlich kann man sehen, daß sich die Möglichkeit für einen Mißbrauch auftut, wenn Praktiker die wechselseitige energetische Verbundenheit bei der Formverschiebung spitzkriegen. Manche gehen korrekt vor, mit untadeliger Absicht, mit einer Erlaubnis und Aufforderung. Andere manipulieren die Energie.

Infolgedessen hat man die Praktiken gehütet und geheimgehalten. Was ich mit dem mißhandelnden Stiefvater dieses jungen Mädchens gemacht habe, war folgendes: Ich habe ihn nachts ausgeborgt, hierhergebracht und ihm Lektionen erteilt, die seinen Willen, diesem Verhalten zu frönen, das das Leben seiner Stieftochter fast ruiniert hat, mindern. Furcht ist ein großer Lehrmeister.

Ich habe dich hergerufen, Merlina, weil ich beim Abschluß meiner Arbeit für heute nacht sah, daß es hier eine großartige Lektion in männlicher und weiblicher Energie für dich gibt. Ich habe meinen Altar mit allem ausgestattet, was ich brauche, um dich darin zu unterweisen. Ich habe Chon und Juan heute gebeten, etwas für mich zu besorgen, so daß wir nicht durch ihre Anwesenheit gestört werden, bis du gesehen hast, was ich dir zu zeigen habe.«

Ich hörte, wie das vordere Tor geschlossen wurde. »Sie sind jetzt weg, also kannst du dich duschen und etwas frühstücken. Komm zurück, wenn die Sonne aufgegangen ist.«

Benommen ging ich in mein Zimmer, um meine Duschutensilien zu holen. Ich konnte mich nicht entscheiden, wer der strengere Lehrmeister war. Jeder meiner drei Mentoren hatte eine Art, mehr von mir zu verlangen, als ich für möglich gehalten hätte, und sich zu benehmen, als wäre das alles mit keinerlei Mühe verbunden. Und doch wurden, indem ich meine Bewußtseinsebene verschob, so daß sie auf jeden von ihnen eingestimmt war, ihre Aufgaben wirklich vergnüglich, und ich konnte daran, wie wohl ich mich fühlte, spüren, daß etwas geschah.

Ich kehrte in den Altarraum zurück, nachdem ich mich frisch gemacht und alleine in der Küche Hühnchen-Tamales, Eier und starken Kaffee zu mir genommen hatte. Der Patio wirkte wesentlich reizvoller, wenn fast alle außer Haus waren. Er schien nun die dem morgendlichen Sonnenlicht, das den Raum liebkoste, angemessene Domäne zu sein. Ich wartete in einem Sessel vor dem Altarraum, bis Doña Celestina im Korridor erschien und uns die Tür öffnete.

Im Inneren strahlte das Morgenlicht durch das offene Fenster.

Das hatte ich noch nie erlebt, denn der Raum wurde stets mit schweren zugezogenen Vorhängen in Dunkelheit gehalten. Ich hatte zum ersten Mal die Gelegenheit, mich richtig umzusehen. Draußen vor dem Fenster konnte ich ein kleines privates Gartenareal für Doña Celestinas spezielle Zauber-, Gegenmittel- und Heilpflanzen sehen. Die umgebenden drei Wände, die eine helle Erdfarbe hatten, waren auf der ganzen Länge mit alten Holzschränkchen, Regalen und Nischen gepflastert, die den Eindruck einer Apotheke vermittelten. Alle Schränkchen waren fest verschlossen. An der letzten Wand, rechts vom Eingang, standen auf einem Sockel ein großer, mit einem schwarzen Tuch verhüllter Bodenspiegel und eine Reihe von sechs geradlehnigen Holzstühlen. Der Altar war so plaziert, daß er in einem Winkel leicht schräg zum Eingang und nahe der Mitte des Raums stand. Die Terrakottafliesen schienen Wärme auszustrahlen, und über die ganze Länge der weißen Decke zogen sich dicke dunkle Holzbalken.

Der Altar war, wie schon beim letzten Mal, mit Ritualgegenständen bedeckt. Doña Celestina setzte sich und wies mir wieder den Platz auf der gegenüberliegenden Seite des Tisches zu.

»Diese Lektion handelt von der Kraft einer vollständigen Frau und davon, wer sie besitzt«, sagte sie ernst und bestimmt. »Die Gegenstände, die du hier siehst, sind Stellvertreter für die zahlreichen Kräfte, die sie ausübt. Ich möchte, daß du dir zunächst die *mesa* (ihre Bezeichnung für ein mit Kräften ausgestattetes Ritualensemble, das auf einen Altar gestellt wird) anschaust und mir sagst, wenn du spürst, daß in deinem Inneren irgendwelche dieser Kräfte fehlen.« Sie wies mich mit den Augen an, meinen Blick schweigend auf die aufgestellten Dinge zu fixieren.

Sorgfältig untersuchte ich jeden Gegenstand in dem Versuch, die Bedeutung eines jeden für die weibliche Kraft zu verstehen. Auch blickte ich wegen der Gesamtwirkung auf die Präsentation an sich. Im Zentrum der *mesa* stand eine Tonschüssel mit Wasser und kleinen Orangenblüten. Hinter der Schüssel lag ein reifer Granatapfel, und rechts davon befand sich ein langes Jagdmesser. Ein Tonkelch nahm den Platz in der linken oberen Ecke neben der Schüssel ein. In dem Kelch befanden sich Wasser und ein herzförmiger, polierter, klarer Quarzstein. Neben dem Kelch ruhte ein langer, klarer Zauberstab aus Quarzkristall, der in seinem natürlichen unpolierten Zustand perfekt wirkte. Über all diesen Gegenständen und quer über die Breite der *mesa* plaziert, lag ein Regenstock aus dem getrockneten Schaft des Orgelpfeifenkaktus. Eine große, spiralförmige, konische Muschelschale, die mit der Spitze nach oben, über und im rechten Winkel zum Zentrum des Regenstocks plaziert war, nahm die oberste Position auf der *mesa* ein.

Das Ganze war sehr eindrucksvoll, und wenn ich auch einräumen mußte, daß ich die Bedeutung all der Dinge auf der *mesa* noch nicht richtig verstand, merkte ich doch intuitiv, als ich innerlich meinen Körper mit einem Gespür für meine eigene Energie abtastete, daß mir nichts von all dem, das hier für die weibliche Kraft stand, fehlte. Ich berichtete dies Doña Celestina.

»Du hast recht«, sagte sie erleichtert, als wäre sie sich nicht ganz sicher gewesen, ob ich in der Lage wäre, von selbst zu dieser Einschätzung zu gelangen. »Das ist es, was dich zu einer so begehrenswerten Kandidatin für diese Arbeit macht. Das ist der Grund, warum wir uns alle zu dir hingezogen fühlen, jeder auf seine Weise. Doch die Welt ist so, daß selbst eine Frau in meiner Position, mit unversehrter Macht, diese Tatsache vielleicht nicht erkennt. Für die meisten Frauen sieht die Sache ganz anders aus. Neben der Welt, in der wir leben, fehlen den meisten Frauen eine oder mehrere Kräfte von der *mesa*. Deshalb gilt die Lektion, die ich heute für dich habe, für alle Frauen und sogar für Männer. Ich schlage vor, du suchst später nach einer Möglichkeit, andere daran teilhaben zu lassen.«

»Würdest du mir bitte erklären, Doña Celestina, was diese Kräfte im einzelnen sind und wie sie verlorengehen können?«

»Ich will sogar noch viel mehr tun«, räumte sie ein. »Ich werde dir auch sagen, wie man die Kräfte wiedergewinnen kann, denn das ist die Aufgabe, die ich vielen Frauen auferlege, um ihnen zu helfen. Manche der Kräfte wirst du selbst kennen. Manche mögen dich überraschen. Der zentrale Teil ist der Uterus«, sagte sie und drehte die Tonschüssel mit dem Zeigefinger ihrer linken Hand entgegen dem Uhrzeigersinn, »geschaffen von der Erde. Und doch gibt es auch einen himmlischen Unterleib, der gleichfalls weiblich ist.« Sie deutete mit demselben Finger auf den himmlischen Unterleib oder Zenith, das Zentrum der Schöpfung direkt über uns.

»Ich habe von einigen meiner katholischen Klienten düstere Geschichten erzählt bekommen, daß die Kirche den Frauen sagt, sie entstammten der Rippe des ersten Mannes. Hast du so etwas schon mal gehört?« fuhr sie fort.

Ich mußte lachen.

»Ich freue mich, daß du den Humor darin siehst. Viele Frauen tun das nicht«, fuhr die Doña fort. »Die Blumen, die darin treiben, stellen die Fähigkeit sich zu öffnen dar. Das Wasser ist die orgasmische Reaktion. Schau, wie voll die Schüssel ist. Viele Frauen haben eine gesprungene oder leere Schüssel, was bedeutet, daß sie durch irgend etwas ihre Fähigkeit zum Orgasmus verloren haben. Ich vergleiche diesen Zustand gerne mit dem Aufstieg der Azteken. Als sie den heiligen See ihrer Traumvisionen erreichten, legten sie ihn trocken, um ihre Hauptstadt auf dem trockenen Bett zu errichten. Das Bett lag auf einer Verwerfung, einem Sprung zwischen mehreren unterschiedlichen Welten der irdischen Schöpfung, und als sie es trockenlegten und unangemessenen Druck darauf ausübten, wurde es instabil. Die Azteken verloren bestimmte heilende, weibliche, lebensrettende Gaben und wurden opferbereit und kriegerisch. Sie glaubten, wenn sie für das Wasser, das sie gestohlen hatten, Blut zurückgäben, würde die Erde nicht beben und ihre Welt zerstören. Das ist das Schicksal vieler Frauen heute, die äußerst schlimm mißbraucht worden sind. Daraus kann nur wenig Gutes entstehen.«

»Was können Frauen tun, um die Verantwortung für ihre Situation zu übernehmen und sich nicht wie Opfer zu verhalten?« fragte ich besorgt.

»Die erste Aufgabe ist sehr elementar. Die Frauen müssen ihre Orgasmen wiederbekommen, auf jede nur mögliche Weise«, gab sie sehr direkt zurück.

Mir schossen Abertausende von Möglichkeiten durch den

Kopf. Sanft stupste Doña Celestina mich unter dem Tisch mit ihrem Fuß. »Das ergibt ein prächtiges Bild, nicht wahr?« grinste sie. »Die Macht des Uterus ist zugunsten der Vagina sehr stark vernachlässigt worden.«

»Muschi-Macht«, dachte ich bei mir und mußte einfach loslachen, doch das hatte sie offenbar beabsichtigt.

Auch sie brach in Gelächter aus. »Lachen hat Macht«, sagte sie schließlich. »Es ist gesund. Frauen werden ihre fehlende Energie nicht wiedergewinnen, indem sie verdrießlich sind.«

Ich erwog, eine Checkliste anzufertigen, die in der Rangfolge der Dringlichkeit durchnumeriert wäre. Nummer eins: Orgasmus. Was für ein Anfang!

»Das ist der Anfang«, bestätigte sie. »Der Uterus ist das erste Gehirn, und Männer haben keinen. Es ist wichtig, daß man das nicht vergißt. Er füllt sich mit Wasser aus der orgasmischen Reaktion.« Sie hob den Regenstock senkrecht in die Höhe, woraufhin er ein wunderschönes Regengeräusch über uns niedergehen ließ, als die Maiskörner durch das Labyrinth der Stacheln fielen, die von außen in den Stock hineingedrückt worden waren, damit die Körner langsamer nach unten rieselten. »Wir werden später noch darüber reden. Eine andere weibliche Kraft sind ihre Samen«, sagte sie und deutete auf den Granatapfel. »Sie sind in sich ganz und können andere ganze Frauen erschaffen, aber sie können sich auch verändern, um wenn nötig einen Mann zu schaffen. Es gibt Pflanzen und Reptilien, die das können. Deshalb legen die Schamanen so große Betonung auf diese Spezies. Das Männliche kann dann eine strategische Variante sein, um das Ganze zu steigern, das männlich und weiblich zugleich ist. Verstehst du?«

»Ich verstehe!« sagte ich erstaunt. Ich konnte kaum glauben, was ich da hörte! Endlich wußte jemand das, was nie ausgesprochen wurde, und erklärte es, und nicht nur das, Doña Celestina lebte es auch!

»Nun werden auch die anderen Dinge auf dem Altar klar«, fuhr sie fort. »Das Messer ist die scharfe Klinge der Frau, mit der sie ihren Nachwuchs verteidigt. Wenn du nicht glaubst, daß sie eine hat, dann versuch nur einmal zwischen eine Bärenmutter und ihren Wurf zu gehen. Sie wird kämpfen, um ihr Leben zu retten, damit sie sich um die Jungen kümmern kann, und gleichzeitig wird sie bis auf den Tod darum kämpfen, alles, was ihren Jungen schaden könnte, von ihnen fernzuhalten. Viele menschliche Weibchen haben auf ihre Klinge verzichtet, weil sie Angst davor haben. Sie ist sehr scharf und gefährlich, und aus Angst leihen sie die Klinge den Männern. Doch die Klinge kann auch durch zu viele Geburten stumpf werden, wenn die Frau nicht bereit ist, für die Kinder einzustehen. Und manchmal muß sie sich und ihre Jungen genau gegen die Männer verteidigen, die ihre geliehene Klinge verwenden.

Die Frau ist keineswegs gezwungen, Kinder auszutragen, auch wenn man den meisten das Gegenteil erzählt. Sie kann ihre Klinge dazu benutzen, sich selbst zu bewahren.« Doña Celestina nahm das Jagdmesser hoch und schwang es mit einem wilden Glitzern in den Augen drohend gegen mich. Ich wich leicht zurück.

»Die Männer interessieren sich noch für etwas anderes. Und das bringt mich zu dem hier«, sagte sie und hob den Kristallzauberstab hoch.

»Frauen haben auch eine phallische Energie. Da drin«, wiederholte sie und deutete auf den Bereich unterhalb ihres Uterus. »Sie müssen sie haben, damit sie guten männlichen Nachwuchs produzieren können, wenn es notwendig ist. Männer werden davon angezogen, denn das steigert ihre eigene Männlichkeit, und im Laufe der Jahrhunderte haben wir das alte Spiel ›Ich habe deine Nase‹ gespielt.« Sie meinte damit den Trick, einem Kind in die Nase zu kneifen und ihm dann einen Teil des Daumens zwischen dem Zeige- und dem Mittelfinger der Hand zu zeigen und zu sagen: »Ich habe deine Nase!«

»Wenn du glaubst, daß jemand etwas von dir genommen hat, selbst wenn das nicht möglich ist, wirst du die Täuschung verstärken«, fuhr sie fort. »Dann können sie sich ausleihen, was sie wollen, auf unbegrenzte Zeit. Hast du jemals jemandem etwas geliehen, und er hat es dir nicht zurückgegeben?«

Ich nickte.

»Und dann, als du schließlich zu dem Betreffenden gegangen bist und um Rückgabe gebeten hast, hat er geleugnet, es jemals ausgeliehen zu haben?« wollte sie wissen.

»Ja, das kenne ich«, antwortete ich ehrlich.

»Nun, das ist die Misere einer entkräfteten Frau und genau der Punkt, an dem die Zauberin ins Spiel kommt.« Sie lächelte mit einem kalten Funkeln in ihren Augen auf ihren Zähnen.

Ich lehnte mich zurück und holte tief Luft. Ihre Analyse reichte so weit jenseits all dessen, was ich erwartet hatte, und traf den Punkt so genau, daß ich eine Pause einlegen mußte.

»Männer müssen sich nicht leihen, was wir ihnen bereits freiwillig gegeben haben. Das ist der leichte Weg für träge Männer. Es ist wichtig, nicht zu vergessen, daß wir ihnen phallische Energie vermitteln, indem wir reproduzieren, und nicht indem wir unsere eigene weggeben!«

»Guter Gott«, rief ich aus.

»Genau«, erwiderte Doña Celestina. »Jetzt zu diesem Horn hier«, sagte sie und hob die große konische Muschelschale hoch. »Juan soll mit dir darüber reden. Nicht weil ich es nicht kann, sondern weil dies im Moment sein energetischer Zustand ist.«

»Was ist mit dem Kelch?« fragte ich.

»Ah, das ist ein großes Geheimnis«, antwortete Doña Celestina. »Ein weiterer See, Merlina, wie der des Uterus. Nur befindet sich dieser hier im Herzen. Es ist ein Geistsee.« Sie flüsterte das Wort »Geistsee«.

Übung 8
Die *mesa* (Altar)

1. Um eine *mesa* zur rituellen Reinigung und Verstärkung vorzubereiten, muß man zuerst im eigenen Haus einen heiligen Raum finden, der abgeschieden ist und sich für die Ritualarbeit anbietet. Sie brauchen einen Tisch, eine leere Truhe oder einen Alkoven mit einem Regal.

2. Wählen Sie ein Tuch aus, entweder eines mit eingewebtem Muster oder ein einfarbiges, das die Arbeitsplatte des Tisches, der Truhe oder des Regals bedecken soll. Sie können statt dessen auch beschließen, das Wachs bunter Kerzen auf Ihrer Arbeitsfläche schmelzen zu lassen und so eine feste Wachsfläche herzustellen, auf der Sie die Arbeit ausführen.
3. Wählen Sie Gegenstände aus, die alle Kräfte eines vollendeten Uterus repräsentieren. Zu diesen Dingen sollten gehören: das Wasser des Uterus, der Zauberstab oder die phallische Energie, die Klinge, das blühende Prinzip, das irdene Gefäß, das für den Uterusbereich und das Blut steht, und Feuer in Form einer Kerze.
4. Meditieren Sie über der *mesa*, und versuchen Sie zu spüren, ob irgendeine der dort repräsentierten Kräfte in Ihnen fehlt. Männer zum Beispiel wissen oft nicht, wie sie ihren Uterus finden sollen. Frauen hingegen haben vielfach ihre phallische Energie, manchmal ohne es selbst zu wissen, weggegeben.
5. Meditieren Sie über der *mesa*, um alle Unausgewogenheiten, erschöpften oder überbetonten Bereiche ausmachen zu können. Suchen Sie nach Bereichen, die verärgert, beschädigt oder energetisch unrein erscheinen. Führen Sie anschließend eine Rekapitulation durch (siehe Rekapitulation, S. 35).
6. Reinigen Sie die ganze *mesa* mit dem Rauch des brennenden Copal, des neutralsten und kräftigsten Reinigungsgeistes im Rauch. Hüten Sie die aufgebaute *mesa* gut, denn Sie werden dorthin noch oft zu weiterer Arbeit zurückkehren.

9
Die sexuelle Energie kultivieren

Wie Doña Celestina angedeutet hatte, wartete Don Juan am nächsten Morgen gutgelaunt auf mich. Er war von seiner geheimnisvollen Besorgung zurückgekehrt, ohne zu erwähnen, was er und Chon gemacht hatten. »Doña Celestina erzählte mir, sie habe auf der mesa einen Gegenstand liegenlassen, über den ich mit dir sprechen soll«, sagte Don Juan, nachdem wir gefrühstückt hatten. »Ich werde dir davon erzählen, aber nicht heute. Wir müssen noch etwas erledigen, bevor wir darüber reden können.«

»Gehen wir heute irgendwohin, Don Juan?«

»Ja, am besten fährst du uns zu einem kleinen Park, nahe des Stadtzentrums von San Luis. Es gibt dort alte Eukalyptusbäume und schöne Bänke zum Hinsetzen und Beobachten der Passanten. Doña Celestina hat einen Freund, der ein sehr gutes chinesisches Restaurant in der Nähe des Parks besitzt. Sie empfiehlt uns, es auszuprobieren, und so können wir uns einen schönen Tag machen.«

Chon schien nicht im Haus zu sein. Nachdem ich meine Handtasche aus meinem Zimmer geholt hatte, fuhren Don Juan und ich im Jeep ins Stadtzentrum. Er hatte recht. Der Park war hübsch und bereits voller Leben. Von hohen Eukalyptusbäumen umstanden, besaß der kleine Platz eine üppige grüne Wiese mit einem

Springbrunnen und einem Aussichtsturm in der Mitte. Wege umrahmten den kleinen Park und kreuzten seine Mitte und schufen so eine Promenade für junge Mädchen und deren Mütter. In der Mitte waren kreisförmig rostige Eisenbänke unter den Eukalyptusbäumen aufgestellt, auf die sich heranwachsende Jungen und ältere Männer setzen konnten, um von dort aus die umherwandernden Frauen zu beobachten.

Wir fanden eine einzeln stehende Bank unter einem dicken, stark belaubten Eukalyptus und machten es uns auf ihr bequem. Ein paar Cocopa-Männer und Mexikaner saßen auf den anderen Bänken, dösten unter ihren Strohhüten oder ruhten sich aus und verfolgten die Bewegungen der Bäume. Es war ein klarer, milder, sonniger Tag, geradezu dazu geschaffen, sich im Freien aufzuhalten. Ein Schuhputzer hatte seinen Stand in einer Ecke aufgeschlagen, und nicht weit davon entfernt bot ein Zeitungsverkäufer die zweite Ausgsabe der Morgenzeitungen feil. Auf der anderen Seite des Weges verkaufte eine Frau frischgepreßten Orangensaft; in ein oder zwei Stunden würden die Musiker kommen. Ah, dieser mexikanische Lebensrhythmus!

Don Juan lehnte sich zurück und streckte die Beine aus. Ich tat das gleiche. Die frische Brise und das Rascheln der Eukalyptusbäume zusammen mit dem Chor der Stare vermittelten ein Gefühl der Erhabenheit. »Während wir uns hier entspannen, möchte ich die Gelegenheit ergreifen, dir eine spezielle Atemtechnik zu zeigen«, sagte Juan. »Chon verwendet eine ähnliche Atmung bei seiner Heilarbeit. Ich weiß, du hast ihn dabei beobachtet, wenn er seine energetischen Heilungen durchführt.«

»Ja! Ich habe gehofft, daß jemand mir diese Atmung noch genauer zeigt!« ermunterte ich ihn. »Chon nennt sie Feueratmung.«

»Das ist ein guter Name, und es gibt keinen besseren«, pflichtete Don Juan bei. »Setz dich gerade hin, drück das Kreuz durch, entspann dich, atme durch die Nase ein, und spann dabei sanft alle Muskeln deines Unterkörpers an, jeden einzelnen. Stell die Füße fest auf den Boden, und zieh beim Einatmen den Bauch ein. Das erzeugt ein Gefühl der Hitze, wie ein Blasebalg einem Feuer Nahrung gibt. Atme so weiter, bis du die Hitze hoch in die Rückseite deines Bauches gezogen hast. Dann atmest du so weiter und ziehst die Hitze in dein Herz, dann zur Rückseite deiner Kehle, hinten die Nebenhöhlen hoch, zum Hinterkopf und dann zum Scheitel. Die Hitze steigt im Rücken hoch, merkst du's?«

Ich versuchte die Atmung, indem ich seiner Demonstration folgte, und war verblüfft über das Gefühl der Hitze, das in meinem Körper hochwallte. Sie stieg, wie er es gesagt hatte, in meinem Rücken hoch, und meine Hände fingen an zu prickeln und zu schwitzen. Sie fühlten sich magnetisiert an. Am ganzen Körper wurde meine Haut leicht feucht.

»Das ist gut«, sagte er. »Jetzt laß das Gefühl vom Scheitel in die Mitte deiner Stirn herabtröpfeln. Das ist die flüssige Seite, an der sich alle Flüssigkeiten bewegen. Die Hitze wird sich dick und feucht anfühlen. Schluck sie hinunter, wenn sie von deiner Stirn herabtropft, und dann achte darauf, wie sie deine Kehle überzieht, vor deinem Herzen schmilzt und in deine Lungen ausstrahlt. Wenn du vorne hinunteratmest, atme den warmen Dampf ein. Laß den Bauch sich beim Einatmen weiten. Vergrößere ihn, damit er wie ein Wasserbecken die flüssige Hitze sammeln und aufnehmen kann. Beim Luftholen entspannst und weitest du den Bauch, wie ein Baby es beim Atmen macht, so wie ein Puma oder Jaguar atmet, wenn er knurrt. Laß die warme, flüssige Energie in die Seiten fließen, fülle die dort liegenden Organe damit, und dann laß sie in den Uterus, in deine Sexualorgane tröpfeln. Sammle und halte die Energie im Zentrum deines Willens, in der Region des Nabels, rechts hinter ihm und leicht unterhalb des Nabels, und fühle, wie sie sich streckt, während sie sich dreht und auf heftige Weise lebenspendende Kraft konzentriert.«

Ich befolgte seine Anweisungen genau. Es fühlte sich an, als hätte jemand große Mengen warmen Honig durch ein Loch in der Mitte meines Kopfes gegossen, wenn ich tief in meinen Bauch atmete. Die Wärme tröpfelte, floß und schmolz an der Vorderseite meines Körpers nach unten, meine Augen wurden feucht, mein Hals schluckte unwillkürlich, und mein Herz durchsickerte ein Gefühl, das sich stark nach Liebe anfühlte, das dann Wärme in meinen Lungen verbreitete und in beide Arme und Hände floß, was eine sanfte, liebkosende Empfindung hervorrief. Mein Körper füllte sich mit vitaler Energie, und ich spürte wirklich, wie sich die Energie nach innen zu meiner Milz, zur Leber und den Nebennieren streckte. Mein Reproduktionszentrum wurde warm, wie der dampfende Kessel, den ich beim Träumen gesehen hatte, und die Kraft meines Willens brach sich Bahn, als würden die Fasern meiner Absicht aus der Gegend meines Nabels emportauchen, wo sie zu einem dicken, festen Seil gewoben wurden.

»Das ist eine sehr kraftvolle und energiebringende Atmung!« rief ich aus, als ich seine Anweisungen befolgt hatte. »Meine Sehkraft hat sich verbessert. Ich fühle mich wiederbelebt.«

»Man kann damit viele Sachen machen«, setzte Don Juan hinzu. »Zum Beispiel kann ein Heiler Energie in seine Hände schicken, um sie für eine Körperabtastung zu sensibilisieren, wie Chon es macht. Diese Atmung läßt sich einsetzen, um Vitalität und Wohlbefinden aufrechtzuerhalten. Sie läßt sich steigern, indem man eine weitere Öffnung von Kopf, Händen und Füßen zuläßt, wenn man von äußeren Quellen Energie bezieht, etwa von Bäumen, der Erde, dem Himmel oder der Sonne. Unsere ganze erschöpfte kranke Energie kann mit dem flüssigen Ausatmen freigesetzt werden, wenn die Energie sich an der Vorderseite des Körpers nach unten bewegt. Das kann man erreichen, indem man den Stamm eines Baumes umschlingt, sie beim Ausatmen herausläßt und den Bauch einzieht, oder indem man die ausgeatmete Energie durch die Füße in die Erde abfließen läßt, oder indem man auf dem Rücken auf einem Stein mit dem Gesicht zur Sonne liegend einatmet und dann herumgedreht mit dem Bauch auf dem Stein ausatmet und dabei die erschöpfte oder abgestorbene Energie vom Zentrum des Willens durch den Stein in die Erde entläßt. Beim Ausatmen, das an der Vorderseite nach unten verläuft, kann man jede erschöpfte oder kranke Energie herauslassen, indem man den Bauch beim Ausatmen einzieht.

Diese Atmung kräftigt auch die Sexualorgane und liefert ihnen frischen Nachschub an warmer und vitalisierter Energie, die dort gespeichert werden kann, um Potenz, Kreativität, Gesundheit und Langlebigkeit zu kultivieren. Für den Schamanen oder Heiler ist die sexuelle Energie sehr wichtig, wie wir bereits besprochen haben. Aber denk daran, Schamanen, Heiler und Zauberer setzen die sexuelle Energie häufig anders ein als normale Menschen. Schamanen und Heiler benötigen eine hohe Dosis an sexueller Energie, um ihr Werk auszuführen, und deshalb ist diese Atmung von unschätzbarem Wert. Aber ich würde sagen, daß sie auch für normale Männer und Frauen äußerst förderlich ist, um Wohlbefinden und erhöhte Energie in einer Beziehung aufrechterhalten oder pflegen zu können.«

»Es freut mich zu hören, daß diese Praktiken auch für Menschen hilfreich sind, die nicht aktive Schamanen, Zauberer oder Heiler werden«, erwiderte ich.

»Alles, was wir dir seit deiner Ankunft in meinem Haus vor einer Woche mitgeteilt haben, ist von allergrößtem Nutzen«, bestätigte Don Juan.

»Wie oft sollte man die Feueratmung durchführen, Don Juan?«

»Genau wie man jede Nacht träumen sollte, um das Wohlbefinden und die Kraft zu steigern, so sollte auch die Feueratmung mindestens einmal täglich praktiziert werden, vorzugsweise wenn man sich an der frischen Luft entspannt, wie wir es gerade tun.«

»Gibt es, von den Schlangen-Träumen und der Feueratmung abgesehen, noch andere schamanische Methoden, die die sexuelle Energie steigern?« fragte ich.

»Ja. Es gibt mehrere. Ein Schamane kann das Klappern mit einer ganz besonderen Rassel benutzen, die ein Geräusch produziert, das dem Schwanzrasseln der Klapperschlange ähnelt, wenn sie eine Warnung ausstößt, bevor sie sich aufrichtet, um zuzubeißen. Das ist der Grund, weshalb Rasseln seit Anbeginn der Zeiten verwendet wurden. Sie rufen den Trancezustand von Schlangen hervor, und der Schamane kann das Geräusch beherrschen und intensivieren, um die gewünschten Höhen zu erreichen. Eine andere Methode ist das Singen spezieller Schlangenlieder, die man ausdrücklich für diesen Zweck im Traum erhält. Heiler und Schamanen singen diese Lieder oft zur Energiesteigerung bei der Arbeit. Wenn sie ein im Traum empfangenes Lied singen, holen sie die Kraft herüber und träumen in gewissem Sinne im Wachzustand. Eine weitere Methode ist das Tanzen, doch um beim Tanz die Energie im Rückgrat hochzuholen, muß die Wirbelsäule sehr geschmeidig gehalten werden. Bei den Wüstenstämmen gibt es hervorragende Schlangentänzer. Doch die meisten Menschen besitzen nicht mehr die Geschmeidigkeit, die man braucht; um die Schlange durch wiederholte Bewegungen, Gedanken und Verhaltensweisen zu tanzen, die den Körper versteifen. Der Schlüssel dazu ist Flüssigkeit.«

»Ist es möglich, diese Geschmeidigkeit wiederzugewinnen?« fragte ich ihn.

»Die wichtigste Bewegung für den Rücken ist die, die Wirbelsäule oft zu dehnen und locker zu lassen. Das setzt Spannungen und gestaute Energien frei. Dann kann man sich bemühen, die Dehnung zu verlangsamen und auszuweiten. Für die Schlange sollten die Bewegungen graziös, wellenförmig und kraftvoll sein, niemals ruckartig oder allzu explosiv. Das ist Energieverschwendung. Die Bewegung sollte am unteren Ende der Wirbelsäule beginnen, in den Bereichen, wo die sexuelle Erregung einsetzt, und dann dem Strom aufwärts in einer Wellenbewegung folgen, bis die Energie über dem Kopf wie eine Flamme heraussprudelt. Dann treiben die Arme sanft nach oben und dehnen sich in der Länge wie die Flamme, die sich in eine leichte Brise verschiebt. Wenn die Schlange dann zum Adler wird, werden die Arme seitwärts wie im Flug ausgebreitet, während das Rückgrat nach wie vor geschmeidig und gewellt bleibt.

Tänze wie diese, spezielle Kraftgeräusche und -lieder werden definitiv die sexuelle Energie erhöhen. Die Kraft des Heilers oder Schamanen wird dann für die Arbeit, die er auszuführen beabsichtigt, maximiert. Die speziellen Rasseln, die individuellen Geräusche, Lieder sowie die besonderen Eigenschaften des Tanzes findet man zunächst im Traum und holt sie dann in Heilzeremonien, Heilungen oder in die schamanische Arbeit. Geh stets auf eine heilige Weise vor, und vergiß nicht, daß diese Energie eine der potentesten der Schöpfung ist. Bitte um Erlaubnis. Es ist eine sehr alte Energie, und sie besitzt ihre eigene Weisheit. Du darfst sie unter keinen Umständen verärgern, ihr auf die Nerven gehen oder sie schänden wollen, vor allem nicht, wenn sie bereits geweckt worden ist.

Ich habe das Gefühl, die meisten Menschen dösen heutzutage lieber vor sich hin. Es ist leichter, schlampig zu sein. Wenn die Schlange einmal geweckt ist, gibt es keine Ausrede mehr, und wenn man eine Schlange wütend macht, greift sie an. Der Unvorsichtige wird immer noch gebissen, wenn er oder sie ungeschickt ist. Unkenntnis ist keine Entschuldigung. Der Unterschied besteht darin, daß der Unvorsichtige nicht weiß, wo der Biß herkam.

Schamanen ergreifen zahlreiche Vorkehrungen, damit sie die Energie unter den bestmöglichen Umständen in einem energetischen Raum, den sie nicht vollkommen abscheulich finden wird, erhöhen und wecken. Sobald die Energie über einen bestimmten Pegel gestiegen ist, sobald sie himmlisch ist, wird sie sehr wählerisch.«

»Gibt es sonst noch etwas, das ich wissen sollte, Don Juan?«

»Du hast das Schlange-Träumen sehr gut gemacht. Das hat dich viel gelehrt, aber wie ich dir schon sagte, kann die Schlange noch höher steigen. Versuche nicht, sie aufzuhalten. Sie kann nicht nur aus dem Kopf hervorsprudeln, sie kann sogar tatsächlich fliegen, aber nur, wenn der Praktiker bereit ist, und das braucht Zeit, vielleicht ein ganzes Leben lang. Du solltest eines wissen: Die Energie wieder hinunter in ihr Nest an der Basis der Wirbelsäule und der Sexualorgane zu bringen ist genauso wichtig, wie sie steigen zu lassen oder aufzuwecken. Wenn die Energie zurückkehrt, sollte sie das nicht krachend tun, sondern graziös und voller Vitalität, sie sollte nie erschöpft absinken. Das ist von großer Bedeutung. Daher kommt die Feueratmung, wie Chon sie nennt. Das ist der Weg, auf dem die Energie neu gefüllt zurückkehrt. Sie muß an der Vorderseite herunterschmelzen, darf nie auf der Rückseite herunterfallen, verstehst du?«

»Ja, danke. Ich verstehe. Du hast mir so viele Dinge erzählt, die die meisten Menschen über die Arbeit mit sexueller Energie nicht wissen, Don Juan. Das sind Kenntnisse, die die Menschen haben müssen. Vielen fehlt es am Verständnis dessen, was sie mit ihren sexuellen Energien machen sollen oder wie sie diese angemessen in Ehren halten sollen, aber es gibt auch Leute, die diese Energie unvorsichtig steigen lassen – was manche Disziplinen Kundalini genannt haben.«

»Das ist Wahnsinn«, sagte Don Juan entschieden. »Drehen wir eine Runde. Was meinst du?« fragte er, schlug sich auf die Oberschenkel, stand auf und streckte seine Wirbelsäule.

»Unbedingt«, antwortete ich.

Wir schlenderten vergnügt zur anderen Seite des Parks, wo eine Gruppe von Musikern gerade zum ersten Musikstück ansetzte. Das Quartett bestand aus einem Hackbrettspieler, einem Akkordeonspieler, einem Gitarristen und einem Bassisten. Sie alle waren über Fünfzig und hatten das robuste Aussehen glücklicher, wohlgenährter Mexikaner. Während wir warteten, mischten wir uns unter die Passanten, die sich versammelten, um der Musik zuzuhören, und die gelegentlich ein paar Pesos in die Instrumentenkoffer der Gruppe warfen. Das Konzert begann recht lebhaft und bestand aus Rancheras mit einem hüpfenden Zweivierteltakt sowie Veracruzanas, bei denen die fröhliche Leitmelodie auf dem Hackbrett gespielt wird.

Ich lauschte dem fetzigen Rhythmus und hatte Lust, mit schleifendem Schritt zu tanzen, was ich sehr diskret tat, um nicht übermäßige Aufmerksamkeit zu erregen. Bald schlenderten Gruppen von Einheimischen durch den Park – Frauen mit kleinen Kindern, Schüler in der Mittagspause, Eis- und Luftballonverkäufer, Geschäftsleute, buchstäblich alle Arten von Bürgern dieser Region, einschließlich kleiner alter Damen aus den Tischlereien mit ihren Enkeltöchtern, die ihnen halfen. Es wurde eine recht festliche Angelegenheit. Die Musiker spielten rund eine Stunde lang und brachen dann schließlich zum Mittagessen ab. Die Menge zerstreute sich, und alle gingen nach Hause oder in Restaurants, um zu Mittag zu essen. Don Juan schlug vor, wir sollten dasselbe tun, und wir gingen über die Straße und um die Ecke zu Hong Li's.

Ein buntbemalter Drache mit aufgerissenem Maul empfing uns am Eingang des Restaurants. Ich warf Don Juan einen verschwörerischen Blick zu, als wir von einer zarten jungen Frau, die mit einem deutlich chinesischen Akzent Spanisch sprach, in den gedämpft erleuchteten, geschmackvoll eingerichteten Speisesaal gebeten wurden. Nachdem sie uns an einen gut ausgewählten, einzeln stehenden Tisch gesetzt hatte, ging sie nach hinten in die Küche, und kurz darauf kam Hong Li heraus, um sich vorzustellen.

In gebrochenem Spanisch hieß er uns überschwenglich willkommen und bestand darauf, daß wir gratis zu Mittag äßen und ihm erlaubten, für uns das Beste, was er an diesem Tag zu bieten hatte, auszusuchen. Wir nahmen gerne an und dankten ihm, und er hastete in die Küche, wo er rasch etwas auf chinesisch rief. »Der Knabe ist ein Klient von Doña Celestina«, erinnerte mich Don Juan. »Sie verblüfft mich doch immer wieder.«

Es war ein Vergnügen zu sehen, daß Don Juan und Doña Celestina von jemandem außerhalb der nativen und schamanischen Kreise mit so viel Respekt behandelt wurden. Hong Lis Tonfall war der, der für das Gespräch mit verehrungswürdigen alten Weisen reserviert ist, die in seiner Kultur hochgeschätzt sind, und das kam auch trotz der Sprachbarriere herüber.

Hong Li war ein kleiner drahtiger Chinese, vielleicht Ende Sechzig, der offensichtlich mit seinem Geschäft großen Erfolg hatte. Chinesisches Essen ist in Mexiko, wie fast überall auf der Welt, recht populär geworden, und viele Chinesen emigrieren, um hier Restaurants aufzumachen. Die Rezepte und Zutaten sind manchmal aufgrund der lockereren Im- und Exportbestimmungen authentischer als die jenseits der Grenze in den Vereinigten Staaten.

Man brachte uns eine große chinesische Kanne mit Chrysanthementee und eine Schüssel mit unraffinierten Zuckerstückchen. Kurz danach folgten zwei große Schüsseln mit dicker Reissuppe, in der Stücke von alten konservierten Enteneiern schwammen, die die Chinesen »2000-Jahre-alte-Eier« nennen. Nach der Suppe wurde uns ein Appetitanreger mit der Bezeichnung »Kristallgarnelen« serviert, blauen Riesengarnelen, die man nur am Golf von Cortez, ungefähr 150 Kilometer weiter im Süden, bekommt. Sie waren zwar gesäubert und gekocht, doch auf eine Weise zubereitet, die die natürliche Durchsichtigkeit in ihrem rohen Zustand noch erhöhte, und wurden in einem Nest aus bunten, gehobelten Gurken, Karotten und gebratenen, transparenten Bohnenglasnudeln serviert.

Don Juan schien von der zeremoniellen und künstlerischen Aufmerksamkeit, die man der Speisenzubereitung und -präsentation erwies, sowie der Qualität und dem Geschmack der Speisen tief beeindruckt zu sein. Er fragte mich neugierig, ob die Chinesen auch dem Geist der Tiere, die sie verzehren, Ehre erwiesen. Ich erzählte ihm, daß ich das nicht so genau wüßte, doch ich sei sicher, daß sie ihren Tee ehrten und daß sie anscheinend, nach ihrer Pflanzenmedizin zu schließen, ein sehr gutes Verhältnis zu Pflanzen haben.

Nach einem angemessenen Zeitraum, um uns zu entspannen und unseren Tee zu trinken, kamen zwei Portionen in grünem Tee geräucherte und gepreßte Ente. Nach dem wunderbaren Mahl erschien Hong Li wieder, um uns zu fragen, ob es uns gemundet hätte, und brachte seine Mutter mit, damit sie Don Juan kennenlernte. Sie war eine altehrwürdige Chinesin, vermutlich weit über achtzig, die überhaupt kein Spanisch sprach. Als wir uns erhoben, um zu gehen, unterhielt sich Hong Li nach all den Danksagungen und Vorstellungen noch mit mir.

»Danke, daß Sie Ihren alten Herrn hergebracht haben, damit er meine alte Dame kennenlernt«, sagte er in seinem besten Spanisch.

»Ich habe zu danken«, sagte ich und verbeugte mich leicht.

Als wir zur Tür hinausgegangen waren und auf den Jeep zuschritten, schilderte mir Don Juan seine Eindrücke von diesem Erlebnis. »Sie wissen um den Wert der Energie und Langlebigkeit«, sagte er. »Das ist gut.«

Ich stimmte ihm zu, und wir stiegen in den Jeep, um zum Haus zurückzufahren.

Übung 9
Eine einfache Version der Feueratmung

1. Stellen Sie sich mit schulterbreit gespreizten Beinen hin, die Beine entspannt, aber fest am Boden, Knie leicht gebeugt. Lassen Sie die Arme seitlich herunterhängen, locker und schlaff, die Finger leicht gekrümmt. Versichern Sie sich, daß Ihre Wirbelsäule gerade ist, Nacken und Schultern entspannt sind und Ihre Körperhaltung gut ist. Schauen Sie sanft in die Ferne.
2. Atmen Sie nun durch die Nase ein, spannen Sie dabei die Muskeln des Damms an, und ziehen Sie den Bauch ein. Die Energie sollte in Form von Hitze zum Bereich der Kontraktion, in diesem Fall in die Nabelgegend, hochsteigen. Atmen Sie auf diese Weise weiter, bis Sie die Hitze spüren.
3. Als nächstes versuchen Sie, die warme Energie an der Wirbelsäule entlang in den Bereich auf der Rückseite des Herzens hochzuziehen. Das gelingt, indem man den Rücken beim Einatmen, bei dem nach wie vor der Bauch eingezogen und die Muskulatur des Damms leicht angespannt wird, durchstreckt. Wenn die Energie zur Rückseite Ihres Solarplexus hochsteigt, wird sie noch wärmer. Nun öffnen Sie unter weiterem Einatmen und Baucheinziehen die rückwärtigen Schulterblätter, indem Sie sie biegen und die Schultern leicht einwärts krümmen. Damit steigt die Energie in die rückwärtige Herzgegend, und Sie werden spüren, wie sich die Hitze in Ihre Arme und Hände ausbreitet, die pochen oder schwitzen können. Sie können auch leicht rot werden. Das ist normal.
4. Beim nächsten Atemzug strecken Sie die Nackenbeuge durch. Dazu ist ein weiteres Baucheinziehen erforderlich, doch das Anspannen des Damms ist nicht mehr notwendig. Versuchen Sie mit der Rückseite Ihres Halses und Ihrer Ohren einzuatmen – Ihrer Kiemen, wenn Sie so wollen –, denn Sie atmen jetzt mehr Energie als Luft.
5. Mit einem Atemholen durch die hinteren Nebenhöhlen, begleitet von einem Baucheinziehen, schicken Sie die Luft in Ihr inneres Auge, das sich erhitzen und dabei ausdehnen wird.

Das »Auge« sitzt etwa zweieinhalb Zentimeter hinter der Stirn, direkt in der Mitte über der Nase zwischen den Augenbrauen, ungefähr sechs Millimeter weiter oben. Das Auge kann klopfen und sich öffnen, wenn Sie fertig sind. Das ist essentiell für das Sehen bestimmter Arten von Energie während einer Heilung. Neigen Sie den Kopf leicht nach vorne, und lassen Sie die Hitze feucht werden, während sie sich zur Vorderseite, der flüssigen Seite Ihres Körpers, bewegt. Sie können einen echten Tropfen spüren, als ob warmes Öl oder Honig in einzelnen Tropfen nacheinander durch Ihre Stirn sickert.

6. Nun halten Sie den Kopf gerade, und der Tropfen wird sich auf Ihrem Gaumen sammeln. Schlucken Sie dieses lebenspendende Elixier, und es wird sich in Ihrer Kehle ausbreiten, dieses Zentrum öffnen und nach unten laufen.
7. Das Einatmen für die Vorderseite des Körpers ist jetzt ein sanftes Luftholen bis tief in den gewölbten Bauch hinein. Dadurch kann die Energie die Vorderseite füllen, als würden Sie sie in einen Weinschlauch gießen.
8. Atmen Sie die warme flüssige Energie in die Herzgegend, indem Sie die oberen Lungenflügel ausdehnen. Das stimuliert zarte, sanfte Gefühle der Liebe. Wenn die Energie noch tiefer hinabfließt, trifft sie auf den Solarplexus und breitet sich zu den Seiten aus. Massieren Sie den warmen Strom in Ihre inneren Organe, links in die Milz und in die Leber, rechts in die Bauchspeicheldrüse und in die Gallenblase. Vergessen Sie nicht, weiter in den Bauch zu atmen.
9. Von da geht die Energie von jeder Seite aus diagonal weiter nach unten, um sich im Bereich der Reproduktionsorgane zu sammeln. Ein Atemzug tief in den Bauch hinein wird den Grund Ihres Energiesees füllen.
10. Schließlich wird ein sanftes Baucheinziehen beim Ausatmen die Energie zurückbringen, damit sie im Zentrum des Willens, hinter dem Nabel, gespeichert werden kann.

10
Schwesternschaft und Bruderschaft

Nach dem täglichen Unterricht erhielt ich immer, wenn es angemessen erschien, eine gewisse Zeit, um alleine zu schreiben, zu verarbeiten oder zu üben, was ich gelernt hatte. Viele Stunden lang saß ich schreibend an dem alten Untersuchungstisch in meinem Zimmer oder wanderte alleine durch die Wüste. Was die Feueratmung betraf, so stellte ich fest, daß diese Übung fast überall und jederzeit sehr einfach und erfolgreich praktiziert werden konnte. Ich versuchte es sogar im Liegen und fand, daß das Ausatmen dem erholsamen, tiefen Traumschlaf höchst förderlich war. Das Einatmen wiederum war am Morgen sehr energiefördernd und paßte besonders gut zu einem frühmorgendlichen Spaziergang oder zu einer heißen Dusche vor dem Haus und einer Tasse Ephedratee, den es fast jeden Morgen in der Küche gab.

Ich genoß dieses Alleinsein, doch noch mehr genoß ich die Energiesteigerung, die uns widerfuhr, da wir eine Zeitlang alle am selben Ort, unter einem Dach vereint waren. Chon sprach das Thema in seiner nächsten Unterrichtsstunde an. Es war Spätnachmittag, und wir säuberten Pflanzen auf dem Eßtisch unter dem Säulengang des Patio.

»Ich möchte mit dir über Vertrauen sprechen«, begann Chon,

als wir die Blätter von einer großen Toloachepflanze ablösten. »Ich weiß, daß du uns allen zutiefst vertraust, und das ist gut, denn das ist etwas höchst Wichtiges bei dieser Arbeit und etwas, das oft gebrochen wird. Viele Schüler erhalten ihre Initiation in die sexuellen Energien nicht durch Ritual, Zeremonie und Übung, wie wir es mit dir machen. Vielmehr stellen sie vielleicht an einem bestimmten Punkt fest, daß sie von ihrem Mentor manipuliert werden, und lernen den mißbräuchlichen Einsatz der Energie kennen, wenn sie sich einen Weg aus der Situation herausbahnen.«

Ich sah ihn mit hochgezogenen Augenbrauen an, während ich einige stachlige Samenkapseln zur Seite legte.

»Es gibt verschiedene Arten der Manipulation, von denen ich dir erzählen will, damit du in der Lage bist, sie zu erkennen und potentiellen Klienten zu helfen, wenn du dich entscheiden solltest, diese Arbeit zu machen. Eine verbreitete Form besteht darin, in den Traum zu springen. Der Zauberer geht mit seinem oder ihrem Traumkörper zum Schüler, während dieser schläft, und verwickelt ihn in eine Form energetischen Geschlechtsverkehrs, der die sexuellen Energien und den Willen des Schülers in den Dienst des Zauberers stellt. Das sind Techniken der Inbesitznahme, die Ähnlichkeit mit jenen haben, die Doña Celestina dir beigebracht hat.

Manche Zauberer versuchen auch, unerwünschte sexuelle Beziehungen zu ihren Schülern zu unterhalten. Die Technik besteht darin, die Kraft des Zauberers aufzubauen und dabei gleichzeitig die des Schülers zu erschöpfen. Je mehr ich dich überzeuge, daß ich Kraft habe, desto mehr deiner Energie wirst du auf mich transferieren, in der Hoffnung, ich werde dich erkennen und dir die Kraft wieder zurücksenden. Der Zauberer, der auf diese Weise manipuliert, wirkt auf die Schüler, deren Energie er oder sie verbraucht, sehr charismatisch. Immerhin stolziert der Zauberer in deren eigener Energie herum. Natürlich finden ihn die Schüler oder angeblichen Schüler dann begehrenswert.«

»Ich habe von dieser Art Situation zwischen Gurus und ihren Anhängern sowie zwischen charismatischen Predigern und ihren

Schäflein gehört«, warf ich ein. Ich brauchte dann eine ganze Weile, um Chon das Konzept von Gurus und Predigern zu erklären. Er hörte mir mit großem Interesse und Amüsement zu. Anschließend fragte ich ihn: »Warum, glaubst du, fallen Leute auf diese Tricks herein?«

»Vielleicht hat es etwas mit ihrem Ego zu tun«, schlug er vor, »und dem Wunsch, sich wichtig zu fühlen. Vielleicht ist es auch genau das Gegenteil, und sie fühlen sich wertlos. Oder vielleicht hat ihnen auch schlicht nie jemand gesagt, daß das zwischen Lehrer und Schüler nicht angemessen ist.«

»Ich muß zugeben, ich habe noch nie einen Zauberer zuvor über diese Dinge reden gehört«, pflichtete ich ihm bei.

»Das ist genau mein Punkt, denn wer würde darüber sprechen, wenn er beabsichtigt, sie zu verletzen«, antwortete Chon. »Manche Zauberer führen sogar eine Sklave-Herr-Beziehung bei ihren Schülern herbei, auch das ist ein Mißbrauch. Ein Aufseher ist absolut kein Unterdrücker. Wenn du jemals Klienten annimmst, wie Doña Celestina und ich es tun, und du hörst dir ihre Sorgen an, wirst du solche Situationen erkennen. Du wirst sie auch sehen, wenn du die Person energetisch abtastest. Das Wesen der Bestie zu kennen ist der erste Schritt zur Brechung ihrer Kraft.«

»Ja, das ist mir klar. Sonst würde auch ich verwirrt. Aber ich habe noch nie erlebt, daß diese Dinge offen ausgesprochen wurden«, drängte ich ihn weiterzuerzählen.

»Aus eben diesem Grund nennt man sie okkulte Praktiken, Merlina.«

»Wie können die Menschen dann wissen, auf was sie sich einlassen?« fragte ich weiter.

»Das ist eine sehr gute Frage.« Chon schwieg und dachte nach. »Die ersten Sicherheitsvorkehrungen, die es in dieser modernen Welt kaum mehr gibt, waren die Schwesternschaften und Bruderschaften.«

»Meinst du Nonnen und Mönche, Priester und Priesterinnen oder Mönchsorden?« fragte ich und erklärte Chon die Unterschiede, während er wieder mit großem Interesse zuhörte.

»Wir haben bei den Maya seit Jahrhunderten christliche Nonnen, Mönche und auch Priester erlebt. Vor kurzem besuchten buddhistische Mönche und Nonnen die Tempelstätten, aber ich wußte nichts von dem Konzept der Priesterinnen in deiner Kultur oder von diesen Bruderschaften. Ich würde sagen, wenn sie sich ihren Idealen entsprechend verhalten, sind sie nicht viel anders als die, über die ich rede, doch die Maya haben im Laufe der Geschichte der beiden Amerikas viele christliche Priester erlebt, die sich sehr schlecht benommen haben.

Was ich meine, ist nicht ganz dasselbe. Ein Unterschied ist zum Beispiel das Eintrittsalter. Bei der alten Methode lernten die Mädchen vom Rat der weiblichen Schamanenpriesterinnen, und die Jungen lernten von den Kriegern und Schamanenpriestern. Die Kinder verbrachten die ganze Zeit mit den Ältesten desselben Geschlechts, älteren gleichgeschlechtlichen Geschwistern und den Schamanen, Heilern, Priestern, Kriegern, Kunsthandwerkern usw. ihres Geschlechts. In dieser Zeit erhielten sie alle notwendigen Lektionen, damit ihr Überleben sichergestellt war und sie auf den Pfad der Weisheit gesetzt wurden, und zwar in einer, in sexueller Hinsicht, unbedrohlichen Umgebung. Da konnten sie Dinge über sexuelle Energie und Kraft in einer Situation lernen, die sexuell nicht von Konkurrenzverhalten bestimmt oder ausbeuterisch war. Das ist etwas, das heutzutage in deiner Kultur zu fehlen scheint, und durch den Kontakt mit der modernen Welt müssen die Ureinwohnervölker darum kämpfen, daß dies nicht in unserer eigenen verschwindet. Es ist eine Schande, einen jungen Mensch ungeschützt oder ohne die Fähigkeit zur Unterscheidung, was was ist, hinaus in die Welt zu schicken!«

»Dem kann ich nur vorbehaltlos zustimmen, Chon«, sagte ich. »Das ist etwas, das wir wieder in unser Leben integrieren müssen, wenn wir unsere Gesellschaft verbessern wollen.«

»Vielleicht geschieht das ja«, sagte er hoffnungsvoll. »Früher unterzogen sich die Heranwachsenden zusammen mit anderen gleichgeschlechtlichen Initianden einer Pubertätsinitiation durch gleichgeschlechtliche Schamanen. Selbst nach der Initiation hatten sie stets Kontakt mit ihrem Kreis von Älteren und natürlich mit ihresgleichen. Sie konnten sogar einmal selbst Schamanen, Heilerpriester oder Krieger werden, und wenn sie das nicht wurden, nahmen sie am Kreis des Rates teil, um gemeinsam Kenntnisse zu erwerben und weiterzulernen.

Die Probleme tauchen anscheinend dann auf, wenn Wissen zu einem falschen Zweck zurückgehalten oder verschleiert wird, deshalb war es hilfreich, im Erwachsenenalter bei einem Schamanen, Heiler oder Zauberer in die Lehre zu gehen, so daß der Schleier vor den Augen gelüftet werden konnte.«

»Warum wird Wissen verschleiert, Chon?« fragte ich. Das war eine Frage, die ich seit Jahren brennend gerne hatte laut aussprechen wollen.

»Es gibt mehrere Gründe dafür, warum Wissen und Energie sich selbst tarnen. Einmal aus Gründen der Geheimhaltung, was ja sehr verständlich ist. Aber auch zum Schutz. Manchmal muß man zum Beispiel die eigene Fähigkeit, Gutes zu bewirken, verschleiern, um nicht Aggressionen auf sich zu ziehen oder von Ungeduldigen überrannt zu werden. Allerdings können Zauberer ab und an auch etwas verbergen, um zu täuschen und weh zu tun. Deshalb ist die Seh-Energie so wichtig, Merlina. Die Energie kann sich verbergen oder tarnen, aber sie lügt nicht. Die Energie trägt den Code ihrer Funktion in sich. Wenn du die Zeichen lesen kannst, sind sie so klar wie der Tag. Das ist etwas, das der H'men lernen muß, die Zeichen deutlich zu lesen und Träume richtig zu interpretieren. Dazu sind viele Jahre des Übens und Studierens notwendig, selbst wenn man wie du die Begabung dazu hat.

Wenn man zu einem Zauberer, Heilerpriester oder Schamanen in die Lehre geht, kann der Schüler zur Gegenseite wechseln und mit einem Mentor des anderen Geschlechts arbeiten. Dazu ist ein gewisser Grad an Reife notwendig, und, ja, es gibt eine ›angemessene Etikette‹, wie du das nennst. Anständig ist es, wenn ein Gefühl der Schwesternschaft oder Bruderschaft aufgebaut wird, so daß niemand je auch nur im Traum auf den Gedanken käme, diesen heiligen Raum zu verletzen. Natürlich kommt es gelegentlich zu romantischer Liebe und auch zu tieferer spiritueller Liebe; die Praktiker sollen die Details auf gereifte und energetisch saubere Weise ausarbeiten. Zur Fortführung der Arbeit ist das notwendig. Das ist gut. Manche erleben eine Form von energetischer Vereinigung, die über die Grenzen der Körper, die wir bewohnen, hinausgeht.«

»Du kannst alles so schön erklären, Chon«, rief ich aus.

»So sehe ich es. Ich ziehe eigentlich diese Arten von Beziehungen der ausgehöhlten Züchtung, die in der heutigen Welt so verbreitet ist, vor. Es ist an sich nicht der Fehler der Menschen. Es gibt Wissen, mit dem sie aus dem einen oder anderen Grund nicht konfrontiert worden sind, und das ist tragisch, denn in den meisten Fällen ist es eine Sache von Manipulation, Kontrolle oder Unterdrückung.«

»Ich muß dich in die Politik bringen!« zog ich ihn auf.

»Nein, danke, ich kann mein Bestes geben, wenn ich an dem, was ich zu bieten habe, andere hier teilhaben lasse.«

»Leben Praktiker jemals in Gemeinschaften, so wie Nonnen und Mönche in Klöstern leben?« fragte ich.

»Ich denke, das wäre eine Möglichkeit, aber das ist eigentlich nicht der Punkt. Es geht darum, in die Welt hinauszugehen und die Arbeit zu machen. Viele native Völker hatten Gemeinschaftsbehausungen, doch das waren größtenteils Wohnungen für die erweiterte Familie oder zeremonielle Treffpunkte. Bis zu einem gewissen Grad gibt es sie heute noch. Aber wenn ich dich richtig verstehe, meinst du Gemeinschaftswohnungen, die speziell dazu gedacht sind, die individuelle energetische oder spirituelle Praxis der Bewohner zu fördern, indem sie diesen erlauben, sich unter ihresgleichen aufzuhalten, oder?«

»Richtig«, nickte ich.

»Na gut, das kann der individuelle Praktiker so einrichten, wenn er möchte. Schau dir Celestina an. Sie ist ein perfektes Beispiel dafür, wie man so etwas macht. Sie ist mächtig genug geworden, sich mit ihrer Arbeit ein Auskommen zu sichern, und hat sich einen guten Ruf erworben. Sie ist in der Lage, Schülerinnen aufzunehmen, und hat einen Haushalt eingerichtet, der es ihnen erlaubt, bei ihr zu leben, während sie lernen, für sich selbst zu sorgen, indem sie ihr Kostgeld verdienen, und ihre Kraft hier steigern. Wenn sie lange genug bei ihr bleiben, lernen sie auf der Grundlage von Celestinas Sehen alles, was sie brauchen, und es fehlt ihnen an nichts, obwohl Celestina ihnen das Rückgrat stärkt. Und wie du siehst, sind sie alle gleichen Geschlechts und angesichts der harten Umstände, denen sie entkamen, genau im richtigen Alter, um anzufangen. Das Leben eines Indianers ist nie einfach, und wie ich dir schon sagte, hätten sie in einer idealen Umgebung bereits früher mit dem Lernen begonnen.«

»Meinst du damit, Doña Celestina wird einige von ihnen zu Zauberinnen ausbilden?« fragte ich erstaunt.

»Natürlich«, Chon lachte und wischte sich mit der Hand ein breites Grinsen aus dem Gesicht. »Was meinst du, was das hier ist? Sie unterrichtet dich, oder nicht?«

»Aber ich dachte ...«

»Hast du nicht bemerkt, daß es Zeiten gibt, zu denen keine von ihnen hier zu finden ist, und daß sie mit ihnen privat viel mehr spricht, als für die reinen Haushaltspflichten, sogar bei ihren perfektionistischen Ansprüchen, nötig wäre?«

»Ja, aber sie sind so jung!«

»So ist es eben. Wenn Celestina sie jetzt nicht einfängt, fallen sie einer Kette von Fehlern zum Opfer und haben keine zweite Chance, wenn sie nicht später in ihrem Leben in eine noch hoffnungslosere, lebensbedrohliche Krise geraten. Ich sag' dir, Celestina ist ein Wunder. Sie hat sogar noch weitere Zimmer für Frauen ihrer Generation!«

Jetzt mußte ich lächeln. Chon hatte völlig recht.

»Als du mich im Dschungel besucht hast, war ich bei einer Praktiker-Kollegin, die im Grunde dasselbe macht. Erinnerst du dich noch an Esmeralda?« Esmeralda ist eine wunderbare Indianerin, die ich häufig bei meinen Besuchen im Süden Mexikos treffe. Sie reist zwischen den verschiedenen Ureinwohnergemeinden umher und verdient ihren Lebensunterhalt damit, daß sie, oftmals als einzige Frau in der Gemeinde, Essen für den Verkauf zubereitet und anbietet. Zu behaupten, sie sei eine hervorragende und kreative Köchin von traditionellen und regionalen Speisen, ist eine Untertreibung. »Ein kleines Freiluftrestaurant aufzumachen, wo immer sie sich gerade aufhält, ist Esmeraldas Art, sich über Wasser zu halten und junge Mädchen zu finden, die arbeiten wollen, so daß sie ihnen etwas beibringen kann. Oh, übrigens, sie bat mich, dich zu grüßen!« sagte Chon.

»Bitte richte ihr liebe Grüße von mir aus und eine herzliche Umarmung, wenn du sie wieder triffst«, antwortete ich aufrichtig. »Wie geht es ihr?«

»Ausgezeichnet. Du wirst sie bald besuchen und es selbst überprüfen müssen. Kannst du dich noch an die Jungs erinnern, die immer zu ihrem Haus kamen und die, wie sie dir sagte, ihre Söhne waren?«

»Das habe ich nie geglaubt«, antwortete ich. »Und ich glaubte auch nicht, daß sie deine Schwester ist. Ihr beide habt keinerlei Ähnlichkeit miteinander. Aber jetzt weiß ich, was das alles zu bedeuten hat. Ihr seid im Geiste und in der Praxis verwandt.«

»Das stimmt! Genau wie du unser kleines Reh bist. Der Ethik-Code der Zauberer! Nicht wahr?« Wir mußten beide lachen. »Gut, ich wollte dir erzählen, daß diese Jungs bei uns beiden in die Lehre gingen, aber ich denke, das hast du dir schon gedacht.«

»Du hast es mir sogar einmal gesagt, Chon, doch damals wußte ich noch nicht, was ich dir glauben sollte.«

»Wir wollen doch nicht durchtrieben sein«, erwiderte er. »Wir sagen die Wahrheit. Wir sind einfach nur verschwiegen.«

»Denkst du, es ist möglich, daß Menschen aus meiner Kultur lernen, sich gegenseitig auf diese Weise zu respektieren?« fragte ich.

»Das will ich doch hoffen. Wie du mir sagtest, hat deine Kultur bereits zahlreiche ähnliche Strukturen, etwa diese Klöster und brüderlichen Andachtshäuser. Das Problem scheint darin zu liegen, daß diese Gesellschaften und Orden, wie du sie nennst, zwar auch gleichgeschlechtlich sind, aber über den Zölibat oder vielleicht die Ehe hinaus keinerlei Unterweisung zu den best-möglichen Ausdrucksformen der sexuellen Energie anbieten. Es gibt anscheinend keine energetischen Lehren. Diese Verdrängung, in Verbindung mit mangelndem Wissen, veranlaßt die Menschen, sich auf grauenhafteste Weise aufzuführen.«

»Es ist auch nicht nur unsere Kultur, und ich denke, die Welt kommt deswegen in Schwierigkeiten. Ich vermute, das ist der Grund, weswegen die Schamanen und Heiler nun bereit sind, andere an einem Teil ihres traditionellen Wissens teilhaben zu lassen.«

»Guter Gedanke«, antwortete Chon, und wir räumten den Tisch ab.

Übung 10
Schamanische Zirkel

1. Bilden Sie einen Zirkel aus Frauen und Mädchen jeden Alters, in dem das Wissen offen mit Weisheit und ohne Tabus geteilt wird. Diese Zirkel können um ein Thema herum gebildet werden, etwa Pflanzenmedizin, Geburtshilfe, heilige Zeremonie, Ritualkunst oder sogar die Zubereitung besonderer Speisen. Es kommt darauf an, daß die Weisheit von allen Anwesenden respektiert wird, daß keine Themen für eine Diskussion oder heilige Arbeit unakzeptabel sind und daß eine Ebene des Vertrauens und des Respekts, der Aufgeschlossenheit und dauerhaften Freundschaft entsteht.
2. Ein Zirkel aus Männern und Jungen jeden Alters würde auf denselben Werten gründen, der Weisheit aller Zyklen des Lebens. Hier kann man gleichgeschlechtliches Wissen ohne Angst offen miteinander teilen. Themen können sein: Überlebenskenntnisse, Visionssuchen und Schwitzhütten, nützliche Geschäfte, Gärtnern oder Kräuterheilkunde.
3. Entscheidend ist, daß Erfahrungen mitgeteilt und weitergegeben werden. Chon meint, derartige Zirkel würden einen sicheren Hafen, einen Ort zum Experimentieren und Lernen ungeachtet des Alters, einen Ort, um Rat zu suchen, schaffen. Sie sind die Vorläufer der schamanischen Schwesternschaften und Bruderschaften, der Mentoren sowie weisen Männer und Frauen, ein Konzept, das in unserer Gesellschaft fast vollständig verlorengegangen und dringend nötig ist.

11
Den Körper träumen

Am nächsten Morgen schlug Chon vor, wir sollten zur *hierbería* (Geschäft, in dem Heilkräuter verkauft werden) El Tecolote fahren, die nicht weit von Doña Celestinas Haus am Stadtrand von San Luis entfernt ist.

»Ich hoffe, ich gehe dir nicht auf die Nerven«, sagte Chon scherzhaft, als wir zum Jeep gingen, und legte mir leicht die Hand auf die Schulter.

»Was, machst du Witze?« Ich betrachtete sein strahlendes Lächeln. »Das ist wunderbar! Es ist so eine Freude, dich hier in der Wüste zu sehen, so nah an der US-amerikanischen Grenze. Es ist ganz anders, als dich im Dschungel und im Hochland zu treffen.«

»Das ist gut, denn wir müssen noch mehr arbeiten, bevor ich dich wieder einem meiner geschätzten Partner übergeben kann«, sagte er mit einem Augenzwinkern.

Ich hätte aufgrund Chons Heiterkeit sagen können, daß er guter Laune war, aber ehrlich gesagt hatte ich ihn noch nie anders erlebt. Er ist zwar niemals übermütig, aber er scheint immer fröhlich zu sein, sogar wenn er äußerst besorgt ist. Ich bin sicher, das ist einer der Gründe, warum seine Patienten ihn so mögen. Ich schloß die Tür auf, und wir luden einige Säcke auf den Rücksitz.

»Also, was steht heute auf dem Plan?« fragte ich, als wir in den Jeep stiegen.

»Als erstes fahren wir zu El Tecolote, sonst komme ich da nie mehr hin!« lachte er. »Danach würde ich gerne mit dir über den Doppelgänger sprechen.«

Der Doppelgänger oder *el doble*, wie er bei den nativen Völkern von Mexiko bis nach Südamerika auf spanisch heißt, ist die vollendete schamanische Kunst, die Schamanen, Heiler und Zauberer in die Lage versetzt, viele scheinbar wundersame energetische Meisterleistungen zu vollbringen. Alles von der Bilokation über die Formverschiebung, Inbesitznahme, Reisen in andere Welten der Energie oder Zurückbringen von energetischen Gaben und Kräften, all das wird durch den Doppelgänger bewerkstelligt, der weder eine Visualisierung noch eine Projektion ist, sondern vielmehr ein feingeschliffener Energiekörper, der vor Lebenskraft glüht.

Die Entwicklung des Doppelgängers ist die Leistung, auf die jeder Praktiker hinarbeitet, und es kann Jahrzehnte dauern, bis einige von ihnen das erreichen. Ich war aufgeregt, weil dies das Thema unseres Unterrichts sein würde, denn darüber kann man nie genug erfahren.

Als wir an der Hierbería ankamen, stellte ich den Wagen auf dem hinteren Parkplatz ab. Die Hierbería El Tecolote, »Die Eule« auf deutsch, steht in ganz Mexiko in dem Ruf, eines der besten Geschäfte des Landes für Kräuter zu sein. Der Laden selbst ist bescheiden, mittelgroß und wird stets sehr dunkel gehalten. Die Regale an den Wänden sind voller Flaschen und Krüge mit Wurzeln, Blättern, Stengeln, Samen, Blüten, Nüssen, Dornen, Knollen, Zwiebeln, Pilzen, jedem nur erdenklichen Bestandteil dessen, was aus der Erde wächst. Hier erhält man seltene, schwer zu findende Pflanzen, und die Spezialität sind Mixturen, Tränke und dergleichen für fast alle bekannten Krankheiten und viele, von denen ich noch nie gehört habe.

Wir gingen in das Geschäft, in dem sich gerade keine anderen Kunden aufhielten. Ein kleiner, melancholisch aussehender, dunkelhäutiger Mann mit gewelltem schwarzem Haar stand hinter der Theke und staubte die Krüge mit einem Staubwedel ab. Ich wußte, daß er nicht der Besitzer sein konnte, denn das ist ein viel älterer Mann und ein langjähriger Bekannter von Chon. Ich betrachtete die Regale, während Chon mit dem Mann sprach und ihm sagte, was er suchte. Augenscheinlich war der Verkäufer ein Sohn des Besitzers.

Während ich wartete und Chon seine Einkäufe und Geschäfte erledigte, verriet er mir, daß zu seinen liebsten Mischungen jene gegen Gicht und hohen Blutzucker zählten, die sehr wirkungsvoll seien und Pflanzen enthielten, die er in der Maya-Gegend nicht finden könne. Außerdem erzählte er mir, daß El Tecolote viele hervorragende Mittel gegen Frauenbeschwerden, gegen Tumore der Gebärmutter, zu starke oder zu geringe Fruchtbarkeit und Rezepturen für Männer mit Prostataproblemen, Impotenz und ähnlichem im Angebot habe. Dann kicherte er. »Ich brauche die nicht für mich selbst. Der wichtige Punkt ist der, daß es Pflanzen gibt, die einem Kranken helfen können, seine sexuelle Energie wiederzugewinnen, die es unbedingt aufzufüllen gilt, wenn der Patient gesund und vital werden soll.«

»Erschöpfen Krankheiten die sexuelle Energie, Chon?« fragte ich ihn leise. Mehrere alte Frauen hatten den Laden betreten und warteten hinter uns an der Theke.

»Einige tun das«, flüsterte er. »Aber zumeist ist es umgekehrt. Wenn deine sexuelle Energie erschöpft ist, wirst du krank. Wir sprechen draußen weiter darüber.« Er warf den Frauen einen Blick zu und flüsterte dem Sohn des Besitzers zu, er solle eine der älteren Frauen, die sich auf den Arm einer anderen stützte, zu ihm in Behandlung schicken. Die ältere Frau war ziemlich klapprig, wirkte aber nicht krank.

»Ja, das mache ich«, antwortete der Verkäufer und nickte, als er die vielen, in grauweißes Papier gewickelten Bündel Chon über die Theke reichte. »Sie sollten in den nächsten Tagen vorbeikommen und meinen Vater besuchen, wenn Sie Zeit haben«, sagte er. »Er wird sich freuen, Sie zu sehen. Heute ist er bei seiner Schwester. Kommen Sie am Spätnachmittag, wenn er sein Nickerchen gehalten hat, wenn Sie mögen.«

»Mach ich«, erwiderte Chon. »Grüßen Sie ihn von mir, wenn er zurückkommt.«

Wir stopften alle Bündel in Chons Säcke und gingen hinaus zum Jeep. Ich brannte darauf, ihm Fragen zu stellen, und Chon schlug vor, wir sollten die Säcke hinten einladen und einen Spaziergang machen. Wir gingen in einen Stadtpark und setzten uns unter einen schattigen Palo-Verde-Baum.

»Welche Verbindung besteht zwischen erschöpfter sexueller Energie und Krankheit?« fragte ich ihn schließlich.

Er lächelte, da er wußte, wie lange ich diese Frage schon mit mir herumtrug. »Die sexuelle Energie ist eine der Batterien des Doppelgängers, und es ist der Doppelgänger, der die energetische Blaupause des Körpers hat. Er übermittelt Wissen als Energie an den physischen Körper und steuert ihn auf die gleiche Weise, wie du deinen Jeep lenkst. Wenn diese Energie durch ein Leck ausläuft oder verlorengeht, dann funktioniert das Vehikel nicht auf vollen Touren. Auch Mißverständnisse können auftreten, so ähnlich wie wenn zwei Leute am Telefon miteinander zu reden versuchen, ohne einander richtig zu verstehen. Oder wie die Geräte, die Tortillas herstellen. Der Energiekörper fertigt eine Quantität dessen, was auch immer benötigt wird, und er macht das anständig, aber wenn du 20 brauchst und den Schalter auf 10 stellst, na ja, dann kriegst du auch nur 10.«

»Also ist die sexuelle Energie aufs engste mit dem Doppelgänger verknüpft«, mutmaßte ich. »Sie ist eine essentielle Komponente.«

»Ja, Merlina. Das ist die Lektion für heute. Die sexuelle Energie ist kreativ, und deshalb ist sie eine Grundenergie für das Träumen. Der Prozeß beginnt, wie du weißt, mit der Aufgabe, den Körper zu träumen. Jede Nacht im Schlaf durchläuft der Energiekörper Stufen. Die erste Stufe sind körperliche Reparaturen. Der Energiekörper verbringt jede Nacht mindestens einige Stunden in den Knochen, im Blut, in den Organen und in der Haut und erneuert den physischen Körper. Wenn der Körper krank ist, hält er sich länger in ihm auf. Teil des Treibstoffs für diesen Prozeß ist unsere eigene sexuelle Energie, wenn der

Mensch also gesunden muß, sollte man neben anderen Arzneien Kräuter verwenden, die tonisierend sind und die sexuellen Energien stärken. Sonst kann der Energiekörper all seine verfügbare Energie bei dem Versuch aufbrauchen, Reparaturen durchzuführen, und er kann nicht einmal genug haben und läßt den Körper im Zustand der Erschöpfung und des Kränkelns zurück.

Nach dem heilenden Schlaf hat der Energiekörper die Gelegenheit, sich selbst mit Quellen externer Energie wieder aufzufüllen, an die er aufgrund seiner Natur als Energie gelangt, die aber vom Energiekörper vorverdaut werden müssen, wenn du so willst, damit sie für den physischen Körper zu gebrauchen sind. Zu diesem Zweck verläßt der Energiekörper den physischen Körper, um in der Welt der externen Energie zu schwimmen. Unerfahrene Träumer sind amorphe Klümpchen, wenn sie den Körper verlassen. Sie nehmen kaum Energie auf. Sie sind oft schüchtern und können nicht lange außerhalb ihres physischen Körpers bleiben, ohne daß ihnen der Dampf ausgeht und sie in ihn zurückkehren müssen. Sie besitzen keine Ausdauer, und Ausdauer lautet die Regel. Es ist eine Überlebensregel. Wenn einem die Energie zum Träumen ausgeht, wird der Energiekörper in den physischen Körper zurückgezogen.

Praktiker versuchen nicht nur ihre Energie-Absorptions-Zeit auszudehnen, indem sie effizienter und anpassungsfähiger für immer höhere Grade freier Energie werden, sie streben auch danach, dem Traumkörper den Feinschliff zu geben, wenn sie/er sich während dieser ausgedehnten Erkundungen außerhalb des physischen Körpers befindet. Das fängt damit an, daß man jede Facette des physischen Körpers träumt, während er schlafend an genau der Stelle und in der Position liegt, in der man ihn vorfinden kann. Der Träumende ist der Energiekörper. Der Träumende versucht einen voll flügge gewordenen Körper höherer Energie zu träumen, der in der Lage ist, sich vom schlafenden physischen Körper zu entfernen. Es sollte nicht die leiseste wie auch immer geartete Verbindung vorhanden sein, keine Nabelschnur, nichts. Die einzige im physischen Körper verbliebene Energie sollte die sein, die nötig ist, um einen niedrigen Herzschlag und eine sanfte, verlangsamte Atmung aufrechtzuerhalten.

Alle Formen von Energie, die durch den träumenden Doppelgänger aufgenommen werden, sollten beim Träumen in ihm konzentriert und beim Aufwachen in den physischen Körper mit hinübergenommen werden. Diese Energie kann dann in Umlauf gesetzt werden, und der physische Körper wird stufenweise mehr und mehr mit freier Energie arbeiten und seine lebenswichtigen Reserven nicht verbrauchen. Es gibt gewichtige Gründe dafür, die Juan und ich später mit dir diskutieren werden.

Dein Fall war leicht, Merlina. Ich glaube ehrlich, seit wir uns erstmals beim Träumen und in Mexiko begegneten, daß du mit einem entwickelten Energiekörper auf die Welt kamst. Das ist sehr selten. Ich habe das auf all meinen Reisen nie zuvor bei einem Menschen erlebt, und du bist ein Mensch. Ich weiß nicht, was das bedeutet, aber das brachte mich dazu, mit dir zu arbeiten. Normalerweise hätte ich es nicht interessant gefunden, diese Art energetische Arbeit mit jemandem außerhalb meiner eigenen Kultur zu machen. Für dich stellte sich die Aufgabe zu erkennen, was du hattest, damit du es auf verfeinerte Weise in Aktion bringen kannst, denn es gibt viele Plätze, an die man mit einem entwickelten Energiekörper gehen kann. Dein Energiekörper ist wirklich genial. Ich habe keine Möglichkeit gefunden, seine Kunstfertigkeit zu verbessern – abgesehen davon, ihm Dinge zu zeigen, die er zuvor noch nicht gesehen hat, Erfahrungen, denen er noch nicht ausgesetzt war, und natürlich ihm zu zeigen, wie er noch ›verbrauchseffizienter‹ wird, um einen amerikanischen Begriff zu benutzen, und sich tausendfach mehr Energie erschließen kann.«

»Alles, was du mir beigebracht hast, Chon, war hohe Kunst und hat mein Wachstum auf unvorstellbare Weise gesteigert. Ich bin dir ewig dankbar«, sagte ich voller Liebe und Respekt.

»Was mich vor Rätsel stellt«, fügte ich hinzu, »ist, wie man, nachdem man darum gerungen hat, den Traumkörper zu erreichen, all diese harte Arbeit abwerten kann, indem man ihre Möglichkeiten mißbraucht. Obwohl du mir immer wieder zeigtest, daß mein Traumkörper bereits draußen und vorhanden war und selbständig agierte, hast du recht – ich mußte überzeugt werden, nicht weil ich dir nicht glaubte, sondern weil ich das Gefühl hatte, ich bräuchte diesen Prüfstein. Ich benötigte 17 Jahre, um den Körper zu träumen, um die Aufgabe, wie du sie beschreibst, zu vollenden.«

»Vielleicht mußtest du ihn erblicken, obwohl du weißt, daß ich dich bestimmt nicht foppen würde«, sagte Chon mit einem zaghaften Grinsen. »Diese lange Zeit, um sicherzustellen, was du bereits in Bewegung hattest, könnten manche immer noch für kurz halten, die noch länger danach streben, ihren Energiekörper auch nur herauszubilden. Du fragst, wie sie nach einem solchen Kampf nur wünschen könnten, ihn zu mißbrauchen? Das ist eine Frage des Charakters, Merlina. Manche Leute lernen nicht vom Heilen, wenn sie diesem Weg folgen. Sie suchen nach dem großen Lohn, sind aber ungehobelt und erkennen die Qualität nicht, wenn sie sich zeigt. Konzentrierte Qualität ist der Schlüssel, nicht die gemeine Quantität. Wie ein feines Parfum wird konzentrierte Qualität nicht sauer und auf lange Sicht viel mehr einbringen.

Folglich: Ja, es gibt viele, die ihre Doppelgänger zu sexueller Ausbeutung und anderen Mätzchen, über die wir gestern sprachen, nutzen. Sie gehen am Punkt vorbei, und wenn es zu den letzten Dingen kommt, bevor sie diese Welt verlassen, werden sie von ihren Schnüren festgehalten und haben nicht die Fähigkeit, auch nur zu überlegen, was sie als nächstes tun oder wohin sie gehen sollten. Das nimmt kein gutes Ende.«

»Ihr beide, Don Juan und du, erzählt mir dauernd von den letzten Dingen. Ich habe das Gefühl, ihr bereitet mich vor«, sagte ich.

»Das tun wir«, sagte Chon in ernstem Ton. »Wir müssen dir noch viel mehr mitteilen, bevor wir auch nur daran denken können, dich wieder fortzulassen.« Er grinste mich an. »Ich denke, nicht weil ich das Thema wechseln möchte, aber ich denke, dein Energiekörper könnte dir beim Unterrichten über das Träumen helfen, so wie er mir hilft.«

Ich spürte einen Energieschub. Da war etwas an der Art, wie er »so wie er mir hilft« sagte, als würde er genau diesen Augenblick meinen. Allein nur mit Chon zusammenzusein, ist eine außergewöhnliche Erfahrung. Er besitzt die erstaunliche Fähigkeit, seinen Doppelgänger in die Alltagswelt als identische Replik seines physischen Körpers herüberzubringen, und man kann nie ganz sicher sein, mit wem man es gerade zu tun hat. Das war jetzt gerade der Fall.

Ich habe erlebt, daß er Menschen, die an seinen Kräuterstand kommen, vollkommen verschiebt, wenn er verdoppelt ist. Selbst wenn es Einheimische sind, gehen sie weg und vergessen, was sie sonst noch taten oder was sie sonst noch benötigten, und wandern umher – ja verirren sich manchmal sogar für kurze Zeit in ihrem eigenen vertrauten Umfeld.

Bei zahlreichen Gelegenheiten konnte ich in seiner Gegenwart feststellen, daß eine Szene oder ein Erlebnis in der Alltagswelt sich auf einmal ins Phantasmagorische wandelte. In einem solchen Moment erkannte ich mit Verblüffung, daß ich tatsächlich mit seinem Doppelgänger zusammen war. Um mich davor zu schützen, kalt erwischt zu werden, habe ich eine Methode entwickelt, mich selbst abzupuffern, bei der ich schlicht von der Annahme ausgehe, daß ich es stets mit seinem Doppelgänger zu tun habe und folglich immer in wachem Zustand träume. Das ist die einzige Möglichkeit, wie ich verhindern kann, daß er mich aus dem Gleichgewicht bringt.

Es scheint ihm zu gefallen, wenn ich in diesem Zustand der Überaufmerksamkeit bin, und er testet mich gelegentlich. Das Verwirrende an diesem Prozeß ist, daß er, sobald er einmal in Gang gekommen ist, sich nur schwer wieder stoppen läßt. Don Juan und Doña Celestina fingen ebenfalls an, mich dorthinein zu stoßen, und ich merkte, daß es sehr schwer wurde, Augenblicke zu finden, in denen ich sicher sein konnte, daß ich gerade nicht träumte. Um nicht verrückt zu werden, beschloß ich einfach, ich würde dauernd träumen – eine Entscheidung, deren sich Chon, als es soweit war, bediente.

Das war, als sie mir mitteilten, dies sei der erste Schritt, den

Doppelgänger in die alltägliche physische Welt zu bringen, wie sie es tun. Der Doppelgänger ist dann vom physischen Körper nicht mehr zu unterscheiden und hat doch Zugang zu seinen Kräften in den Träumen. Das funktioniert sehr gut in der Alltagswelt, und man wird zu seinem eigenen Doppelgänger. Eine Transformation vollzieht sich, denn der Ort, an den das andere Selbst (das nichtträumende Selbst) geht, liegt jenseits meines Ich. Chon sagt, sobald man wirklich mit seinem ganzen Wesen träumt, gibt es kein nichtträumendes Selbst mehr. Es verschwindet. Es fällt einfach wie ein billiger Anzug von einem ab.

Ich holte tief Luft. Wieder hatte Chon mich irgendwie in einen ganz speziellen energetischen Zustand geführt. Ich hatte das Gefühl, als würde gleich eine unbekannte, oder vielleicht letztlich auch bekannte, aber nicht anerkannte Kraft enthüllt werden.

»Wir werden darauf noch zurückkommen«, sagte Chon und berührte meine Hand, um mich zu beruhigen. »Es gibt Traumpraktiken, die man im Körper einsetzen kann, um ihm zur Heilung zu verhelfen. Man kann sich in einen erkrankten Körperbereich träumen und diesen reinigen. Es ist auch möglich, beim Träumen Energie in gewünschte Gebiete des physischen Körpers zu ziehen. Man kann mit diesen Methoden beginnen, bevor man den Doppelgänger entwickelt, doch sobald er entwickelt ist, werden seine Macht und Effektivität verstärkt.

Wie du weißt, verwende ich ein sehr hohes Maß an Traumenergie bei meiner Arbeit als Heiler. Morgen beabsichtige ich, dir ein bißchen mehr von dem, was ich tue, vorzuführen. Ich werde in einem von Doña Celestinas Hinterzimmern eine Sprechstunde einrichten, und wir werden gemeinsam an Klienten arbeiten.«

Diese Möglichkeit versetzte mich in große Aufregung. »Woher werden die Menschen erfahren, daß du dich hier aufhältst, Chon?«

Im Dschungel und im Hochland der Maya wußten die Menschen immer durch Mundpropaganda von Chon, denn er reiste viel umher. Die Leute stellten sich in den frühen Morgenstunden buchstäblich in einer Schlange auf, wenn bekannt wurde, wann und wo er zu finden wäre. Häufig standen sie bis in den Spätnachmittag hinein Schlange.

»Doña Celestina und Don Juan haben es die Leute wissen lassen, und ich habe hier in der Gegend ein paar Besuche gemacht, während du mit den beiden gearbeitet hast. Es wird nicht so wie bei mir zu Hause sein. Ich habe viele Bekannte gebeten, diskret zu sein, damit der Zulauf nicht allzu groß wird. Ich möchte, daß du wirklich die Gelegenheit hast zu erfahren, was der Energiekörper in einer Heilsitzung leisten kann.«

Der Gedanke daran hielt mich gefangen. Es wurde langsam dunkler, und so beschlossen wir, zum Jeep zurückzukehren. Chon hatte mich beruhigt und auf einen Schlag mein ganzes Interesse geweckt. Ich freute mich darauf, mit ihm zu arbeiten, und ich wußte, es würde ein unvergeßlicher Tag für mich werden.

Übung 11
Den Körper träumen

1. Ziel dieser Übung ist es, den träumenden Doppelgänger ganz fein zu schleifen und zu entwickeln, einen voll ausgeprägten Energiekörper mit der Fähigkeit, als ein physischer Körper auf höherem Niveau zu funktionieren, als ein Körper, der in der Lage ist, die Lebenskraft im Augenblick der Tranformationen im Tode alleine aufrechtzuerhalten.
2. Das ist ein andauernder Prozeß. Der Praktiker strebt ununterbrochen nach Verfeinerungen, selbst im Augenblick des Todes und darüber hinaus. Dies wird dadurch erreicht, daß man die Kunstfertigkeit des Doppelgängers bei jedem Bestreben anwendet – doch zunächst muß man natürlich danach streben, ihn zu entwickeln.
3. Der Prozeß wird stets mit derselben Traumaufgabe in Gang gesetzt. Streben Sie als erstes danach zu träumen, daß Sie in Ihrem Körper sind, von Wohlbefinden erfüllt, und daß Sie auf Ihren eigenen schlafenden physischen Körper

schauen, der in der Position und an der Stelle liegt, in der Sie sich tatsächlich befinden.

4. Sie sollten keinerlei Silberschnur haben. Das ist keine astrale Projektion, die dem physischen Körper nur einen kleinen Teil seiner Energie und Aufmerksamkeit entzieht und diesen mit einer Schnur vom Nabel aus über die Strecke verbindet, über die man nicht hinausreisen darf. Das Verdoppeln nimmt alle Energie, die für einen langsamen Herzschlag und eine verlangsamte Atmung nicht benötigt wird, und bietet die Gelegenheit, diese Energie in dieser Welt wie auch in anderen zum Ausdruck zu bringen.
5. Blicken Sie auf Ihren schlafenden Körper, und überzeugen Sie sich, daß das wirklich Sie selbst am richtigen Ort und zum richtigen Zeitpunkt sind. Sie müssen sich keine Sorgen machen, daß Ihr physischer Körper die Augen aufschlägt und vor Angst stirbt, weil Sie auf ihn hinunterblicken. Sie befinden sich wirklich in dieser Position. Ihr Körper wird bewegungslos, aber am Leben bleiben.
6. Erkunden Sie das Gefühl, in Ihrem Energiekörper zu sein. Versuchen Sie beim ersten Mal nicht zu weit zu gehen. Konzentrieren Sie sich vielmehr darauf, vollkommen präsent zu sein und Ihre Umgebung wahrzunehmen. Schützen Sie Ihren Körper zunächst mit Ihrer Traumabsicht, und unternehmen Sie dann vielleicht einen kurzen Spaziergang.
7. Wie bei der Formverschiebung besteht nicht die Notwendigkeit, in den schlafenden Körper zurückzukehren. Wenn Ihre Energie aufgebraucht ist, kehren Sie automatisch und sanft in ihn zurück. Je mehr Energie Sie für die Arbeit aufbauen, desto länger werden Sie in der Lage sein, sich zu doppeln. Manche Praktiker, wie Chon, können unbegrenzte Zeit gedoppelt bleiben, sie können in ihrem Doppelgänger erwachen und tatsächlich ausschließlich mit ihrem Traumdoppelgänger ihren täglichen Aufgaben nachgehen!

12
Heilen mit Energie

Ein Nebel aromatischen Copalrauchs mischte sich in der Frische des blassen frühen Morgenlichts. Chon befand sich hinten in Doña Celestinas Haus und sang fröhlich wie ein Vogel vor sich hin, während er das freie Zimmer im abgetrennten Teil hinter dem Patio sauberfegte. Die vier Mädchen halfen ihm, nach seinen Anweisungen einen langen, schmalen, stabilen Holztisch durch die Tür zu tragen. Er wurde in die Mitte gestellt und dann mit einer gefalteten Strohmatte bedeckt, so daß er als Untersuchungs- und Massagetisch dienen konnte.

Ich begrüßte alle und trat in das Zimmer. Obwohl der Raum fast leer war – nur der lange Tisch stand in der Mitte, ein paar geradlehnige Holzstühle standen an den Wänden, mehrere Säcke mit Pflanzen lagen in der Nähe der Tür, und ein kleiner quadratischer Holztisch mit einer Schublade befand sich in einer der hinteren Ecken –, spürte ich Chons unmißverständliche Präsenz in jedem Quadratzentimeter des Raumes.

»Hast du bereits gefrühstückt?« fragte er mit einem Lächeln, das so strahlend war wie das neue Tageslicht.

Ich nickte.

»Gut. Ich auch. Gehen wir also an die Arbeit. Warum setzt du dich nicht auf den Stuhl da, und wir besprechen einiges Grundsätzliche?«

Ich zog mir einen Stuhl herüber und setzte mich ihm direkt gegenüber in die strahlende Morgensonne, die durch die offenstehende Tür hereinfiel.

»Als erstes möchte ich, daß du so atmest, wie Don Juan es dir neulich gezeigt hat. Mache einen vollen Kreis von der Basis des Rückgrats hinten hinauf und dann vorne wieder herunter zum Zentrum des Willens. Das reinigt dein Energiefeld. So, und jetzt fügen wir noch etwas Copal hinzu.«

Chon stand auf, um das Räuchergefäß wieder zu füllen. Dann wedelte er den Rauch mit den Händen zu mir und blies ihn sogar mit einem sanften Hauch zu mir hin.

»Der Copalrauch besitzt einen weiblichen Geist«, sagte er dabei, »anders als Tabak, der männlich ist. Die Essenz ist reinigend, durchdringend und beschützend, aber doch neutral und unaufdringlich, perfekt für Heiler. Schließ jetzt deine Augen. Du kannst durch den Rauch auf deinen Klienten blicken, indem du deinen Fokus ein wenig weicher machst und den Dunst die Augen und die Sicht reinigen läßt. Den Rauch mit den Augen zu steuern wird das, was an trügerischen Belägen dahinter ist, ablösen. Er wird es dir ermöglichen, die Energie in verschiedenen Zentren und in den Organen zu sehen, und dir auch einen Blick auf das Skelett vermitteln und die energetische Ganzheit, die diese Form lenkt. Schlag jetzt die Augen auf, und schau mich an.«

Ich hob langsam die Lider, obwohl sie überhaupt nicht schwer waren. Der Rauch war dick, und Chon starrte mir aus nicht mehr als 30 Zentimeter Entfernung ins Gesicht. Während die Schwaden des Copalrauchs über seine Miene strichen, sah ich in jedem seiner Augen deutlich ein grünlich-gelbes Licht und hatte einen Blick auf den wunderbaren Knochenbau unter seiner Haut. Ich schnappte nach Luft.

»O.k., o.k. Alles in Ordnung«, sagte er beruhigend. »Jetzt steh auf, Merlina. Ich möchte, daß du die Atmung noch mal machst. Es gibt einen Kanal, wie eine Röhre oder einen Strohhalm, der vom Zentrum des Willens auf der Vorderseite zu einer korrespondierenden Stelle hinten verläuft. Schieß einfach die Energie da mit einem starken Einatmen und einem Einziehen des Bauchs durch. Dann zieh die Energie wieder an der Wirbelsäule hoch. Du kannst sie auf diese Weise fortwährend kreisen lassen. Wenn die Energie hoch in die Gegend hinter deinem Herzen gelangt, dann laß einen Teil davon in deine Arme und Beine abzweigen. Sie werden sich aufheizen und magnetisieren. Mit ihnen wirst du schneiden und arbeiten.

Wenn die Energie hoch zur Hinterwand deiner Kehle gelangt, änderst du die Atmung. Stoß die Energie, die beim Zusammenziehen des Zwerchfells entsteht, mit einem kräftigen Ausatmen durch die Nase die hinteren Nebenhöhlen hoch. Durch diese Atmung wird dein Feld, wie ein Fahrradreifen mit genau dem richtigen Luftdruck, aufgepumpt, hart und weniger durchdringbar bleiben.«

Der Kanal in meiner Nabelgegend war offen, und es war recht einfach, Chons Anweisungen zu folgen. Meine Arme und Hände füllten sich, als würde flüssiges magnetisiertes Gas in sie strömen. Die Atmung, die er für den hinteren Bereich der Kehle empfahl und die er ebenfalls demonstrierte, hörte sich wie ein Atemgerät an oder wie das Geräusch, das man unter Wasser beim Atmen mit dem Sauerstoffgerät macht. Als ich so atmete, wie er vorschlug, begann ich mich leicht zu fühlen, fast als ob ich ein sich füllender Gasballon wäre. Ich hatte plötzlich Lust, ein wenig von einer Seite auf die andere zu schaukeln.

»Gut!« sagte er. »Beuge jeweils das Knie, wenn du dich von einer Seite auf die andere lehnst. Öffne die Beine, und laß sie sich füllen. Fühl beim Einatmen die Energie vom Boden und beim Ausatmen von oben hineinrauschen. Jetzt, wenn die Schlangenenergie, die deine Wirbelsäule hochfließt, den Scheitel deines Kopfs erreicht, laß das Maul der Schlange zum Zenith zeigen, und laß sie es öffnen. Die Schlange wird anfangen, Energie aus dem Kosmos zu schlucken. Sie wird die Energie verdauen und sie zu all deinen Organen und Sinnen senden und dich so bei deiner Arbeit unterstützen. Der Überfluß wird von dir bewußt durch deine Hände geleitet. Die vorverdaute kosmische Energie, die in heilende Lebenskraft umgewandelt wurde, dieser Überfluß ist die Energie, die du dem Energiekörper deines Patienten einflößt. Versteh sie als kosmische Säuglingsnahrung.«

Ich mußte heftig lachen.

»Ja!« sagte Chon. »Das Leben ist schön! Fülle dich mit der Freude und Liebe des Lebens! Laß diese besänftigenden Eigenschaften wie ein Perlenüberzug sein, der bei der Arbeit auf deiner flüssigen Seite hinunterfließt. Laß diesen Überfluß deinen Patienten entspannen und stabilisieren. Laß den Atem immer weiter zirkulieren. So, und nun laß mich dir zeigen, wie man hineingeht. Streck deine rechte Hand neben meiner aus. Halte dein Feld aufgepumpt, damit der magnetische Fluß, der in das Energiefeld des Patienten dringt, an deinem Handgelenk stoppt.«

Chon umschlang sein rechtes Handgelenk mit dem Daumen und Zeigefinger seiner linken, um mir zu zeigen, was er meinte. Er forderte mich auf, dasselbe mit meiner eigenen Hand zu machen, damit ich eine Vorstellung davon bekam.

»Die Energie deines Patienten reist nicht weiter zu dir als bis hierher«, wiederholte er und deutete erneut auf das Handgelenk. »Sei unter keinen Umständen ein Schwamm und sauge sie auf.«

In diesem Augenblick erschien Pacha mit dem Eimer heißer Kohlen, die Chon verlangt hatte, in der Tür. Chencha folgte ihr und trug eine große Schüssel mit wintergrünem Alkohol. Sie stellten den Eimer zu ihren Füßen auf den Boden und schoben den kleinen Tisch zu uns her. Chencha setzte die Schüssel mit Alkohol auf ihm ab. »Wenn die Energie von den Händen entladen werden muß«, fuhr Chon fort, »darfst du sie nie herausschleudern. Verlaß das Feld des Patienten sanft. Lege deine Hände in Alkohol, und versprenge dann die Tropfen wie Blitze von den Fingerspitzen direkt in den Eimer mit den glühenden Kohlen. Wenn du es richtig machst, wird das Feuer heller.« Er führte es vor, und Flammen sprangen von den Kohlen und verzehrten die Alkoholtropfen.

»Sehr eindrucksvoll«, bemerkte ich.

»Und auch sehr wirkungsvoll«, antwortete er.

Die Mädchen sahen verblüfft zu, dann blickten sie einander an und hasteten hinaus, um sich wieder ihren Pflichten zu widmen. Ich probierte die Handreinigungstechnik aus. Das Feuer war wie ein reinigender Glühofen der Erde, und als es auf die ihm zugeführte Energie reagierte, war das höchst angenehm.

»Laß mich dir nun zeigen, wie man schneidet«, sagte Chon. »Nimm deine rechte Hand, und mache einen glatten senkrechten Einschnitt in das Feld, einen glatten Schnitt. Dann nimmst du deine linke Hand zu Hilfe und spreizt den Schnitt waagerecht auseinander. Dringe sanft ein, wie ein warmes Messer in kalte Butter. Führe die ganze Hand mit den Fingerspitzen voran ein, und halte alle Finger zusammengedrückt, nie auseinandergespreizt. Versuche sie einzuführen, wie ein sanfter Taucher ins Wasser gleitet. Mach in der Energie keine Kräuselwellen oder Spritzer. Wenn du herausgehst, tust du es auf genau dieselbe Weise, aber in umgekehrter Reihenfolge.

Wenn du meinst, du solltest die Energie zirkulieren lassen, während du dich in dem Feld befindest, so tu das stets sanft und im Uhrzeigersinn. Nachdem sich das Feld geöffnet hat, werden die Bänder des Energieflusses um so feiner abgestimmt sein, je weiter hinten du stehst. Wenn du dicht dabei stehst, werden sie diffuser sein, wie eine Wolke. Vergiß das nicht bei der Arbeit. Laß die erschöpften Gebiete sich füllen. Zirkuliere stagnierende Areale, und laß sie trocken werden. Reinige die Hände nach Bedarf. Der Körper wird wissen, was nötig ist. Um das Feld, nachdem du herausgegangen bist, zu schließen, hebst du die Energie von unten mit beiden Händen hoch und gießt sie dann über den Kopf des Patienten, wobei du gleichzeitig an beiden Seiten eine Handbewegung nach unten machst, bis du die Schulterblätter erreichst. Mit einer leichten Berührung bleiben die Fingerspitzen einen Augenblick lang oben auf jeder Schulter ruhen, damit läßt du den Patienten bis zur nächsten Behandlung die Verantwortung schultern. Blick ihnen in diesem Augenblick immer mit einer starken inneren Ruhe direkt in die Augen, und übermittle ihnen eine stille Botschaft, etwa ›Ich heile‹ oder ›Ich bin geheilt‹, wenn du spürst, daß der Moment dafür gekommen ist.

Du lernst noch, Merlina, aber wenn du eine lange Traumverbindung mit vielen Pflanzen hattest, so wie ich, dann sprechen sie auch während der Sitzung zu dir und lassen es dich wissen, ob sie dir zu Diensten sein können, und falls ja, wie. So wie die Dinge liegen, wird der Körper des Patienten sprechen. Du bist eine gute Zuhörerin, Merlina, eine der besten. Folge dem Fluß. Höre zu, was man dir sagt, und tu alles, wozu dein Körper dich anleitet.«

»Seit ich dich bei der Arbeit beobachtet habe«, rief ich voller Ehrfurcht, »weiß ich, daß da noch viel mehr dran ist, als ich je gedacht hätte.« Ich floß von all den neuen Erkenntnissen förmlich über.

»Das Ungewöhnliche am Heilen ist«, sagte Chon, »daß es sich vor unseren Augen abschirmt, damit es sich vollziehen kann. Der eigentliche Prozeß scheint unsichtbar abzulaufen. Wir sehen das Zuvor und das Danach. Selbst wenn du einer Wunde beim Heilen zusiehst, wird du es nie wirklich sehen. Wenn du wie ein Falke auf Veränderungen achtest, kannst du vielleicht einige feststellen, aber nie den Prozeß in all seinen Details. Gute Heiler wissen das, und deshalb lassen sie zu, selbst wenn ihnen klar ist, was sie tun, daß vieles für das Auge unsichtbar bleibt. Das macht es für den Patienten vielleicht verwirrend, aber die Hauptdosis Energie wird dem Körper und den Heilungssystemen dabei voll zugänglich. Der Schleier ist notwendig, siehst du. Die Energien sind scheu und heikel.

Also, ein guter Heiler wird stets auch etwas für den Verstand einbauen, etwa eine Zeremonie oder eine Reinigung, die man sehen und spüren kann. Auf diese Weise fühlt sich der Verstand nicht betrogen und versucht nicht, den Prozeß zu sabotieren. Aber denk daran, Merlina, die eigentliche Arbeit ist subtil wie ein Flüstern und geht unsichtbar vor sich. Nur das geschulte Auge kann einen flüchtigen Blick auf den Energiekörper werfen, der sich mit der Geschwindigkeit und dem Wissen und der Grazie des Lichts bewegt.«

Im Laufe des Morgens und des frühen Nachmittags kamen vier Patienten. Chon verlangte, daß ich jeden von ihnen energetisch abtastete und ihm dann meine Befunde mitteilte. Dann führte er ein eigenes Scanning durch, in dessen Verlauf er selbst an ihnen arbeitete und mich zuschauen ließ. Danach, wenn Kräuter, Ernährungs- oder Verhaltensänderungen erforderlich waren, erläuterte er einige Zeitlang seine Empfehlungen. Am Ende jeder Sitzung vollführte er eine *limpia*, eine Zeremonie der energetischen Reinigung, die nie auf exakt dieselbe Weise ein zweites Mal wiederholt wurde.

Chon unterwies mich in verschiedenen Methoden, die Limpia auszuführen. Eine Methode, die mir sehr gut gefällt, enthält ein energetisches Fegen des Feldes, wobei man einen Palmwedel in aromatisierten Alkohol oder in einen Maisschnaps der Maya mit der Bezeichnung »Posh« eintaucht. Die Alkoholgeister müssen rein und kräftig destilliert werden, um unerwünschte Energien zu vertreiben. Während der Limpia harkt und wäscht man buchstäblich die leuchtenden Fasern des Energiekörpers, wobei man den Wedel wie eine Art Besen benutzt und danach als Palmfächer oder Windmaschine, um den Geist des Patienten mit einem kräftigen Schwall und prickelnden Spritzern der aromatisierten Flüssigkeit wiederzubeleben. Während der Durchführung der Limpia kann ich tatsächlich das Feuer des Energiekörpers des Patienten heller und sauberer brennen sehen, als ob ich das Feuer mit Sauerstoff füttern würde. Ich kann auch visuell die wohltuende Wirkung auf die leuchtenden Fasern erkennen, wie wenn langes üppiges Haar gebürstet wird.

Chon hat so viele Limpias, wie es Bäume im Hochland gibt. Eine weitere Methode, bei der ich ihm gerne zusehe, ist die Feuerlimpia. Die dramatische Wirkung dieser Reinigung ist unübertrefflich, und Chon benutzt sie manchmal für geistige Erkrankungen und gegen Hexerei. Während der Limpia nimmt Chon einen Schluck Posh, schluckt ihn aber nicht hinunter. Mit einer angezündeten Kerze vor seinem Mund sprüht er kräftige Tröpfchen Posh von seinen geschürzten Lippen. Das Gesprühte entzündet sich von selbst, wenn es mit der Flamme der Kerze in Berührung kommt, und Chon folgt dann graziös den Konturen und dem Umriß des Energiekörpers seines Patienten, bis er die Reinigung vollendet hat. Er sagt, es gebe bestimmte Typen von

Energien, die sich an unsere Energiekörper klammern, und daß diese Energien das brennende Gefühl von Alkohol, Salzwasser oder Feuer nicht mögen, die man alle drei bei der Säuberung mit dem Mund versprühen kann. Chon hat mir gezeigt, wie man das Spucken ausführt, das, so es richtig gemacht wird, so kraftvoll ist, als würde es durch eine Spraydose getrieben. Ich kann sogar das Gesprühte entzünden, aber ich hatte nie das Selbstvertrauen oder vielleicht auch den Mut, gekoppelt mit der notwendigen Kontrolle, den brennenden Luftstoß auf einen Menschen zu richten. Chon vollbringt diese Meisterleistung ganz nebenbei, wie man einen reinen Ton pfeifen kann. Er scherzt und sagt, die Schlange müsse altern, bevor sie ungestraft Feuer ausatmen kann.

Am späteren Nachmittag, nachdem der vierte Patient behandelt worden und gegangen war, verkündete Chon, er sei nun fertig mit der Arbeit, und er, Don Juan und Doña Celestina würden das Haus eine Zeitlang verlassen, um ein Geschäft in der Stadt zu besuchen. Chon fragte mich, ob ich dableiben würde, nur für den Fall, daß noch jemand auftauchte. Er wies mich an, wenn das der Fall wäre und der Betreffende wegen einer Abtastung gekommen sei, solle ich sie durchführen. Ich stimmte etwas verunsichert zu, vertraute aber darauf, daß Chon wußte, was er tat.

Ungefähr eine Stunde nachdem sie gegangen waren, klopfte es tatsächlich am vorderen Tor. Nicht einmal die jungen Frauen schienen dazusein, um nachzusehen, also ging ich selbst. Während ich mich noch wunderte, wer das wohl sein könnte und was er wollte, bekam ich einen richtigen Schock, als ich die Vordertür öffnete. Zu meiner Überraschung erblickte ich Carlo Castillo, einen früheren Schüler und langjährigen Bekannten von Don Juan, Chon und Doña Celestina, der vor Jahren in Ungnade gefallen und seitdem von ihnen nicht mehr empfangen worden war. Ich selbst hatte Carlo seit einer Reihe von Jahren aufgrund dieses Bruchs ihrer Verbindung nicht mehr getroffen.

Ich muß ihn einen Augenblick lang nur schweigend angestarrt

haben. Carlo erwiderte meinen Blick amüsiert. Sein Aussehen hatte sich grundlegend verändert seit unserer letzten Begegnung. Früher war er recht robust, aber nun war Carlo fast ausgemergelt und hatte die gebeugten Schultern eines gebrochenen alten Mannes. Sein Haar, das stets gewellt, glänzend und schwarz gewesen war, war jetzt völlig ergraut, spröde und ungekämmt. In seinem linken Auge schien ein Blutgefäß hinter der Iris geplatzt zu sein, oder vielleicht entwickelte er einen Katarakt. Er war aber ordentlich gekleidet, in dunkler Sporthose, dazu passendem Hemd und einem gelbbraunen Jackett.

»Hast du jemand anderen erwartet?« versuchte er mit einem halben Lächeln herausfordernd zu scherzen.

Dabei fiel mir auf, daß seine Zähne nicht mehr die echten waren. »Carlo!« sagte ich verblüfft. »Was willst du hier? Du weißt, daß sie dich nicht empfangen werden.«

»Eigentlich«, sagte er, »hoffte ich, du würdest es tun.«

Mir fielen Chons Anweisungen wieder ein. »Ich kann dich einen Augenblick hereinlassen«, antwortete ich. »Ich habe gerade hinten gearbeitet.« Ich schlug vor, wir sollten uns dort unterhalten, weil ich auf eine Gelegenheit wartete, seinen Energiekörper abzutasten und herauszufinden, was los war.

Er folgte mir wie ein kleiner Hund durch das Haus, das ihm einst recht vertraut gewesen war. Als wir das Hinterzimmer erreichten, warf er einen Blick durch die Tür.

»Also das lernst du jetzt?« fragte er.

Ich zog zwei Stühle für uns heraus, damit wir uns in die milde Nachmittagssonne setzen konnten.

»Unter anderem«, räumte ich ein. Ich legte meine Hand auf seine linke Schulter. Ihm schien die leichte Berührung angenehm zu sein. »Würde es dir etwas ausmachen, wenn ich einen Blick auf dich werfe? Ich bin nicht so geübt wie Chon, mußt du wissen, aber ich sehe, daß da was vor sich geht.«

»Leg los«, sagte er, schlüpfte aus seinem Jackett und hängte es über die Stuhllehne.

Ich brachte meine Gedanken zum Schweigen, holte tief Luft und konzentrierte mich auf die ausgeglichene Leidenschaftslosigkeit, die ich zur Unterstützung meiner Arbeit entwickelt hatte. Das letzte, das uns beiden helfen konnte, wäre gewesen, wenn ich von zu starken Gefühlen überwältigt worden wäre. Ich legte meine Hände in sein Energiefeld hinten und vorne an seinem linken Schulterblatt und tastete seine linke Seite ab.

Das Auge war eindeutig aus dem Gleichgewicht geraten, und im Ohr gab es eine Beeinträchtigung des Hörvermögens. Als ich den Hals erreichte, sagte ich: »Du redest zuviel.« Das geschah unwillkürlich, als würde ich es zu mir selbst sagen, aber er hörte es, und ich spürte, wie sein Körper von einem stillen Lachen ein wenig zitterte. Ich spürte etwas in der Herzgegend, Wut oder vielleicht Traurigkeit. Ich brachte es zur Sprache.

»Wie wär's mit einer Kombination aus beidem?« gab er sarkastisch zurück.

Als ich zur Milz gelangte, gab es ein deutliches Anzeichen, daß sie schwer überarbeitet und erschöpft war. Ich ließ die Energie an dieser Stelle zirkulieren, und er schien die Veränderung zu bemerken. Ich untersuchte die linke Nebenniere, die normal funktionierte, vielleicht sogar überaktiv war und einen Zusammenbruch an anderer Stelle ausglich.

Als ich mich seiner rechten Seite zuwandte, erkannte ich den Grund. Ich begann schwarze Wolken rund um seine Organe und die Gefühle zu sehen. Die Leber arbeitete eindeutig schlecht. Er war nicht gelb, also hatte er keine Gelbsucht. »Hier gibt es ein Problem«, sagte ich sanft und ließ meine Hand um die Leberregion zirkulieren.

»So ist es«, sagte er und blickte ein wenig verblüfft zu mir hoch. Seine Augen waren leicht wäßrig.

Ich beendete den Scan seiner rechten Seite, verschloß die Energie und zog meinen Stuhl herum, um mich neben ihn zu setzen. »Willst du mir etwas darüber erzählen?«

»Krebs«, sagte er tonlos.

Ich reagierte emotional nicht darauf und wußte dennoch, daß es mich mehr traf, als Worte sagen konnten. Ich erinnerte mich daran, daß dies die energetisch angemessene Haltung war, wenn ich arbeiten wollte. »Was machst du dagegen?« fragte ich.

»Was ich kann«, sagte er trocken.

»Ich könnte dir einen Rat geben, aber ich bezweifle, daß du ihn annehmen würdest. Gibt es irgend etwas, das ich für dich tun kann?«

»Wer weiß« sagte er. »Danke. Ich meine das ehrlich. Du bist sehr freundlich.« Er seufzte und sah mich sehnsuchtsvoll an. »Ich nehme an, ich wollte dich einfach wiedersehen. Ich dachte, du verstehst es vielleicht.«

»Das tue ich, Cojol«, sagte ich sanft, wobei ich ihn bei dem Spitznamen nannte, den Chon und ich ihm gegeben hatten, und ihm über das Haar fuhr.

Er sah mich neugierig und mit mehr als nur ein wenig Hoffnung an. »Ich denke, ich verschwinde besser, bevor ich den Hut in die Hand gedrückt bekomme.« Er erhob sich von seinem Stuhl, strich sich die Hose glatt und zog sein Jackett an.

Ich nickte und brachte ihn zum Tor.

»Du weißt, daß ich dich nur zu gern wiedersehen würde. Besteht die Chance, daß du auf diesem Weg auch wieder hinausgehst?« fragte er, als er auf der Straße stand.

»Das habe ich bereits getan, aber das einzige Mal, daß ich mein Apartment gesehen habe, war, als ich dort ein paar Sachen abstellte.« Ich lächelte.

»Ja«, sagte er trübsinnig. »Ich kann mich noch daran erinnern, wie das ist.«

»Auf Wiedersehen, Carlo«, sagte ich zu ihm.

»Auf Wiedersehen«, sagte er fröhlich und lächelte.

Als ich in den Patio zurückging, wußte ich, daß Chon mir die Gelegenheit verschafft hatte, mit Carlo allein zu sein. Später sollte Chon sagen, es sei in Wahrheit der Patient, und nicht der Heiler, der der Wunderarbeiter ist. Manche entscheiden sich zu leben und manche nicht, aber das Universum ist so oder so ein Rätsel.

Übung 12
Mit Energie abtasten

1. Führen Sie eine Zirkulation der Feueratmung durch (siehe S. 100).
2. Bei der zweiten Runde, wenn Sie die Energie die Wirbelsäule hoch zur hinteren Herzgegend schieben, halten Sie die Arme entspannt und lassen die Energie vom Herzen aus abzweigen und die Arme und Hände mit magnetisierter Hitze füllen. Fühlen Sie, wie sich ein Pulsieren, Feuchtigkeit oder ein Kribbeln in den Handflächen und Fingern bildet. Halten Sie die Arme entspannt und die Finger leicht gekrümmt.
3. Bringen Sie weiter die Energie durch die Feueratmung die Wirbelsäule hoch, und aktivieren Sie dann das dritte Auge, indem Sie durch die Nebenhöhlen atmen. Dann neigen Sie den Kopf ein wenig, um die Energie durch die Stirn zur flüssigen Seite des Körpers zu befördern. (Chon nennt die Vorderseite die flüssige Seite, weil die Mehrzahl der Drüsen und Organflüssigkeiten vorne gebildet wird.)
4. Atmen Sie an der Vorderseite des Körpers hinunter, wobei Sie beim Luftholen in den Bauch hineinatmen, bis die Energie die Herzgegend erreicht und erneut die Arme und Hände mit Wärme durchflutet und diesmal zusätzlich mit dem sanften liebkosenden Gefühl der Liebe durchströmt.
5. Die erste Übung, um sensibilisierte, heilende Hände zu entwickeln, besteht darin, die Atmung wieder zu nutzen, um das Energiefeld um sie herum aufzupumpen. Mittels eines mäßig kräftigen Austamens durch den hinteren Bereich der Kehle, die hinteren Nebenhöhlen und die Nase, verbunden mit einem Einziehen des Bauchs, pumpen Sie die Luft heraus. Das Geräusch, das diese Atmung hervorruft, erinnert an eine Fahrradpumpe. Dies wird das Feuer Ihres Energiefelds nähren.
6. Testen Sie jetzt die magnetisierte Empfindung Ihrer Hände, indem Sie diese langsam hochheben, sie aber immer noch mit leicht gekrümmten Fingern entspannt lassen. Bewegen Sie sie sanft aufeinander zu, bis Sie merken, wie sie sich gegenseitig gleich identischen Polen zweier Magneten abstoßen. Nutzen Sie die pumpende Atmung, um die Größe Ihres Feldes auszuweiten und die Distanz zwischen den Handflächen aufzubauen.
   Je größer die Distanz ist, die Sie aufrechterhalten können, bevor Sie merken,

daß sich die Handflächen abstoßen, um so größer wird die Fähigkeit Ihrer Handflächen sein, Unregelmäßigkeiten während eines Scans zu spüren und die Energie in einer korrigierenden ausgleichenden Weise zu bewegen.

7. Üben Sie oft. Wenn Sie die Energie zurückgeben wollen, folgen Sie dem restlichen Prozeß, um die Feueratmung zu vollenden, und bringen Sie sie an der Vorderseite des Körpers ganz nach unten, damit sie im Zentrum des Willens gespeichert wird.

13
Die weiblichen orgastischen Praktiken

Ich verbrachte den Rest des Nachmittags und den Abend allein in Doña Celestinas Haus. Als zur Abendessenszeit niemand auftauchte, wärmte ich ein paar Hühnchen-Tamales auf und aß sie mit Kürbiskernsauce. Ich spürte, daß sie mir bewußt Zeit zum Alleinsein einräumten, also hörte ich mir nach dem Essen Mozart aus dem National Public Radio-Sender aus Yuma an und ging dann zu Bett.

Ein Klopfen an meiner Zimmertür um etwa vier Uhr morgens weckte mich auf. Nachdem ich am Abend zuvor frühzeitig zu Bett gegangen war, störte mich das Klopfen überhaupt nicht. Ich fuhr mir mit den Fingern durchs Haar und öffnete die Tür, vor der Doña Celestina, völlig angekleidet, stand.

»Zieh deinen Morgenmantel an, und komm in meinen Garten«, flüsterte sie.

Ich zog einen Morgenmantel aus dunkler Seide über mein Nachthemd und folgte ihr durch den Korridor rechts hinunter durch die kleine Halle, bis wir die Wartezone vor ihrem Sprechzimmer erreichten. Sie schloß die Holztür am Ende des kleinen Flurs auf, und ich sah zu, wie sie in ihren eingefriedeten privaten Garten hinausging. Hier roch es stark nach duftenden, nachts blühenden Blumen. Die Luft war schwer von den großen weißen

Trompetenblüten, die sich dem Mondlicht geöffnet hatten und die Celestina »Florifundio« nannte.

Mir fielen auch sofort die vielen riesengroßen umherfliegenden Motten auf. Sie flatterten und schwirrten überall umher. Wir gingen auf Zehenspitzen einen winzigen Pfad entlang, der zu einer Maschendrahtschonung führte, die größer als eine Voliere, aber kleiner als ein Taubenschlag war, in dem ich dank des Mondlichts zahlreiche Kokons in verschiedenen Entwicklungsstadien ausmachen konnte, die an den Seiten des Maschendrahts hingen. Auf dem Boden des Geheges lagen einige große, feuchte, teilweise angebissene Blätter herum, die offenbar den Larven oder herauskommenden ausgewachsenen Tieren als Nahrung dienten. Mir fiel ein, daß ich gelesen hatte, daß viele Motten Nachtschattengewächse mögen, und ich sah mich um, ob es derartige Pflanzen gab, bemerkte aber nur den Florifundio. Auch fiel mir auf, daß etwas Honigähnliches auf einige Blätter aufgetragen worden war, die im Maschendraht steckten, sowie auf einige, die halb aufgefressen am Boden lagen.

»Was sind das für Motten?« fragte ich.

»Komm, und schau sie dir an«, flüsterte sie und führte mich zu einem Busch, auf dem sich gerade eine sehr große Motte mit geöffneten Flügeln ausruhte.

Sie war herrlich – wunderschön butterfarben wie Vanilleeiskrem mit karamelfarbenen Wirbeln und großen Augen auf den Flügeln, die in geöffnetem Zustand so fest wie meine Handfläche waren. Ich summte leise.

»Sie läßt dich sehr nah heran«, sagte Doña Celestina. »Schau, ob du sie berühren kannst, aber nicht an den Flügeln. Berühre sie an der Unterseite. Das wird ihr gefallen.«

Ich streckte die Spitze meines Ringfingers aus, um ihren pelzigen, röhrenförmigen Bauch zu streicheln. Ihre Haare waren dick und weich, wie geschorener Hermelin. Die Berührung schien ihr angenehm zu sein, und sie bewegte ihren Körper rhythmisch vor und zurück, um meine Fingerspitze zu treffen.

»Das reicht«, sagte Doña Celestina. »Wir wollen sie nicht beunruhigen. Wir wollen nur hallo sagen.«

»Dieser Garten ist nachts wunderschön«, bemerkte ich aus tiefstem Herzen, während ich den Schein des silbrigen, milchigen Lichts in mich einsog, das wie Tau auf der Oberfläche aller lebendigen Dinge darin zu ruhen schien.

»Ich dachte mir, daß dir das gefällt«, flüsterte Doña Celestina. »Das ist mein geheimer Platz, an den ich komme, um Energie zu tanken.«

»Er ist wirklich magisch!« rief ich aus und wollte fast zwischen den Blumen, den Motten und dem Mondlicht tanzen.

»Ich habe dich hierhergebracht, weil die Heilarbeit, wenn sie auch die sexuellen Energien zirkuliert und nährt, diese manchmal ein bißchen aufbrauchen kann. Ich will dir einige persönliche Übungen beibringen, die sehr privat, sinnlich, überbordend und sublim wie mein Garten hier sind, Übungen, die nur für Frauen gedacht sind.«

Doña Celestina ging zu einer Stelle am Boden, an der ich Fliesen aus gebranntem Ton sehen konnte, die einen ausreichend großen Raum schufen, damit man sitzen konnte, ganz in der Nähe eines schlichten irdenen Vogelbeckens und vieler blühender Florifundio. Wir setzten uns im Schneidersitz auf den Fliesen einander gegenüber und falteten unsere Gewänder unter uns.

»Ich werde ganz offen sprechen«, begann sie.

»Sehr gut«, erwiderte ich.

»Ich bin eine erwachsene Frau. Ich habe keine Zeit für Prüderien. Wir werden das Thema des weiblichen Orgasmus vertiefen.«

»Meinst du nicht, daß Chon mir das beibringen wollte?« kicherte ich.

Sie lächelte auf ihre zurückhaltende Art, wobei ihre Zähne im Mondschein schimmerten. »Warte es ab. Juan wird mit dir über die Männer reden.«

Ich schluckte. Das traf mich. Die Stimmung war nicht nach geflüsterten Geheimnissen in den frühen Morgenstunden. Ich erkannte demütig, daß ich nicht einmal alles über die Reaktionen meines eigenen Körpers wußte, noch viel weniger über die

Fähigkeiten des anderen Geschlechts, und daß ich gerade dabei war, Wissen fürs Leben zu erwerben.

»Frauen sind anders als Männer«, sagte Doña Celestina, »nicht nur wegen ihres Uterus, sondern auch insofern, als sie zu multiplen Orgasmen fähig sind, ohne dazwischen die Energie zu verlieren. Wenn eine Frau weiß, was sie tut, kann sie eine energetische Säule im Zentrum ihres Wesens zusammenziehen, und die Empfindungen von Energie werden sich nach oben bewegen, als würden sie eine Treppe hochsteigen. Sie können den Weg nach oben fortsetzen, bis sie oben an ihrem Kopf anlangen und hervorsprudeln, nur um wieder am Grund ihres Energiepools zu zirkulieren und von neuem nach oben geschickt zu werden.

Das Wasser des Uterus einer Frau ist, wie ich dir in meinem Altarraum bereits sagte, vorhanden, wenn die Frau die Fähigkeit zur orgastischen Reaktion besitzt. Wenn sie diese Fähigkeit verloren hat, sagen wir, sie ist ›gesprungen‹, wie ein zerbrochenes Gefäß, dann hat dieses Energiezentrum ein Leck. Es trocknet aus, wird gespannt und schwach. Frauen müssen ihren eigenen Körper erforschen und sich durch emotionale Traumata arbeiten, um ihre Fähigkeit, Höhepunkte des Vergnügens zu erreichen, wieder zu entfachen, wenn diese Möglichkeit in ihnen verlorengegangen ist. Wie Chon dir schon oft erzählt hat, wirkt Freude besänftigend, ausgleichend und lebensstärkend. Sie stärkt den Körper für das, was er aushalten muß, sei es nun Gebären, Mühsal, hohes Alter oder was auch immer. Viele Frauen, die ihre Fähigkeit zum Vergnügen und das Wasser des Uterus verloren haben, erreichen statt dessen Höhepunkte des Schmerzes, die lebensverneinend und zerstörerisch sind und die Kräfte schwächen, denn sie sind unnötig.

Eine Frau muß ihre Fähigkeit zum Orgasmus, nicht nur zu einem, sondern zu mehrfachen, wiedererlangen. Allzu oft nehmen wir uns Männer zum Vorbild. In diesem Fall sollte es andersherum sein. Sobald diese multiple Fähigkeit gefunden ist, kann eine Frau dann zu dem übergehen, was ich dir jetzt zeigen werde.«

»Bevor du das tust, Doña, was sind die Schlüsselpunkte beim Verarbeiten von emotionalen Traumata? Du schaffst es immer, die Themen auf den Punkt zu bringen.« Ich war neugierig auf den Rat, den sie für Frauen haben könnte.

»Zu allererst«, sagte sie, »mach dir klar, daß männliche Energie träge sein kann. Manche Menschen wollen nur die sexuelle Energie ausschütten, um sich von Druck zu befreien. Das verärgert die Schlange in Männern wie Frauen und kann ein Trauma auslösen. Die Schlange wird sich häuten und im Laufe der Zeit derartige Verschwender der männlichen Energie mit zunehmendem Alter in fette Scheusale oder nutzlose Schwächlinge verwandeln. Andererseits halten viele Frauen aus Manipulationsgründen, Wut oder Angst ihren Orgasmus zurück. Damit betrügen sie sich nur selbst, und ohne das Wasser fangen sie von innen heraus an zu verkümmern oder bleiben emotional vielleicht Kinder. Es wäre für alle weitaus besser, wenn sie diese Szenarios erkennen, diese Beziehungen beenden und das reine Wesen der sexuellen Energie erforschen würden, aber oftmals halten die Menschen in unbefriedigenden oder sogar gefährlichen Situationen fest, weil sie sich davon materielle Vorteile, Kameradschaft oder Schutz erhoffen. Ihre eigene Stärke und Findigkeit wäre ein besserer Beschützer, Versorger und Kamerad, aber vielleicht fehlt es ihnen an Mut. Sie suchen nach einem anderen, der sie ausfüllen soll. Du hast in meiner Sprechstunde selbst erlebt, wohin solche Situationen führen können.

Und es wird noch schlimmer dadurch, daß wir heute in den meisten Teilen der Welt in männlich dominierten Gesellschaften leben; auch das hat Übles für Männer wie Frauen und ihren Nachwuchs zur Folge. Verbinde das mit der Unterdrückung seitens organisierter Religionen und der Ausbeutung seitens der Regierungen, und du hast einen echten Schlamassel. Es gibt viele Schritte nachzuzeichnen.«

»Folglich besteht, wie bei anderen Praktiken des Schamanismus, in der heutigen Zeit der Schlüssel darin, daß wir etwas, das wir gelernt haben, wieder verlernen und von vorne anfangen«, umschrieb ich. »In unkonventionellen Umständen zu überleben wird uns stärker machen und reinigen und vertieft unsere Weisheit, da es uns Energie gibt und uns erlaubt, im Leben mit Hilfe einer gesunden Alternative zu funktionieren.«

»Genau«, nickte Doña Celestina, »aber man muß nicht immer gleich das Kind mit dem Bade ausschütten. Manche Menschen, wie die Schamanen und weisen Frauen, sind nie wirklich mit dem Status quo einverstanden. Vielleicht würden sie aus diesem Grund nicht einmal überleben, wenn es nicht irgendeine unsichtbare Macht gäbe. Das macht sie in Notzeiten begehrenswert. Sie akzeptieren die Ordnung der Welt nie vollständig mit allem Drum und Dran. Du bist einer dieser Menschen, Merlina, und das ist der Grund, warum du für deine Arbeit so viel freigesetzte Energie besitzt. Du bist nicht in dem Glauben an ein System verhaftet, und du bist auch nicht in der Rebellion gegen eines gefangen. Du hast ungeheuer viel Energie, und zu deinem Glück ist sie nicht von Dingen gefangengenommen, die nicht funktionieren. Das ist eine ideale Situation. Eine derartige Position hat der weiblichen Befähigung viel zu bieten.«

»Kommen wir zurück auf deine Praktiken«, sagte ich nachdenklich. »Wie zieht eine Frau ihre sexuellen Reaktionen in höhere Energiezentren, und was ist der Zweck, von der Zirkulation der Energie einmal abgesehen?« fragte ich.

»Selbst wenn der Zweck nur in der Zirkulation bestünde, würde das schon ausreichen«, antwortete Doña Celestina. »Wie Chon dir bereits sagte, ist das Zirkulieren der Energie reinigend, heilend und reparierend. Es löst Blockaden, füllt Defizite auf und balanciert das Wesen aus. Doch das ist noch nicht alles. Zunächst einmal zirkuliert eine Frau nicht nur Energie, sie kann mit dem Orgasmus auch wirklich Energie *erzeugen*. Vergiß nicht, daß diese Energie nicht verlorengeht, nicht aus dem Körper ausgeschieden wird, wie das beim Mann der Fall ist. Eine Frau behält die orgastische Energie in ihrem Körper. Sie muß die Energie nach oben ziehen, damit alle Energiezentren, der ganze Energiekörper in Wahrheit die Vorteile zur Reife bringt. Ansonsten wird diese Energie auf andere Weise vergeudet, durch Unausgeglichenheit, was zu Problemen führen kann. Das eine Zentrum wird zu voll und die anderen gehen leer aus, tun die Arbeit, werden aber nicht nachgefüllt. So kann eine Frau sich selbst erschöpfen. Du siehst also, sie muß ihren Fokus verschieben und all ihre Energiezentren ansteuern. Aus diesem Grund verschob ich meinen und brachte dich hierher in meinen Garten.

Dieser Ort besitzt eine mächtige sexuelle Energie einer höheren Art«, fuhr sie fort. »Er ist im Mondschein silbrig und plazentaähnlich. Die Erde ist kühl. Die Nachtblumen sind geöffnet, duften und blühen. Und die Motten ... schau sie dir nur an, sie pulsieren, summen vor Energie, so üppig und sinnlich!«

In unserer Nähe ließ sich eine sehr große Cecropia-Motte nieder.

»Achte auf den Körper«, erklärte Doña Celestina und wies mit gebogenem Zeigefinger sanft auf das wunderschöne Wesen.

Die Motte saß auf der Spitze einer Florifundoblüte. Sie breitete die Flügel aus und schien sich auszuruhen.

»Sieh dir die Flügelspannweite an!« flüsterte sie. »Ihre Energie muß über die Spitzen der Fühler und an den Seiten heraussprudeln, weit über die Flügel hinaus, und dann an die Basis zurückkehren, um als Generator zum Schlagen dieser Flügel im Flug zu fungieren. Wie eine Raupe spann sie ihren Kokon vom unteren sexuellen Zentrum, während sie Blätter verdaute, um es zu nähren. Jetzt ist sie rein und hoch sexuell, die Energie ist hochgehoben worden. Sie frißt weniger, und die Energie taucht aus den höheren Zentren empor und nicht von den unteren, um ihre Flügel und den Flug zu kreieren!«

Doña Celestinas Erklärung des Lebenszyklus dieser Motten war unübertrefflich. Ich beobachtete voller Ehrfurcht, wie sie im Licht des schwindenden Mondes umherflatterten. »Die innere Energiesäule der Frau ist also wie die Seidenschnur der Motten?« fragte ich unwillkürlich.

»So ist es!« sprach sie pathetisch. »Sie sprechen jetzt mit dir. Du hast hier draußen in diesen frühen Morgenstunden ziemlich viel Ahnung von ihrem Wissen bekommen. Dieselbe ziehende und pochende Bewegung, mit der die Motte ihren Seidenfaden ausstößt, kann auch dazu benutzt werden, die Energie wieder zurück nach innen und durch den Körper nach oben zu ziehen, so daß sie oben am Kopf herauskommt und um unsere energetische Flügelspannweite sprudelt. Don Juan und Chon haben dich bereits die Feueratmung gelehrt. Für die orgastische Frau kann der Atem in der Mittelsäule anstatt am Rückgrat hochgezogen werden. Dieser Unterschied ist im orgastischen Atem der Frau präsent. Ein kraftvolles Einatmen, verbunden mit einem Baucheinziehen und einem Anspannen aller inneren Muskeln, die von den Innenseiten der Oberschenkel ausgehen, durch die Vagina und nach oben, wird die Energieerzeugung auf der Leiter eine Sprosse höher bringen.«

»Wow.« Ich kam mir mit meiner sprachlichen Einfallslosigkeit blöd vor, aber der Laut explodierte einfach auf meinen Lippen.

Doña Celestina unterdrückte den Impuls, über mich zu lachen. Sie demonstrierte die Atmung, und ich folgte ihrem Beispiel und atmete mit einem Luftholen aus der Vaginalgegend, begleitet von einem Baucheinziehen und Kontraktionen der Oberschenkelinnenseiten, der Vagina und des Uterus, die Energie hoch.

»Du fragst dich vielleicht, wie eine alte Indianerin an solch ein Wissen kommt«, lächelte sie. »Tatsache ist, als junge Frau lernte ich zuerst von einer Hebamme. Viele Instrumente und Zauberutensilien, die auf dem Altar einer Zauberin liegen, findet man auch im Medizinbeutel einer Hebamme, die Messer, das Wasser, die Kräuter, das Wissen um Zeit und Ort für verschiedene Atemtechniken, Stöße und Muskelkontraktionen ... Als ich jung war, mußten die indianischen Frauen in Mexiko ohne die Hilfe von Ärzten niederkommen. Oft ließen sie uns nicht einmal, wenn wir im Sterben lagen, in die Krankenhäuser. In diesen Fällen kam manchmal ein Arzt zu uns. Die Dörfer mußten *curanderos* [Heiler] haben, Schamanen, Hebammen, Zauberinnen und dergleichen, um die normalen Schicksalsschläge des Lebens überstehen zu können. Wir lernten tatsächlich Dinge, die die Menschen heute nicht mehr zu wissen scheinen.

Bei der Pubertätsinitiation eines Mädchens zum Beispiel wurde dieses nicht nur über Menstruation, Schwangerschaft und

Geburt aufgeklärt, sondern auch über das Erzeugen, Empfangen und Steigern von Lust. Sie nahm dann entweder Datura oder einen Alkoholextrakt aus Tabak zu sich, manchmal auch eine bestimmte Sorte roter Ameisen, die in der Wüste vorkommen. Die Initiandin hatte Visionen und mußte sie herüberholen, und wenn die anwesenden Schamaninnen über dem Mädchen ein Zeichen sahen, wurde sie über weibliche Macht unterrichtet und ging zu einer Heilerin, Hebamme oder Zauberin in die Lehre. In meinem Fall lernte ich nacheinander bei allen dreien. Meine Spezialbegabung war natürlich die Zauberei.«

»Don Juan hat mir von einigen Initiationsplätzen für Männer hier in der Gegend erzählt. Haben die Frauen auch noch solche Orte, Doña Celestina?« fragte ich neugierig.

»O ja. Es ist wirklich schade, daß ihr so was in eurer Kultur nicht habt. Vielleicht ist das etwas, womit der Frauenzirkel anfangen sollte. Wir haben Stätten, Klapperschlangenhöhlen und Säulensteine. Ich werde dich sogar zu einer hinbringen. Dort wirst du die roten – Rot für das Blut und die Kraft der Menstruation – Handabdrücke vieler Initiandinnen sehen und rote Klapperschlangenmotive, die junge Frauen wie ich gemalt haben, denen es gelang, den Klapperschlangengeist zu sehen und etwas von seiner Kraft zu erlangen. Wenn wir mit unserer Unterweisung fertig sind und bevor wir dich eine Zeitlang nach Yuma zurückkehren lassen, werde ich dich dorthin bringen. Doch jetzt werden wir dich mit Wissen füttern, da nun all deine drei Lehrer sich an einem Ort befinden, hier in meinem Haus. Hast du Fragen zu den Anwendungen der Feueratmung durch Frauen?«

»Kann der Atem der Frau auch zu anderen Zeiten oder nur während der sexuellen Erregung genutzt werden?« fragte ich.

»Er wird stets während der Erregung genutzt, aber es ist wichtig zu wissen, daß die Erregung nicht notwendigerweise menschlichen Geschlechtsverkehr oder gar eine Art obligatorischen Akt zwischen menschlichen Partnern bedeutet. Man kann sich auch von den Kräften der Natur sexuell erregt und verstärkt fühlen. Frauen können beispielsweise Verkehr mit dem Feuer oder dem dampfenden Wasser aus einem Kessel oder mit dem Wind haben. Alles, was dazu notwendig ist, ist, die Energie einzuatmen. Man muß sie in den Körper eintreten lassen. Wenn die Empfindungen einsetzen, wenn die Schlange aufzuwachen beginnt, muß man die Energie mit der Atmung befeuern und sie nach oben ziehen, von Zentrum zu Zentrum. Frauen brauchen keine Männer oder auch nur Akte der Selbsterregung für ihre sexuelle Befriedigung. Die Elemente und Kräfte werden dafür sorgen, wenn eine Frau sinnlich genug ist. Vergiß auch nicht, daß sexuelle Reaktionen, die mit der Feueratmung durch alle Zentren zirkulieren, tatsächlich Energie für die Frau erzeugen. Das ist von höchster Bedeutung. Sie kann ihre Energie durch ihre sexuelle Reaktion verstärken und wieder auffüllen. Das ist der Kern der Botschaft, doch das muß angemessen und mit der richtigen Absicht erreicht werden. Sich einfach auf zügellosen Geschlechtsverkehr einzulassen erhöht die Energie nicht. Das wird nur den Appetit steigern.«

Ich lachte.

»Die Sonne wird bald aufgehen«, sagte Doña Celestina. »Vielleicht hast du Lust auf eine dampfende Dusche und eine schöne heiße Tasse Ephedratee vor dem Frühstück?«

»Danke, daß du mir deinen Garten gezeigt und dein Wissen mit mir geteilt hast, Doña«, sagte ich. »Das ist etwas, das ich nie vergessen werde.«

»Hoffentlich nicht«, entgegnete sie, »denn Juan hat nachher noch ein paar unglaubliche Geschichten für dich! Wenn du die Atmung praktizierst, Merlina, werden die Energien auch dich nie vergessen.«

Ich hob interessiert die Augenbrauen, lächelte bei dem Gedanken und drückte die Holztür auf.

Übung 13
Die weibliche orgastische Atmung

1. Diese Atmung ähnelt der Feueratmung. Anstatt die Energie an der Wirbelsäule hoch und an der Vorderseite herunter zu ziehen, wird sie in der zentralen Energiesäule innerhalb des Körpers hochgeführt und sprudelt oben aus dem Kopf hervor. Dann fließt sie um die Seiten und sammelt sich von neuem in einem Pool am Ausgangspunkt, um wieder und wieder nach oben gebracht zu werden.
2. Beginnen Sie damit, daß Sie die vaginalen und inneren Oberschenkelmuskeln pressen und anspannen. Verbinden Sie dies mit einem kräftigem Luftholen durch die Nase, wobei Sie den Bauch einziehen.
3. Setzen Sie die Atmung und Bewegungen fort, und versuchen Sie, Kontraktionen des oberen Uterus zu aktivieren, während Sie alle Muskeln des Reproduktionsapparats anspannen. (Diese Bewegung ist gut für das Positionieren des Uterus an der richtigen Stelle im Körper und um die Auswirkungen der Schwerkraft und der Menstruation auszugleichen. Der Fluß zieht Energie durch die Vagina in den Uterus, anstatt ihm Energie zu entziehen. Wenn Sie Ihre Periode haben, führen Sie die Atemtechnik auf dem Rücken liegend aus.)
4. Heben Sie nun die Energie und die Empfindung ins Zwerchfell und dann hinauf in die Herzgegend. Holen Sie dazu kräftig Luft, begleitet vom Anspannen des Zwerchfells sowie einem Einziehen des Bauchs. Setzen Sie alle vorherigen Schritte fort, und nehmen Sie diese Bewegung mit hinzu.
5. Atmen Sie durch die hinteren Nebenhöhlen ein, und kombinieren Sie ein Einziehen des Bauchs mit einem Anspannen. Das wird die Energie vom Herzen hoch ins dritte Auge ziehen. Von da aus wird die Energie, unter fortgesetztem Einatmen, bei dem alle erwähnten Schritte gleichzeitig miteinander kombiniert werden, oben aus Ihrem Kopf sprudeln. Das Ausatmen sollte nun mit tiefer Befriedigung und Erleichterung verbunden sein. Die Energie wird etwa eine Armlänge weit oder mehr an Ihren Seiten fließen und sich dann in einem Becken unter Ihnen sammeln, um von neuem nach oben gebracht zu werden.

14
Die männliche sexuelle Energie

Später an jenem Tag schlenderte Don Juan heraus in den Patio, wobei er sich seine Wangen und Kiefer mit seinen großen Händen rieb, als wolle er ein breites Lächeln unterdrücken. Er trug seinen Strohhut, um das schelmische Glitzern in seinen Augen zu verbergen, und ich wußte, mir stand etwas bevor.

Ich hatte das Gefühl, ich könnte das nur durchstehen, wenn ich offen über meine Gefühle sprach. »Ich muß zugeben, daß ich ein bißchen ängstlich bin, was unsere Zusammenarbeit heute nachmittag angeht, Don Juan«, sagte ich mit einem Lächeln, halb im Scherz und halb ernst gemeint.

Er brach in Gelächter aus, doch das war das letzte, was ich in diesem Moment brauchen konnte. »Warum?« fragte er mit gespielter Besorgnis. »Du glaubst doch nicht etwa, daß ich mit dir etwas Schmutziges bereden werde, oder?«

Ich hörte Chon in der Küche gackern.

»Also komm, Merlina. Du kennst mich doch«, scherzte er.

»Da bin ich mir nicht so sicher«, erwiderte ich. »Einige deiner Geschichten sind reichlich verrückt.« Chon lachte immer noch schallend, als er den Kopf aus der Küche steckte und mir zuzwinkerte.

»Nun, da du mich daran erinnerst«, sagte Don Juan und strich sich übers Kinn, »fällt mir tatsächlich genau die passende Geschichte ein.« Er täuschte Verblüffung vor, als ob ihm aus dem Nichts gerade eine geniale Idee gekommen wäre. »Wir machen am besten eine Tour in die Wüste«, sagte er. »Ich will Chon nicht die Ohren verbrennen. Und ich verspreche, ich werde erst dann zu erzählen beginnen, wenn wir dort sind. Sonst verursachst du vielleicht noch einen Unfall und bringst uns beide um!« Er hielt sich die Seite, weil er damit rang, nicht laut herauszulachen.

Es war hoffnungslos, und ich wußte es. Chon war hysterisch, und Don Juan stand einfach nur da und grinste mich an. Er streckte seinen Arm nach mir aus, und mir blieb nichts anderes übrig, als nachzugeben und mit ihm zu gehen, oder mich vielleicht in meinem Zimmer zu verstecken, in welchem Fall ich, dessen war ich mir sicher, die Geschichte zum Abendessen aufgetischt bekäme. Ich ergab mich in mein Schicksal.

Er schlug mir auf die Schulterblätter und hieß mich willkommen. »Mach dir keine Gedanken, Merlina, wenn ich mit dir fertig bin, wirst du nicht im mindesten mehr prüde sein. Selbst wenn du glaubst, du wüßtest bereits Bescheid, so werde ich dir doch erzählen, wie Zauberer ihre Frauen befriedigen! Vielleicht zeige ich es dir sogar!«

Da hörte ich, wie etwas Unzerbrechliches in der Küche auf dem Boden aufschlug. Zweifelsohne krümmte sich Chon noch vor Lachen, als wir schon lange weggefahren waren. Die Fahrt in die Wüste erwies sich als wenig beruhigend, besonders als Don Juan anfing, mich mit Maximen zu unterhalten wie: »Ich habe immer das Gefühl gehabt, Frauen sind wie Katzen, die nicht belästigt werden wollen, wenn sie nicht selbst herumschnüffeln.« Die Wahrheit ist, daß ich an meiner Fähigkeit zweifelte, unterscheiden zu können, wann er ernst war und wann er mir eine seiner gelungenen Parodien menschlichen Verhaltens vorsetzte. Ich vermutete, ich könnte nur beten und auf meine Kraft vertrauen.

Vielleicht, um mich zu beruhigen, bat Don Juan mich, in Richtung Süden durch die Wüste von Sonora zu fahren, bis wir den Golf von Santa Clara erreichten, etwa fünfzig Kilometer von

San Luis entfernt. Wir beide liebten den Golf mit seinem warmen, sauberen ruhigen Wasser und den rätselhaften, weit zurückweichenden Ebben, die zu den extremsten der Welt zählen und sich stellenweise fast eineinhalb Kilometer weit von der Flutmarkierung zurückziehen.

Der Golf von Santa Clara ist im Grunde jungfräulich und fast vollkommen verlassen, er ist von Wüste, Kakteen und salzwasserliebenden Mesquitebäumen umgeben. Er bildet den nördlichen Ausgangspunkt des Golfs von Kalifornien, in dessen Gewässern sich im Winter vier Walspezies tummeln, Riesen-Meeresschildkröten, Marline und blaue Riesengarnelen, die zu den köstlichsten der Welt zählen.

Als wir dort ankamen, war ich ziemlich gut gelaunt. Ich hatte meine Nervosität längst vergessen und freute mich darauf, den Tag am Strand zu verbringen. Wir parkten den Jeep an einem abgeschiedenen, wunderschönen Küstenstreifen und holten unsere beiden Strohmatten, die Don Juan hinten im Wagen verstaut hatte, heraus. Nach einer kurzen Wanderung fanden wir das perfekte Fleckchen, um uns auszuruhen, und breiteten die Matten auf dem weichen Sand aus. Die Sonne war recht mild, deshalb legten wir unsere Hüte ab, rollten die Hosenbeine hoch und gingen schweigend etwa vierhundert Meter weit spazieren. Don Juan liebte es, schweigend an der Küste entlangzulaufen; wann immer wir zu nahegelegenen Stränden fuhren und dort über Nacht blieben, stand er unweigerlich vor Sonnenaufgang auf, um »die Energiemuster des neuen Tages zu empfangen«, und verbrachte dann die ersten Augenblicke nach Sonnenaufgang damit, sie ruhig mit einem trockenen Palmwedel in den Sand zu rechen.

Wir kehrten nach unserem Spaziergang erfrischt zu unseren Strohmatten zurück, legten uns auf den Rücken nieder und zogen uns die Hüte über die Augen. Don Juan begann die Unterhaltung beiläufig und in einem sachlichen Tonfall.

»Dir ist vermutlich aufgefallen, daß ein kleines bißchen weniger Männer geboren werden als Frauen«, sagte er heiter. »Die Männer haben das oft fehlinterpretiert. Da wir ein klein wenig seltener sind, nehmen wir uns besonders wichtig. Größere Wichtigkeit ist allerdings nicht der Grund für unsere geringere Zahl. Es ist nur ein einziger guter Mann nötig, um für Bevölkerung zu sorgen, vorausgesetzt, es gibt viele Frauen.«

Ich kicherte wiehernd unter meinem Hut.

»Die Frauen sind das notwendige Element«, fuhr er fort. »Sie beginnen den ganzen Prozeß, indem sie den Mann ins Leben bringen. Ungleich starke Männer und Frauen bedeuten eine starke Spezies. Männer haben eine Veranlagung zum Wettbewerb, weil, wie ich schon sagte, gute notwendig sind. Wir bewerten uns gegenseitig nach unseren eigenen Kriterien: nach Gesundheit, Stärke, Mut, Intelligenz und Ehrlichkeit. Doch die Kriterien, die Frauen anlegen, sind anders und beinhalten nicht nur diese Faktoren, sondern auch andere, nicht zuletzt die sexuelle Potenz. Langlebigkeit zum Beispiel steht bei Männern in direkter Beziehung zur Potenz und ist ein hochbegehrtes Charakteristikum.«

»Was du mit Potenz meinst, bezieht sich doch in keinster Weise auf sexuelle Eroberungen. Habe ich recht, Don Juan?« fragte ich, erleichtert darüber, daß ich mein Gesicht unter meinem Hut verstecken konnte.

»Laß mich dir die Frage ausführlich beantworten«, lachte er. »Bei unserem ersten Höhepunkt, als sehr junge Männer, vergiften wir uns praktisch wegen der sexuellen Ansprüche und solcher Dinge. Ich selbst war stark und fit, und sehr verwegen, wie ich hinzufügen möchte. Ich raubte sogar eine junge Frau als Braut von einem benachbarten Stamm, was unter den nativen Gruppen in meiner Jugend eine verbreitete Praxis war. Ich war von meiner Begierde so besessen, daß mir nicht einmal auffiel, daß sie erst kurz zuvor niedergekommen war, bis sie bei mir war. Als ich sie zurückgab, war der Säugling gestorben. Natürlich, als kräftiger junger Mann, nahm ich die Konsequenzen meines Tuns sehr schwer. Ich erkannte, daß hinter der sexuellen Energie eine mächtige Kraft steckt, und versuchte, sie weise zu nutzen.

Einer meiner ersten Mentoren war ein Klapperschlangen-Schamane. Er lehrte mich, daß die Schlange, auch wenn sie oft zubeißt, doch nicht immer ihr Gift absondert, und daß dies eine der Ursachen für ihre Langlebigkeit und Weisheit ist. Durch das Beobachten von Klapperschlangen mit meinem Lehrer lernte ich, wie sie in einen entspannten Trancezustand eintreten, indem sie die Augen in den Hinterkopf zurückrollen. Wenn ich mich auf diese Weise auf meinen Scheitel konzentrierte und die sexuellen Energien und Flüssigkeiten durch den Körper der Schlange, durch mein Rückgrat, hochzog, war ich in der Lage, das Geheimnis des ›trockenen Bisses‹ in Erfahrung zu bringen.

Du siehst, für einen Mann wird das Maul der Schlange zu den Genitalien und der Kopf zu ihrem Schwanz. Wenn man die sexuellen Energien und Flüssigkeiten wieder aufnimmt, die Feueratmung durch das Rückgrat hoch oben einsetzt und dabei die Augen weit nach hinten verdreht, anstatt die Energie auszustoßen, erhöht man die Anzahl der Hornringe am Schwanz; man erhöht die Langlebigkeit, die stets von der Länge des Klapperschwanzes angezeigt wird, und die Weisheit, angezeigt durch dessen Vibrieren, die Stimulierung.

Männer besitzen keine unbegrenzte sexuelle Energie, auch wenn wir das vielleicht unsere Partnerinnen glauben machen wollen. Eine Möglichkeit festzustellen, ob ein Mann mit einer großen sexuellen Energie ausgestattet ist, besteht natürlich darin, Verkehr mit ihm zu haben. Eine Frau sollte allerdings nie zulassen, daß sie empfängt, wenn sie schwanger werden will, bis sie dies, neben anderen Aspekten ihrer Kriterien, in Erfahrung gebracht hat.

Ein Mann mit großen Energien wird in der Lage sein, diese allnächtlich zu demonstrieren, ohne sich zu verausgaben. Am nächsten Tag wird er energiegeladen sein, selbst wenn er nicht geschlafen hat. Und er wird auch nicht anschließend in tiefen Schlummer verfallen, wenn die Energien zur Zeugung freigesetzt wurden, und wenn sie das werden, so wird die Empfängnis nahezu unweigerlich eintreten, wenn das Paar alles Wesentliche beachtet. Der Akt selbst wird angenehm sein und sich stets weiterentwickeln und unbekanntes Terrain erkunden. Er wird nicht langweilig und gleichförmig werden.

Aus diesen Gründen ist es klüger, wenn ein Mann in jungen Erwachsenenjahren diese Energien als die Schätze betrachtet, die sie sind. Wir erhalten davon aus einem bestimmten Grund nur eine begrenzte Quantität, damit wir uns auf die Qualität konzentrieren. Die Tatsache, daß ein Mann während des Geschlechtsverkehrs Kraft entlädt, und nicht ausschließlich Kraft erzeugt, wie es bei der orgastischen Frau der Fall ist, sollte ihn zu Besonnenheit veranlassen. Wie die Frauen, die mit mehr naturgegebener Weisheit auf diesen Gebieten begabt sind, sollte der erwachsene Mann sich darauf konzentrieren, die sexuelle Energie zu erzeugen und zirkulieren zu lassen, um Leidenschaft und Lust, Langlebigkeit und vitales Wohlbefinden zu finden.

Doña Celestina hat dir gesagt, daß eine Frau sich nicht unbedingt mit einem menschlichen Partner auf sexuelle Beziehungen einlassen muß, um Lust zu verspüren und die Energien zirkulieren zu lassen. Vielmehr kann sie sich mit den Energien ... dem Feuer, dampfendem Wasser, dem Wind ... direkt vergnügen. Wenn ein Mann alt geworden ist und die Klapperschlangenweisheit ausreichend geübt hat, kann er, wie eine alte Schlange, die Energien in seinem Rückgrat zum Scheitel hochziehen, ohne menschlichen Verkehr oder eine Stimulierung zu haben. Das ist der zweite Höhepunkt. Und er kann es ebenfalls mit einer externen Energie machen, vorausgesetzt, er hat ausreichend geübt und kennt den Unterschied zwischen energetischer Vereinigung und körperlicher Penetration.

Wir werden ein anderes Mal noch ausführlicher über dieses Thema sprechen, jetzt möchte ich nur hervorheben, daß es möglich ist, energetischen Verkehr zu haben.«

»Hat der irgendeine Ähnlichkeit mit dem rituellen Verkehr oder mit einem Schamanen und seiner heiligen Höhle?« fragte ich neugierig.

»Nicht mit ersterem, aber ein wenig mit dem zweiten«, erwiderte Don Juan und lachte leise in sich hinein. Ich wußte, nun kam die Geschichte. »Weißt du noch, wie eine Zauberin ihre Affinität zu einer bestimmten Windrichtung bestimmt?« fragte er leise.

Wie hätte ich das vergessen können! Bei dieser Zeremonie, die die Schamaninnen der Wüste von Sonora praktizieren, begibt sich der Initiand, in diesem Fall eine Frau, an einem völlig windstillen Tag an einen öden Platz. Diese Stelle muß vom Wind aus allen vier Richtungen erreicht werden, und dabei dürfen nicht eine oder mehrere Richtungen dominieren. Dort zieht sie sich nackt aus und legt sich mit dem Gesicht nach oben wie ein Adler ausgebreitet auf einen glatten Felsbrocken. So muß sie liegen bleiben, bis ein Wind aufkommt und über sie hinwegbläst. Die Richtung, aus der er kommt, ist ihre günstigste Richtung, und wenn ein kleiner Wirbelwind losbricht, dann hat sie eine Affinität zu allen vier Richtungen, wie es bei mir der Fall ist.

Nachdem ich vor einigen Jahren ungefähr vier Stunden lang nackt an einem ziemlich kühlen Wüstennachmittag dagelegen hatte, während Don Juan etwa vierhundert Meter entfernt, und höflicherweise außer Sicht, wartete, erlebte ich, wie der Wirbelwind zu mir kam. Ich hatte die Zeremonie durchgeführt, damit Don Juan mich von deren Wirksamkeit überzeugen konnte. Nach der Reaktion des Windes, zu der die Empfindung gehörte, wie er meinen Bauch kitzelte und tatsächlich versuchte, in meinen Körper einzudringen, war ich, wie ich zugeben muß, vollkommen überzeugt.

»Ja ...«, antwortete ich etwas mißtrauisch bei dem Thema.

»Gut«, sagte er. »Um das auszuführen, was ich dir gleich erzählen werde, und zusätzlich zu der Voraussetzung, daß man die Winde einer Frau kennt, muß man den Doppelgänger haben, den Energiekörper, und in der Lage sein, ihn willentlich zu bewegen, ohne ihn in eine Form zu konfigurieren. Einige Praktiker entscheiden sich dazu, ihre Energiekörper als Wind zu bewegen.«

»Was?« rief ich aus.

»Ich kannte einen Zauberer, der ein solches Vorgehen beherrschte«, bekräftigte Don Juan mit einem Kopfnicken. »Er stand in dem Ruf, seine Schülerinnen zu terrorisieren, aber niemand konnte sich richtig vorstellen, wie er das tat, denn die Mädchen waren stets alleine gewesen, bevor sie halbnackt und vor Angst schreiend in die Stadt rannten.«

»Erzähl weiter«, drängte ich ihn.

»Dieser Zauberer, der Melquior Ángelo hieß, schenkte jedem seiner ›Winde‹, den jungen Schülerinnen, die zu ihm kamen, eine einzigartige, handgewebte Decke. Die Frauen waren stolz auf dieses wertvolle und nützliche Geschenk und betrachteten es als Zeichen für den Bund zwischen Zauberer und Schülerin. Melquior riet ihnen, wenn sie Kraft erlangen wollten, müßten sie sich nur auf die Decke legen und nackt darauf schlafen.

Natürlich probierten das alle von ihnen aus in der Hoffnung, sofort in eine hochangesehene Zauberin oder eine Göttin der Schönheit und Kraft verwandelt zu werden. Was dann passierte, war ein Rätsel, aber sie hatten danach immer Angst und verließen bald das Dorf, manchmal verschwanden sie schon nach ein paar Wochen. Kein Dörfler konnte sich erklären, was mit den Frauen geschah, nachdem sie die Decke erhalten hatten, oder sich vorstellen, wie dieses Geschenk sie derart in Schrecken versetzen oder zum Davonlaufen veranlassen konnte. Und doch verschwanden die Mädchen stets nach diesem Zeitpunkt. Man hat nie Leichen gefunden, deswegen konnte Melquior nicht wirklich zur Verantwortung gezogen werden, und dennoch schlugen sich die jungen Frauen um die Aufmerksamkeit des Zauberers, denn sein Ruf wuchs natürlich rapide.

Schließlich kam eines Tages eine junge Frau nackt in die Stadt gerannt, nachdem sie die Decke erhalten hatte. Sie schrie aus vollem Hals.«

»Was schrie sie denn?« fragte ich.

»Sie sei vom Wind gefickt worden«, sagte Don Juan dramatisch. »Ihre Familie und ihre Freunde fingen sie ein und versuchten sie zu beruhigen und ihr Kleider überzustreifen. Zusammen gingen sie zurück zu ihrem Haus, in dem sie bis auf Melquiors Decke, die am Boden ihres Altarraums ausgebreitet lag, nichts Ungewöhnliches fanden.«

»Hmm! Und ... was geschah mit dem Mädchen?« fragte ich neugierig, während ich mich aufsetzte und mir den Hut vom Gesicht zog.

»Oh, sie zog zu ihrer Tante in ein anderes Dorf. Wie die übrigen Mädchen tauchte sie später woanders wieder auf«, bemerkte Don Juan beiläufig.

»Nein, Don Juan. Dabei kannst du es nicht belassen! Ich meine, was ›widerfuhr‹ ihr. Was hat sie erlebt?« hakte ich nach.

»Natürlich steckte Melquior dahinter«, sagte er und lenkte von dem breiten Grinsen auf seinem Gesicht ab, indem er seinen Hut richtete, die Hände über der Brust faltete und sich noch weiter nach hinten lehnte. »Sein Energiekörper war mit diesen Decken verbunden, wie eine Brise, die außen herumweht, und wenn die Frauen die Decken entrollten und sich nackt darauf legten, na ja ... Ich glaube nicht, daß ich das noch genauer ausführen muß.«

Ich mußte über die Kühnheit der Vorgehensweise lauthals lachen. »Und welches Vergnügen bezog er wohl daraus, wenn man davon ausgeht, daß er sie alle zu Tode erschreckt hat?«

»Oh ... Erregung und einfach guten Sport«, gluckste Don Juan wissend. »Obwohl es ideal gewesen wäre, wenn er eine gefunden hätte, der das Spaß gemacht hätte und die die Energie hätte nutzen können.«

Ich verbarg mit der Hand ein Grinsen. »Oh. Ja, idealerweise. Na ja, mir war klar, daß ich verrückte Geschichten von dir zu hören bekommen würde, Don Juan, aber ich muß zugeben, diese hat meine Erwartungen übertroffen«, neckte ich ihn.

»Gib ihnen niemals nur das, was sie erwarten«, erwiderte er in einem unwiderstehlichen Tonfall. »Welche Befriedigung liegt sonst darin?«

Übung 14
Klapperschlangenatmung

1. Diese Atemtechnik ist eine weitere Variante der Feueratmung, die die Energie durch das Rückgrat zum Scheitel hochzieht. Sie kann von Männern zur Unterdrückung des Samenergusses sowie von Frauen und Männern mit dem Ziel der

Langlebigkeit und Weisheit eingesetzt werden. Visualisieren Sie eine Klapperschlange mit offenstehendem Maul. Das Maul ist Ihre genitale Zone; der Körper ist Ihre Wirbelsäule. Der klappernde Schwanz ist in Ihrem inneren Auge verwurzelt und wird, mit zunehmenden Alter der Schlange, länger. (Bei fortgeschrittenen Praktikern taucht er manchmal aus einer Öffnung mitten auf der Stirn, knapp unter dem Haaransatz empor.)

2. Führen Sie den Feueratem an der Wirbelsäule hoch, und ziehen Sie die Energie durch alle Rückenmarkszentren, wobei Sie kräftig durch die Nase einatmen und den Bauch einziehen. Spannen Sie den Körper an keiner Stelle an. (Bei Männern ist Körperanspannung, vor allem in den Beinen, häufig ein Vorstadium der Ejakulation.) Nutzen Sie die Kraft des Luftholens, um die Energie nach oben zu bewegen.
3. Wenn die Energie die Herzgegend erreicht, verdrehen Sie die Augen nach hinten in den Schädel. Fahren Sie mit dem Luftholen und Einziehen des Bauchs fort. Konzentrieren Sie sich darauf, mit den hinteren Nebenhöhlen einzuatmen, während die Energie vom Rückgrat hochsteigt und das innere Auge flutet, das bei der Zirbeldrüse liegt.
4. Die Energie wird ihren Höhepunkt finden, indem sie erigiert und die Zirbeldrüse in Schwingungen versetzt oder rasseln läßt, die dann das innere Auge öffnet, wenn Sie bereit sind. Dieses Zittern der Zirbeldrüse löst Lust und Wohlbefinden aus und setzt ein Weisheit steigerndes Elixier im Gehirn frei.

15
Die himmlische Welle

Auf der Rückfahrt vom Golf von Santa Clara hielten Don Juan und ich bei einem einheimischen Händler und kauften mehrere Kilo blaue Riesengarnelen. Doña Celestina beaufsichtigte ihre Zubereitung, demonstrierte den Mädchen die richtige Art, sie zu säubern, und wollte sie gekocht in Kokosmilch und grünem Chili, mit gedämpftem Chayote, einem kleinen, saftigen grünen Kürbis mit einem großen, weichen, eßbaren Kern, serviert haben.

Als wir uns am Eßtisch im Patio niederließen, kam ein derart stürmischer Wind auf, daß wir unser Mahl in die Küche bringen und an dem gemütlichen Holztisch vor dem Gasherd essen mußten. Die Küche wurde vom Schein der Kerosinlampen erwärmt, der von den blauweißen Pueblafliesen und den geweißelten Wänden zurückgeworfen wurde. Wir machten es uns in der lebendig handbemalten Eßecke bequem, während der Wind pfiff und heulte und Staub durch den Patio blies.

»Wir kriegen Donner und Blitze, aber erst sehr spät in der Nacht Regen«, bemerkte Chon und schnupperte, als er eine Maistortilla mit Garnelen und Sauce aufrollte.

»Ich denke, der ›Wind‹ ist auf der Suche nach Merlina. Es ist gut, daß wir nach drinnen umgezogen sind, sonst hätten wir nicht zu Ende essen können«, neckte mich Juan.

Alle lachten, und ich mußte während des ganzen Abendessens Anspielungen und Scherze über den »Wind« über mich ergehen lassen. Als hätte sie meine Gedanken an jenem Morgen gelesen, schlug Doña Celestina vor, es wäre für mich vielleicht an der Zeit, mich in meinem Zimmer zu verstecken, und meinte, sie bräuchte mich für all die Arbeit, die wir ausführen müßten, frisch und nicht von einer schlaflosen Nacht mit dem »Wind« verausgabt.

Trotz ihrer endlosen Scharaden und Mätzchen und unseres Gelächters schaffte ich es, den mir zustehenden Anteil an dem köstlichen Mahl zu essen, und ich beschloß anschließend, mich zum Schlafen in mein Zimmer zurückzuziehen, während sie noch immer johlten. Der Wind, der an meiner Tür rüttelte und mit einem ächzenden Geräusch unten durch die Türschwelle blies, störte mich die ganze Nacht hindurch im Schlaf. Dieser Lärm wurde gelegentlich von lautem Knallen durchbrochen, das mich in Angst versetzte und mich einen Augenblick lang beinahe um einige Zentimeter aus dem Bett hob, da die Tür sichtlich vor meinen Augen von der Kraft eines unsichtbaren Windstoßes wackelte. Dem folgte dann das Geräusch von Chons Gackern, oder es drang Don Juans hysterisches Gelächter durch die Wände. Es war eine ziemlich anstrengende Nacht.

Als schließlich ein menschliches Klopfen an der Tür zu hören war, hätte ich beinahe nicht darauf reagiert. Nur Doña Celestinas Lachen auf der anderen Seite brachte mich dazu, aus dem Bett zu steigen.

Als ich durch die Tür spähte, stand sie dort mit einer Kerze in der Hand.

»Cuando toca la Pelona, no se abre«, sagte sie. (Wenn die alte Frau Tod klopft, macht man nicht auf.)

»Ni para el viento abro«, gab ich zurück. (Dem Wind mache ich auch nicht auf.)

Sie krümmte sich vor Lachen, wobei sie in der einen Hand ihre Kerze hielt und sich mit der anderen auf die Lehne eines Stuhls stützte.

Als ich mir das Gesicht gewaschen und den Morgenmantel

angezogen hatte, gesellte ich mich draußen im Patio zu ihr. Der Wind schien abzuflauen, und ein leiser warmer Nieselregen setzte ein. Das Gefühl der sanften warmen Tropfen, die auf meinen Kopf niedergingen und mir den Nacken hinunterliefen, war nach der böigen Nacht so entspannend, daß ich ganz plötzlich einen wohligen Schauder am ganzen Körper verspürte, der an meinem Kopf begann und den ganzen Weg nach unten bis zu meinen Zehenspitzen und in die Erde lief. Es fühlte sich an, als hätte mir jemand den Schädel am Scheitel geöffnet und warmes Öl in meinen Körper gegossen. Es war ekstatisch, nahezu lustvoll, und meinen Bauch erfaßte dieser Kitzel, den man bei einem sanften Gefälle auf der Achterbahn erlebt.

Ich habe manchmal so ein Gefühl verspürt, wenn ich bewegender Poesie oder Musik lauschte oder ein hervorragendes Kunstwerk oder ein ehrfurchtgebietendes schönes Naturspektakel sah, aber noch nie, wenn ich des Nachts im Regen stand, scheinbar fast ohne visuelle und auditive Wahrnehmungen und doch bis zur Hutkrempe voll von ihnen.

Doña Celestina hielt die Kerze hoch an meine Augen und untersuchte sie lange, wobei sie in meine Pupillen blickte. »Das ist gut«, sagte sie. »Es wäre eine Schande, wenn der Wind die ganze Arbeit umsonst geleistet hätte. Setzen wir uns in die Schaukelstühle, und genießen wir den warmen liebkosenden Regen.«

Ich war für diesen Vorschlag sehr empfänglich, ja, begeistert, und machte es mir in einem der Korbschaukelstühle bequem. Sie tat dasselbe in knapper Entfernung mir gegenüber und schaukelte schweigend. Das Schaukeln war fast hypnotisierend, es lullte mich in ein Gefühl des Beschütztwerdens, des Trosts und der Erleichterung, wie ich es seit meiner Kindheit nicht mehr und selbst damals nur selten erlebt hatte.

»Ich nenne dieses Schaudern, das du empfandest, die himmlische Welle«, begann sie leise. »Es ist eine Reaktion des Energiekörpers auf etwas, das ihn erregt. Das Gefühl kann nicht erzwungen oder wie ein Orgasmus nur vom sexuellen physischen Körper hervorgerufen werden, und anstatt von unten zu beginnen und sich nach oben vorzuarbeiten, setzt diese Ekstase, die ihren Ursprung im Energiekörper hat, oben ein, geht auf und fließt nach unten. Ist dein Gefühl damit gut beschrieben?« fragte sie.

»Fast perfekt«, erwiderte ich voller Ehrfurcht.

»Hast du so etwas schon einmal empfunden?«

»Manchmal, auf dem Höhepunkt eines wunderschönen Musikstücks oder einer besonderen Erkenntnis. Hin und wieder strömen mir auch unwillkürlich Tränen übers Gesicht«, sagte ich. Aus irgendeinem Grund zitterte meine Stimme, als würde ich gleich zu weinen anfangen.

»Das bedeutet, daß du sehr sensibel und äußerst leidenschaftlich bist«, sagte sie leise. »Was du erlebt hast, das war der Orgasmus des Energiekörpers. Er läßt sich nicht herbeiführen. Manchmal kann man ihn kultivieren, indem man anderen beibringt, sensibler zu sein, aber viele spüren kein einziges Mal in ihrem ganzen Leben, was du gerade gefühlt hast.«

»Vielleicht verstehe ich, was du meinst«, sagte ich. »Ich habe einmal einen Film gesehen über den Komponisten Mozart und einen Zeitgenossen, den Komponisten Salieri, der trotz all seiner Bemühungen nicht ein einziges Mal die Inspiration spüren oder hören konnte, der Mozarts Kompositionen entsprangen. Salieri war von der Musik stark bewegt, aber er wollte so eine Wonne selbst schaffen. Er war nie in der Lage dazu und bat Mozart sogar, seine Inspiration zu erklären, was an Salieris mangelnder Befähigung dazu jedoch nichts änderte.«

»Du bist auch sehr kunstverständig«, antwortete Doña Celestina. »Wärst du als Vollblut in einer nativen Gemeinschaft geboren, wärst du zweifelsohne eine unübertreffliche Weberin oder Korbflechterin geworden. Deine Geschichte fixiert genau das, was ich zu erklären versuchte. Die Empfindung ist eine Gnade. Es ist ein Segen, daß sie spontan einsetzt. Sie kann nicht erzwungen oder gelehrt oder kopiert werden. Du bist eine sehr glückliche Frau. Ja, du webst sehr gut, Merlina.

Vielleicht solltest du mit Worten weben«, überlegte sie nachdenklich, »das ist eines der Werkzeuge unserer Kultur. Werde

Geschichtenerzählerin. Geschichtenerzähler sind bei den nativen Völkern hochangesehene Künstler. Viele waren und sind Frauen. Du hast Talent. Doch in unserer Kultur schrieben die Geschichtenerzähler ihre Geschichten nie nieder, folglich wärst du eine Ausnahme. Ich denke, du bist immer die Ausnahme von der Regel, Merlina.« Sie nickte still.

»Es ist sehr freundlich von dir, das zu sagen, Doña«, erwiderte ich. »Ich habe bestimmt mehr als genug von euch allen gesehen, gehört und gelernt, um mir ein paar sehr gute Geschichten auszudenken.«

»Ich will dir nicht schmeicheln«, versicherte sie. »Wenn ich die Energie sehe, nenne ich sie auch bei ihrem Namen, das ist alles. Inspiration, wie du es nennst, oder Ekstase ist eine der höchst entwickelten Manifestationen der sexuellen Energie, aber nicht der sexuellen Energie des physischen Körpers allein. Vielmehr bewegen wir uns jetzt in Ausdrucksformen der sich entwickelnden Energie des Energiekörpers. Die Empfindung, die du spürtest, kann auch in kraftvollen Ausdrucksformen des Träumens auftreten. Es ist, als würde der leuchtende Schmetterling aus seinem leuchtenden Kokon schlüpfen und die Erregung erleben, das zu sein, was er nun wird. Dazu ist Energie nötig, Merlina, und eine Menge Arbeit. Du kennst das. Ich wiederhole es noch mal, du hast wirklich Glück.

Manche Menschen gelangen auf ihrem Weg niemals an diese Stelle, trotz lebenslanger Bemühungen bleiben sie völlig irdisch. Das bedeutet, daß du nun noch länger bei uns bleiben wirst, als du dachtest. Don Juan, Chon und ich werden dir einige weitere Weisheiten vermitteln, noch mehr, als wir sowieso schon geplant hatten, einige krönende Abschlußsteine auf deinem Weg. Gratuliere. Du hast es verdient.«

Ich wußte nicht, was ich sagen sollte. »Vielleicht fiele es einigen leichter, diese Erfahrung im Träumen anzustreben, ohne die tagtägliche Mühe und den Mangel an Inspiration aufgrund unserer konventionellen Wahrnehmung?« sagte ich.

»Das passiert nicht, wenn der einzelne nicht bereit ist, sich zu verändern«, erwiderte sie. »Wenn sie ihr Inneres nicht sauberhalten, sabotieren die Menschen sich selbst mit Kleinkram. Und außerdem muß man innerlich gesegnet sein. Man muß ein fließendes, aufrichtiges, magisches Wesen kultivieren, was in dieser Welt nicht gerade einfach ist. So ein Wesen ist so selten wie der Zauberhirsch der Bacatete Sierra bei den Yaqui im Süden von hier.«

»Trotzdem, wenn man mit dieser Absicht träumt und sich der Aufgabe stellt, was sollte man dann machen?« fragte ich.

»Man könnte damit anfangen, die eigene, sich entwickelnde sexuelle Energie zu träumen«, antwortete sie. »Auf diese Weise befände sich der Träumer in der Domäne des Energiekörpers, vorausgesetzt der Betreffende ist klar, im Träumen wach und visionär und frönt nicht erweckten elementaren symbolischen Träumen, die von Trieben, Repressionen und dergleichen handeln.«

»Ich verstehe.« (Doña Celestina stellt Aufgaben mit derselben vollendeten Kunstfertigkeit, mit der sie ihren wundervollen Perlenschmuck anfertigt, dachte ich. Daraus kann man viel lernen.)

»Ihnen gefällt vielleicht nicht, was sie sehen, aber es wäre ein Anfang, vorausgesetzt, sie können sich ins Träumen versetzen«, fuhr sie fort. »Dann gibt es aber auch gelegentlich angenehme Überraschungen. Zumindest würde es den Prozeß der Sensibilisierung aktivieren, die sexuellen Energien als energetisch evolutionär und nicht nur als zeugungsfähig zu begreifen. Eine derartige Aufgabe würde die Kreativität fördern und könnte zur Inspiration führen, ihnen eine Ahnung von der Richtung vermitteln, in die sie sich vielleicht bewegen wollen. Der Energiekörper besitzt kein Ego, verstehst du, wenn diese Praktiken also beim Träumen unternommen werden, wieder vorausgesetzt, daß man im Träumen richtig wach ist, wird der Energiekörper ein ehrliches Bild zeigen. Das wäre ein Vorteil. Die meisten Menschen haben ein großes Ego und Konkurrenzdenken, was ihre sexuelle Energie betrifft, während sie sich selbst nur als Ausdrucksformen eines physischen Körpers wahrnehmen. Ich frage mich allerdings, warum du all diese Fragen stellst? Denkst du daran, den Leuten beizubringen, wie man träumt?«

»Chon hat das vorgeschlagen«, sagte ich unwillkürlich.

»Das wäre interessant«, sinnierte sie. »Es könnte nur von Nutzen sein, solange du darauf achtest, was du ihnen zeigst; nichts von diesen heimtückischen Großtaten, die ich manchmal tun oder ungeschehen machen muß. Warum gehst du jetzt nicht wieder ins Bett und probierst aus, was ich dir erklärt habe? Bitte nie jemanden darum, etwas zu tun, das du nicht zuerst selbst ausprobiert hast, wenn du wirklich daran interessiert bist, eine derartige Verantwortung zu akzeptieren.«

Ich dankte ihr, stand auf und ging in mein Zimmer. Nun würde es sehr einfach sein einzuschlafen. Der Wind hatte sich gelegt, und der leise Regen war nur noch ein Nieseln. Die Nacht war ruhig und besänftigend, und ich war sehr, sehr müde. Das letzte, das ich hörte, bevor ich in das Träumen eintrat, war der Schrei eines Stars, der sich vielleicht auf einem Ast des Papapyabaums niedergelassen hatte.

Ich erwachte mit der Erkenntnis, daß ich träumte, als ich mich von einer weißgoldenen, hellen Leere umgeben sah. Plötzlich hallte ein leiser Ton wider, der mich an das Geräusch einer leise klirrenden Kristallschale erinnerte. Der Ton durchdrang das Licht. In Wirklichkeit war er das Licht und war das Licht der Ton. Das war meine unkonfigurierte Energie, wie Don Juan es erklärt hatte, die nichts zum Ausdruck brachte als mein leuchtendes Wesen und meine Bewußtheit.

Das Träumen folgte mir bis zu dem Moment, als ich am frühen Morgen die Augen aufschlug. Ich fand die Luft belebt, gefüllt mit Globuli von leuchtender Materie, die ich mit den Fingerspitzen einfangen und, wie Atome oder winzige Sonnensysteme, in eine Drehung umeinander herum dirigieren konnte. Ich schloß die Augen noch einmal kurz und erwartete, daß dieses Phänomen daraufhin verschwinden würde, aber das tat es nicht. Jedesmal wenn ich von neuem die Augen öffnete, war da diese leuchtende Szene, die Globuli und die Möglichkeit, sie in kleine Gruppen zu formieren, die sich umeinander drehten. Die Textur der Substanz fühlte sich wie reine schöpferische Energie an, und ich empfand mich selbst als die Essenz der Kreativität.

Schließlich, nach mehreren derartigen Erlebnissen, fühlte ich mich, als wäre ein Teil von mir sehr leicht in Schlaf gesunken, und ich befand mich im normalen Bewußtseinszustand, fühlte aber noch einen Nachhall. In diesem Augenblick wurde mir klar, was Chon mir immer über das Träumen beteuert hat, daß wir nämlich im normalen Bewußtseinszustand tatsächlich tiefer schlafen, als wenn wir träumen.

Übung 15
Die sich entwickelnde sexuelle Energie träumen

1. Die Traumabsicht ist es, den Entwicklungsprozeß der eigenen sexuellen Energien zu sehen. Machen Sie sich diese Absicht zur Aufgabe. Jede Nacht, wenn Sie sich hinlegen, wiederholen Sie sich die Aufgabe immer wieder, entweder im Geiste oder laut, während Sie in Schlaf sinken.
2. Während des Träumens beabsichtigen Sie nichts außer den Anblick Ihrer eigenen sexuellen Energien, so als ob Sie versuchen würden, die Herausbildung eines Schmetterlings in einer durchscheinenden Puppe zu sehen. Greifen Sie nicht ein.
3. Der Anblick wird bei jedem Menschen anders sein. Einmal sah ich meine eigene Energie als eine lange Abfolge runder Buckel, die anfangs eine endlose Strecke alter grüner Hügel zu sein schienen. Später, als sie sich bewegten, erkannte ich, daß die Energie eher dem zuckenden Körper einer kräftigen Wasserschlange gleicht. Bei einer anderen Gelegenheit stieg meine sexuelle Energie grünlichgolden und phönixartig aus einem Becken mit glühenden Kohlen auf.
4. Diese Aufgabe spricht den Energiekörper direkt an, und deshalb ist es in diesem Sinne keine schwer erreichbare Absicht. Doch dazu ist Traumenergie nötig, und ohne eine ausreichende Menge in Reserve ist sie nicht einfach zu erfüllen.
5. Die besten Möglichkeiten zum Speichern von Traumenergie sind Feueratmungs-Praktiken, das Ziehen und Freisetzen von Energie aus der Natur, die sorgfältige Rekapitulation und Rückgewinnung von Energie sowie die weise Schonung sexueller Energien.

16
Das phallische Weibliche

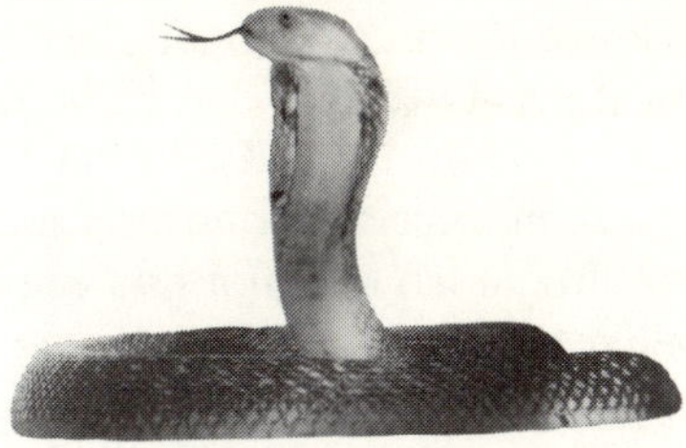

Am Vormittag, nachdem ich gebadet und mich angekleidet hatte, fand ich Doña Celestina im Patio, wo sie mit einer Tasse heißer Schokolade auf mich wartete. Sie war gleichermaßen enthusiastisch wie feierlich gestimmt, als sie mir die dampfende Tasse reichte und mir bedeutete, ihr in den Altarraum zu folgen.

»Der Nagual Juan hat uns gebeten, unsere Gangart mit dir zu beschleunigen, nachdem er deine Traumaktivitäten letzte Nacht gesehen hat«, sagte sie, als wir über den Korridor schritten. »Unser Thema heute wird die phallische Energie sein. Wir werden uns mit ihrem Vorhandensein bei Männern wie Frauen befassen.«

Ich freute mich schon sehr auf das Gespräch. Als wir ihren Arbeitsraum betraten, stellte ich fest, daß sie die Vorhänge wieder aufgezogen hatte, so daß der Sonnenschein jede dick eingestaubte Oberfläche erleuchtete. Der Raum glühte richtig von der Wärme des Morgenlichts. Das Mobiliar schien sonderbar lebendig zu sein und zu summen, wenn ich mir dieses Gefühl auch nicht erklären konnte.

»Du hast recht. Alle Energie ist lebendig«, bemerkte sie, als hätte sie meine Gedanken gespürt.

Ihr Altartisch war bis auf einen sehr langen, klaren Kristall-Zauberstab freigeräumt, der schimmerte, als ob er von einem

Lichtstrahl berührt würde. Ich fühlte mich von dem Kristall angezogen und merkte, daß die Oberfläche von natürlich vorkommenden geometrischen Mustern bedeckt war, die auf natürliche Weise dünn in die Härte seiner leuchtenden Klarheit eingegraben waren. Er war länger als meine Hand und im Durchmesser annähernd so dick wie mein Zeigefinger.

»Der Nagual fand ihn für dich in den Kofa Mountains, nordöstlich von Yuma«, erzählte Doña Celestina mir und forderte mich mit Blicken auf, ihn mir näher anzuschauen.

»Er gehört mir?« fragte ich erstaunt und wie durchbohrt von dem strahlenden Kristall.

»Ja. Setz dich an den Tisch, Merlina. Weißt du«, sagte sie, als sie mir gegenüber Platz nahm und auf den länglichen Kristall zeigte, »das ist die phallische Energie in der zentralen inneren Energiesäule. In Wirklichkeit gibt es drei innere Säulen im Körper, die Energie führen. Die im Rückgrat ist maskulin, die Säule vorne ist feminin, und die Mittelsäule ist ausgeglichen. Sie ist männlich und weiblich ... ein Hermaphrodit.«

Ich zog meinen Stuhl näher heran.

»Nicht jeder hat eine von ihnen in seinem Körper. Natürlich glauben alle Männer, sie hätten sie«, lachte sie, »aber bei vielen ist das nicht der Fall, und auch viele Frauen tragen diese Energie nicht mehr in sich. Die Basis der kristallinen Säule nimmt ihren Ausgang am Fuß der Genitalien. Sie bleibt die ganze Zeit halb erigiert, und wenn sie erregt wird, kann sie weit über den Kopf hinaus aufsteigen. Hast du dazu noch Fragen?«

»Ja. Wie geht sie verloren, oder vielmehr, warum ist sie den einen gegeben und den anderen nicht? Kann man diese Energie erlangen oder zurückgewinnen? Und, was weckt die Energie, was löst ihre Erregung aus?« Ich war sehr neugierig.

»Das sind sehr gute Fragen«, sagte sie anerkennend und nickte. »Erstens, damit ein Kind mit dieser Energie im Körper geboren wird, müssen seine Mutter und sein Vater sie besitzen, denn die Mittelsäule ist ein Gleichgewicht aus Männlichem und Weiblichem. Auch müssen die Eltern kraftvoll gewesen sein, um die notwendige Kraft bereitstellen zu können. Wenn die Frau ihre phallische Energie verlieh, wenn sie sich selbst verleugnete und zuließ, daß ihre Energie beschädigt wurde, dann war sie nicht in der Lage, ihren notwendigen Teil zur Zeugung beizutragen, die nebenbei mit einem kräftigen Orgasmus einhergehen muß. Ohne die Dynamik des Orgasmus würde es der Empfängnis an Kraft mangeln.

Der männliche Partner andererseits muß die Energie sowohl von seiner Mutter wie auch von seinem Vater erhalten haben. Wenn seine Mutter sie nicht besessen hat oder die Mutter seines Vaters nicht über die Energie verfügte und so weiter, dann hat er sie auch nicht geerbt. Es beginnt und endet tatsächlich mit der Frau. Die weiblichen und männlichen Kleinkinder müssen sie von energetisch vollständigen Eltern erben. Nur dann können sie vollständig geboren werden. Ich sage es noch mal, wenn Mutter oder Vater die ausgewogene phallische Energie auf einer Seite ihrer Familie verloren haben, wird ihr Nachwuchs nicht mit der vollen Dosis zur Welt kommen. Das kann über Generationen zurückgehen.

Um die Energie zu erlangen oder wiederzugewinnen, wie du es ausdrückst, muß man die Schritte zurückverfolgen und die Erinnerung an die eigene Zeugung und die Anteile der Eltern und Großeltern rekapitulieren. Bei dieser Rekapitulation muß man sich natürlich sehr lange Zeit an einem abgeschiedenen Ort aufhalten, weit weg von sensorischen Stimuli, und sich in eine reine, starke und weitreichende Innenschau begeben. Man wird die geistige Leere, das Weggeben, wenn du so willst, spüren, während man über die Person nachdenkt, die die erbliche Erschöpfung initiierte. Da sucht man, eine Veränderung zu bewirken, dort beginnt man und arbeitet sich dann zeitlich gesehen wieder vorwärts.

Man muß die verantwortliche Partei oder die Parteien anpirschen. Wenn sie tot sind, bedeutet das, daß man in andere Welten reisen muß, wo die Reste ihrer Energie noch vorhanden sein können. Dort kann man sich bemühen, das Geschehene ungeschehen zu machen und die Energie berechtigterweise für sich zu beanspruchen, die man wiederzuerlangen in der Lage ist. Da man Erbe der Energie ist, wird man damit von Natur aus begabt, nachdem man Korrekturmaßnahmen ergriffen hat.

Die Aufgabe kann sich in Form einer Suche stellen. Zum Beispiel kann man im Wachträumen, wie du weißt, Pforten in andere Welten öffnen und sie mit unversehrtem Körper betreten, um zu kämpfen. Ich sage ›wie du weißt‹, weil du das zusammen mit Juan und Chon bei zahlreichen Gelegenheiten bereits getan hast. Du bist tatsächlich einmal über einen Energiesee in eine andere Welt geschritten, und du hättest dort sogar bleiben können, so du es gewollt hättest. Doch dein Kampf war woanders.«

Das Erlebnis, auf das sie anspielte, war Thema eines Kapitels in meinem ersten Buch. Es war für mich ein Kampf auf Leben und Tod. Sie hatte recht. Ich war wirklich viele Male im Wachträumen über eine Brücke in andere Welten gegangen, hatte mit Hilfe dieser Praktik einen Wirbel geöffnet, einen Energieschleier geteilt, wenn man so will. Don Juan legte Wert darauf, daß diese Praktik das Betreten von Welten in sich birgt, die normalerweise dem Tod und dem Zustand nach dem Tod vorbehalten sind. Als solche muß sie von Schamanen, Zauberern und Heilern als gefährlich angesehen werden, denn sie ruft einen »kleinen Tod« des Praktizierenden hervor. Ich konnte mir problemlos die Kämpfe um Macht, Leben und Tod vorstellen, die das zur Folge hätte. Don Juan hatte mir oft erzählt, daß man diese Welten nur betritt, um nach dem zu suchen, das man verloren hat, sei es nun Kraft, Gesundheit oder Klarheit der Ziele und Visionen. Er sagte, diese Welten würden eine große Versuchung und Täuschung bergen und viele Praktizierende seien zu schwer beladen gewesen, um sie wieder zu verlassen, und hätten jeden Sinn für das rechte Maß verloren.

»Du wirst verstehen«, fuhr die Doña in gemessenem Ton fort, »daß die meisten Menschen sich, da die Aufgabe der Zurückgewinnung dieser Energie so beängstigend ist, einfach nicht darum kümmern. Wenn sie nicht bereit sind, diese Reise zu unternehmen, so ist das vielleicht weise. Doch die Energie ist notwendig. Ein Heiler wie Chon kann vielleicht hineingehen und für einen anderen Menschen den Kampf unter lebensgefährlichen Umständen ausfechten, aber vergiß nicht, letztlich erhält derjenige, der die Arbeit leistet, auch den größten Anteil daran.

Angenommen, die Energie ist im Körper vorhanden, so eröffnet sie alle Möglichkeiten in der wahren Absicht der Schöpfung selbst, und es ist dieses schöpferische Prinzip, das, wenn es verstanden oder erfahren wird, erregt wird und die Energie weckt. Wenn sie geweckt ist, steigt sie wie ein Kristallkanal durch die Mittelsäule und erreicht ungeahnte Höhen. Der Lichtkanal summt. Er singt. Er weiß. Er hallt wider von Reinheit, reiner Wahrheit, reiner Liebe, reiner Schönheit, Stärke und Weisheit ... und er härtet sich selbst mit Arbeit und Demut.

Nur jemand, der diese innere Kraft besitzt, wird zu den fortgeschrittensten Offenbarungen auf seinem Weg gelangen. Viele davon beinhalten Todes- und Nach-Todes-Transformationen. Dorthin, so will es der Nagual, sollen wir dich mitnehmen. Er wird sehr bald gehen, weißt du, und er möchte, daß wir dich vorbereiten, denn er wird dich ein Stück weit auf dem Weg mitnehmen.«

Sie hob den Kristall hoch und reichte ihn mir. Als ich ihn in meine Handflächen legte, konnte ich die Schwingung in ihm spüren. Doña Celestina stand auf und ging zu einem ihrer Schränkchen. Nach kurzem Suchen holte sie ein kleines, röhrenförmiges Glockenspiel heraus. Sie bat mich, den Kristallschaft an mein Ohr zu halten, und schlug das Glockenspiel an. Die Schwingung wurde vom Kristall aufgenommen, und dieser gab in Einklang damit einen leiseren, tieferen Ton wieder. Der Ton war wunderschön und langanhaltend. Ich wurde davon sehr beruhigt. Dennoch hatte ich brennende Fragen.

»Ich bin sehr besorgt über das, was du mir gerade von Don Juans bevorstehendem Weggang erzählt hast, Doña Celestina«, sagte ich und ergriff damit die Gelegenheit, meine Gefühle laut auszusprechen. »Ich vermute, aufgrund dessen, was ihr beide mir erzählt habt, meint ihr seinen bevorstehenden Weggang aus dem Mensch-Sein, daß er sich irgendwie darauf vorbereitet, diese Welt, wie wir sie kennen, zu verlassen.«

»Wie manche sie kennen«, erwiderte sie, »aber nicht wie du

und ich sie kennen, und auch nicht wie Chon sie kennt. Du hast recht. Du brauchst dir keine Sorgen zu machen. Wir werden dich sorgfältig vorbereiten. Er wird die Welt nicht auf die Weise verlassen, wie die meisten das tun, nicht wie Carlo Castillo sie zum Beispiel verlassen wird. Und er wird nicht dorthin gehen, wo die meisten zerfallen. Darauf wird er dich vorbereiten.«

Sie schockte mich damit, daß sie Carlo Castillos bevorstehenden Tod aufgrund seiner Krebserkrankung erwähnte. Da ich ihn gesehen hatte, konnte ich sagen, daß er keine Möglichkeit hatte, die Krankheit zu besiegen. Zwischen Carlo und Doña Celestina hatte stets etwas böses Blut geherrscht, und doch war das, was ich jetzt von ihr hörte, keine Rache. Es war nur die schlichte Stimme der Wahrheit. Ich mutmaßte, daß die meisten, die Carlo kannten, und auch er selbst auf seinen Tod absolut nicht vorbereitet waren, der doch unausweichlich war. Auf Doña Celestina traf das nicht zu. Sie erkannte genau wie ich die Situation ganz klar und wehrte sich nicht dagegen, einen Spaten einen Spaten zu nennen.

Als sie meine Gedanken spürte, kam sie näher zu mir heran und blickte mir mit einem leichten Nicken in die Augen. »Der alte Nagual wird aus dieser Welt gehen«, sagte Doña Celestina mir unverblümt, und dabei beließ sie es für den Augenblick.

Übung 16
Wachträumen

1. Diese Übung ist eine Anwendung des Traum-Überbrückens (siehe S. 13), jedoch expansiver. Anstatt sich einen Gegenstand, eine Person oder gar einen gewöhnlichen Ort als Fixpunkt Ihrer Absicht im Träumen zu wählen und diese in den Wachzustand herüberzuholen, suchen Sie sich als Gegenstand Ihrer Absicht eine Öffnung ins Wachträumen.
2. Zum Beispiel träumen Sie, daß Sie nachts im Mondschein Ihren Garten betreten. Sie erwachen vollständig im Träumen und erkennen, daß Sie tatsächlich

dort als Ihr Energiedoppelgänger anwesend sind. Dann gehen Sie einen Schritt weiter. Sie träumen, daß Sie jedesmal, wenn Sie nachts Ihren Garten bei derartigem Mondschein betreten, in der Lage sein werden, Zugang zu Ihrem Energiedoppelgänger zu haben. Nun folgt eine weitere Taktik. Sie träumen, daß Sie bei jeder Gelegenheit, wenn Sie sich in diesem Garten aufhalten, dies genau wie in diesem Augenblick als Ihr Energiedoppelgänger tun werden.

3. Dies eröffnet einige Möglichkeiten, den Doppelgänger vollständig in die Alltagswelt herüberzubringen, und zwar durch eine spezielle Pforte, nämlich Ihren Garten im Mondschein. Sobald die Pforte in die wache Welt überbrückt ist, wird sie dort bleiben, bis sie ihren beabsichtigten Zweck erfüllt hat. Diesen Zweck bestimmt die Macht selbst, das Ego kann mit seinen nichtigen Absichten keinen Einfluß darauf nehmen. Eine Pforte unterscheidet sich von einer Brücke insofern, als eine Pforte eine Öffnung darstellt, während eine Brücke nur ein Mittel ist, um hinüber und herüber zu gelangen.
4. Durch eine solche geträumte und überbrückte Pforte kann man später in andere Welten oder in der Zeit vorwärts und rückwärts reisen, ohne daß der physische Körper dadurch beeinträchtigt wird. Stellen Sie sich eine derartige Pforte als ein Wurmloch im Stoff des Träumens aus Raum und Zeit vor, denn das ist sie in Wirklichkeit. Verstehen Sie eine Brücke als ein Fundament, das Sie legen, um eine Pforte zu bauen.

17
Der Lebenskraft-Energie-Tanz

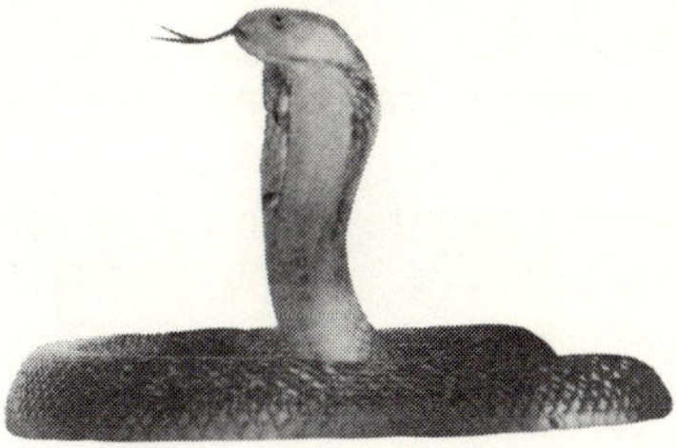

Ich verließ Doña Celestinas Altarraum, um zu Mittag zu essen, das uns, wie Chencha uns sagte, wann immer wir es wünschten, serviert werden könnte. Als ich durch den dunklen Durchgang schritt und den Bogengang erreichte, entdeckte ich Chon, der um den Patio tanzte, ohne sich auch nur im geringsten darum zu scheren, ob ihm jemand dabei zusah. Die Musik, die spielte, war lebhaft, und seine Bewegungen flossen vorwärts und rückwärts auf die sonderbarste Weise, die ich je erlebt hatte.

Ich hielt einen Augenblick an, um ihn zu beobachten. Er lächelte, sich nun meiner Anwesenheit bewußt, mir zu und richtete seine Konzentration dann wieder auf den Tanz. Er hüpfte umher, gestikulierte hier und da, und seine Bewegungen waren manchmal überaus kantig und dann wieder graziös, so leicht wie das Zubodensinken einer Feder.

»Sieht aus, als ob es dir Spaß macht«, sagte ich grinsend, obwohl ich nicht wußte, was ich von ihm halten sollte.

Als das Lied zu Ende war, ging er die paar Schritte, um den neuen tragbaren Radio-Cassettenspieler auszuschalten, den ich in San Luis gekauft hatte; dann bedeutete er mir, zu ihm in den Patio zu kommen. »Das ist ein ganz schön ausgefuchstes Gerät«, bemerkte er anerkennend. »Dafür, daß es so klein ist, macht es eine ganze Menge Lärm!«

»Was sollte das?« fragte ich ihn. »Was für ein Tanz war das?«

Er grinste. »Oh, das war kein Tanz, nicht wirklich«, sagte er und zog die geschwungenen Brauen hoch. »Das war meine heutige Unterhaltung mit der Energie.«

»Tatsächlich?« gab ich den Ball zurück. »So nennst du das, was du da gemacht hast?«

Chon lachte. »Willst du es ausprobieren?« forderte er mich auf.

Das traf mich unvorbereitet. »Ich denke schon«, antwortete ich. »Aber wie mache ich es genau?«

»Na ja«, sagte er schelmisch, »sprechen wir mit der Schlange! Geh zur Energie der Traum-Schlange zurück. Trage einfach diese Absicht genau hierher in den Patio, Merlina. Laß die Energie deinen physischen Körper bewegen, und sie wird deine Lehrerin sein. So sollte es sein. Menschen kommen und gehen, doch die Energie bleibt, wird niemals geschaffen und niemals zerstört. Die Energie ist einfach da, aber sie verändert ihre Form. Versuch es!« Er bat mich mit den Augen, auf seinen Vorschlag einzugehen und die Sache auszuprobieren.

Überraschenderweise war es überhaupt nicht schwierig, mein Bewußtsein in den Schlange-Traum zu verschieben, den ich einige Tage zuvor mit Don Juan in dem Canyon erlebt hatte. Die goldene Schlangenenergie war in mir bereits vibrierend präsent und erwacht. Ich mußte lediglich meine Gedanken beruhigen und Bewußtheit herstellen. Chon spürte das sofort.

»Dich in die Traumenergie zu verschieben fällt dir immer leichter. Jetzt verdreh die Augen nach oben in deinen Kopf«, wies er mich an. »Versuch an dem Punkt zwischen deinen Augenbrauen in deinen Kopf zu schauen.« Chon berührte die entsprechenede Stelle auf meiner Stirn mit dem Zeigefinger.

In dem Augenblick, als er das tat, hörte ich ein Summen. Es war genau derselbe Ton, den ich in der Nacht zuvor, als ich unter Doña Celestinas Anleitung meine sexuellen Energien träumte, gehört hatte. Ich fixierte meinen inneren Blick auf genau den Fleck.

»Laß die Energie sich in dir bewegen«, sagte Chon zu mir. »Sie wird sich durch all die Blockaden, die vielleicht vorhanden sind, einen Weg bahnen und dann anfangen, mit deinem Körper zu sprechen, ihn von selbst führen, auf Weisen, wie er sich bewegen sollte, um auszudrücken, daß die Energie in ihm fließt.« Er schlug mir zwischen den Schultern auf den Rücken und drängte mich, loszulassen.

Die erste Empfindung war Hitze. Als ich mich innerlich mit der Energie verband, war es, als ob die Flamme einer Lötlampe entzündet worden wäre. In meinem Innern zerfielen alle Hindernisse auf ihrem Weg zu Asche. Mein Gesicht und der Rest meines Körpers liefen rot an, und ich schwitzte heftig. Und dann, genauso schnell, verwandelte sich der Schwall in trockene Hitze. Ich spürte meine Haut kribbeln und wurde erregt, prickelnd und stark. Eine Gefühl der Heiterkeit durchströmte mich, ich war so leicht wie eine Brise und voller grenzenloser Energie.

»Laß die Energie sich dir durch Bewegung erklären«, sagte Chon zu mir.

Urplötzlich hoben sich meine Arme über meinen Kopf, verlängerten sich und trieben umher, wiegten sich wie Flammen im Wind. Mein Rückgrat begann Wellen zu schlagen, bis mein ganzer Körper die tanzende Flamme war, erfüllt von glühender Energie, die ich physisch und mit meinem peripheren Sehvermögen wahrnehmen konnte. Irgendwie brannte ich, ohne verzehrt zu werden. Als die Hitze in mir noch höher stieg, erzeugte sie ein Gefühl der Benommenheit. Augenblicklich dehnten sich meine Arme horizontal aus und wanden sich wie Schlangen.

»Adler verspeist Schlange. Schlange wird Adler«, bemerkte Chon kryptisch.

Mein Körper reagierte darauf, noch bevor mein Verstand seine Worte verarbeiten konnte. Sofort bewegten sich meine Arme in einem im Gleichklang segelnden, gleitenden, aufsteigenden Takt. Dann fing mein Körper, vom Flügelschlag übermannt, zu kreisen an, und Chon schloß sich mir mit seinem magischen vogelähnlichen Hüpfen an.

Auf einmal spürte ich in mir ein Ringeln, als ob eine unbekannte Energie versuchen würde, aus dem Kokon zu schlüpfen, den mein Körper bildete, und bevor ich noch begriff, was geschah, hatte ich meine Bewegungen erneut geändert und tanzte »Motte«. Chons Körper schien die Botschaft meiner Bewegung sofort zu verstehen. Er reagierte mit Motten-Bewegungen ehrfurchtgebietender Kraft, Spontaneität und Grazie. Ich war hingerissen von dem Eindruck, daß ich noch nie in meinem Leben eine tiefere symbiotische Kommunikation erlebt hatte.

Chon ging zum Radio und drehte erneut die Musik auf. Eine durchdringende Veracruzana setzte ein, und er begann mit einem ausgelassenen Stampfen, das ich so lange improvisierte, bis mir unsagbar schwindlig war und ich vor Lachen hyperventilierte.

Beim nächsten Lied tauchte Don Juan, der soeben von einem Spaziergang zurückgekehrt und wie so oft ganz in Schwarz gekleidet war, aus dem dunklen Durchgang auf. Irgendwie war der ganze Nachmittag verstrichen, ohne daß ich es bemerkt hatte, und es dämmerte fast schon. Ich verlor die Orientierung, doch ich konnte meine Aufmerksamkeit nicht von der Musik wenden. Ich könnte schwören, daß ich spürte, wie die Zeit sich beschleunigte, und doch konnte ich mir diese Wahrnehmung absolut nicht erklären.

Die folgende Melodie war ein »Chicken scratch«, wie eine wild wirbelnde mexikanische Polka ohne Worte, der bei den Festivitäten der Yaqui und Papago der Region sehr beliebt ist. Bevor ich mich versah, hatte Don Juan mich gepackt und wirbelte mit mir davon. Als Meister des Twostep, einer modernen Version des sogenannten »Vogeltanzes«, drehte er mich rasant in Halbkreisen, Kreisen und dann vollen Wirbeln um den Patio. Er gab mich erst frei, als mein Kopf zu pochen begann und mein Herz derart raste, daß ich keine Luft mehr bekam.

Ich hielt mich an einem der Schaukelstühle fest, bis ich meine Fassung wiedergewann und meine Brust aufhörte, sich zu heben und zu senken. Don Juan winkte mir zu und gab Chon mit den Augen ein Zeichen, als er den Patio verließ, das offenbar »Schalte die Musik aus« bedeutete. Ich sank in einem Stuhl zusammen, und Chon zog sich auch einen Stuhl neben den meinen. Er setzte sich und entspannte sich sehr vergnügt, heiter und breit lächelnd.

»Ich kann vom Tanzen high werden«, sagte er und lachte.

»Ich bin neugierig, Chon«, sagte ich, als ich wieder schnaufen konnte. »Kommen deine Heilbewegungen ebenfalls aus dem Träumen?«

»Du meinst wie mein Tanzen?« fragte er lachend, wobei er das Wort »Tanzen« albern in die Länge zog und seine Augen so weit wie möglich aufriß.

»Laß es mich so sagen, Chon. All deine Bewegungen sind anscheinend sehr originell«, sagte ich zu ihm.

»Wie du gesehen hast, kann das jeder!« antwortete er lächelnd. »Dazu ist es nur notwendig, für einen bestimmten Zweck Energie in den Körper zu träumen und diese Energie dann in den Wachzustand herüberzuholen. Ich tat das heute nachmittag nur zu meinem Vergnügen.«

»Kannst du mir Beispiele dafür nennen, wie man Energie in den Körper träumt?« bat ich ihn.

»Sicher!« rief er aus. »Ich sprudele davon über! Zum Beispiel ...«, begann er mit übertrieben pedantischem Tonfall, »sagen wir mal, du willst einen Bereich deines Körpers mit zusätzlicher Energie für eine außergewöhnliche Heilung anreichern, sei es nun für dich selbst, jemand anderen oder sogar beides, denn es besteht kein Grund, daß ein Heiler sich erschöpft. Du beginnst damit, daß du im Träumen Energie in diese Region leitest. Oder vielleicht die Energie in deine Hände leitest, die später nahe der betroffenen Region plaziert werden. Als nächstes verfeinerst du die Energie im Traum. Arbeite mit ihr, bis sie rein, klar und wirkungsvoll ist. Träume sie immer wieder. Dann bringst du die Energie in die Alltagswelt, indem du die unterstützenden Aufgaben durchführst, die dir im Traum gezeigt wurden und die die Energie begleiteten.

Ich sehe häufig eine Art Bewegung in Verbindung mit der Energie in ihrer verfeinertsten Form. Diese Bewegung ist gewöhnlich sehr leicht und konzentriert und demzufolge sehr einfach herüberzubringen. Das zeigt mir an, daß die Energie nun wirksam ist, ausgebildet, wenn du so willst, und einsatzbereit. An diesem Punkt hole ich sie herüber, indem ich die Signale oder unterstützenden Bewegungen ausführe. Manchmal erzeuge ich anstatt einer Bewegung auch ein Gefühl vom Träumen, um die Energie zu rufen. Das ist auch sehr wirkungsvoll, vor allem wenn ich das Gefühl mit meiner Vorstellungskraft auf die bestimmte Region lenke.

Es kommt dabei darauf an, die Energie stets zu perfektionieren, indem man sie träumt und wieder träumt, bevor man sie in der alltäglichen Welt benutzt. Diesen Prozeß kann man nur aus reiner Freude daran durchführen! Man kann sogar einen Tanz träumen, der Wohlbefinden, Freiheit des Geistes und Kraft erzeugt. Wir dürfen nie vergessen zu spielen! Das verhindert, daß wir zu schwermütig werden.«

»Dieser Prozeß scheint so, als könnte er für eine Selbstheilung und genauso für die Entwicklung von Heilern sehr effektiv sein«, warf ich ein.

»Unbedingt«, stimmte Chon zu. »Es gibt für ihn sogar Anwendungen jenseits des Heilens. Wenn man diese Übungen macht, mit der richtigen Absicht natürlich, kann man tatsächlich ultimativ Wohlstand, Lebenskraft und gereinigtes Bewußtsein ansammeln, konzentrieren und verfeinern und diese in den physischen wie den Energiekörper packen. Viele Menschen fixieren all ihre Träume von einem guten Leben auf materielle Besitztümer, aufregende Erlebnisse, Liebschaften, Macht oder beruflichen Erfolg. Sie vergessen völlig, ihr Träumen in die eigene Lebenskraft und in ihre eigene Transformationen beim Sterben zu investieren. Wenn ihre Nummer aufgerufen wird, dann sieht es bei ihnen in diesem Bereich äußerst mager aus, das kann ich dir sagen.

Die meisten Menschen sind auf ihre letzten Augenblicke auf Erden absolut nicht vorbereitet. Sie verschwenden ihre sexuellen und vitalen Energien auf Nippes, der sich beim Sterben nicht versilbern läßt. Sie sterben so, wie sie sterben, weil ihnen das Leben ausgegangen ist. Juan möchte, daß wir mit dir über letzte Erfahrungen sprechen und dir zeigen, wie Praktiker ihre Schätze speichern und wie sie sie in bare Münze verwandeln. Du wirst nun ein paar intensive Lektionen erhalten, Merlina, und du wirst vielleicht einige wahre Wunder erleben. Das Wissen, wie man Energie mittels des Träumens im eigenen Körper speichert, ist erst der Anfang.«

Dann stand Chon auf und langte zum Himmel hoch, als ob er direkt aus ihm Energie ziehen würde. Er vollführte mit seinen Händen eine halbkreisförmige Bewegung und brachte sie langsam auf die Höhe seiner inneren Organe herunter. Er strich sich über die Seiten und sagte: »Ansammeln, konzentrieren, reinigen und speichern.«

Übung 17
Mit magischen Bewegungen Energie in den Körper träumen

1. Fixieren Sie ihre Traumabsicht auf die Region Ihres Körpers, die Sie mit Energie beleben wollen. Lebenswichtige Bereiche wie etwa die inneren Organe oder Knochen auszuwählen ist am besten, falls man nicht in einer bestimmten Körperregion eine Krankheit hat, auf die man sich konzentrieren will.
2. Beabsichtigen Sie im Traum, daß die Energie auf wahrnehmbare Weise in diese Region gelangt, und lassen Sie den Prozeß eintreten, behalten Sie aber Ihre Klarheit bei.
3. Konzentrieren Sie sich nun darauf, die Frequenz zu verfeinern, indem Sie Eigenschaften wie Reinheit, Licht, ekstatische Welle und Schwingungsweite steigern. Nutzen Sie Ihre Vorstellungskraft, um die Energie zu leiten und zu modulieren.
4. Nehmen Sie an der Energie in der gewünschten Region eine Feinabstimmung vor, lenken Sie deren Durchdringungsgrad mit Ihrer Vorstellungskraft.
5. Konzentrieren Sie all diese Handlungen in ein »Zeichen« – eine Geste, verbunden mit einer heftigen Absicht –, das in die wache Welt herübergeholt werden kann. Praktizieren Sie diese Schritte im Traum, bis der Prozeß glatt und anstrengungslos vonstatten geht.
6. Holen Sie die Energie herüber, indem Sie die geträumte Absicht aufrechterhalten, während Sie das »Zeichen« im wachen Zustand ausführen, und zwar so, wie es im Traum gezeigt wurde.

18
Die heilige Vereinigung

Als ich am nächsten Morgen in den Patio hinausging, fand ich ihn frisch mit Vasen voller duftender weißer Rosen und Gardenien geschmückt. Es war niemand da. Ich wußte, daß die Gardenien aus einem feuchteren Klima stammen mußten, und konnte mir nicht vorstellen, wer sie wohl gebracht haben konnte. Ich sog die Strahlen der schwachen Herbstsonne und die frühmorgendliche Wüstenbrise ein. Der Patio war völlig makellos und einsam und glitzerte. Ich beschloß, in der Nähe des wundervollen Dufts der Gardenien zu bleiben. Also schenkte ich mir in der Küche ein Glas kühle Tamarindenlimonade ein und setzte mich dann im Patio in einen Schaukelstuhl, um zu lesen.

Ich muß eingedöst sein, denn als nächstes kann ich mich daran erinnern, daß ich die Augen aufschlug und feststellte, daß es bereits zehn Uhr vormittags war. Don Juan stand in seinen Khakihosen und mit Hut vor meinem Stuhl und blickte mir ins Gesicht. Bis sich meine Augen an das hellere Morgenlicht gewöhnt hatten, war ich einen Augenblick lang nicht in der Lage, zwischen seinem lächelnden Gesicht und der aufgehenden Sonne unmittelbar hinter ihm zu unterscheiden.

»Komm, wir fahren heute über die Grenze zum Gila River«, schlug er vor.

Das war eine wunderbare Idee. Ich lächelte verträumt und

holte wortlos die Autoschlüssel. Genauso selig schweigend und friedlich gingen wir hinten hinaus und stiegen in den Jeep. Als wir an der Grenzstation ankamen, schenkte der amerikanische Grenzbeamte dem alten Indianer auf dem Beifahrersitz keinerlei Aufmerksamkeit. Er blickte nur mir in die noch immer verträumten Augen und fragte: »Was war der Zweck Ihres Besuches in Mexiko, Ma'am?«

»Och, ich war nur einkaufen«, antwortete ich beiläufig.

»Fahren Sie weiter, Ma'am, einen schönen Tag noch.« Der Beamte nickte und winkte mich durch die Grenzstation. Don Juan seufzte, ließ sich befriedigt im Vordersitz nach hinten sinken und zog sich den Hut über das Gesicht, um ein Lächeln zu verbergen.

Wir fuhren eine Zeitlang an Yuma vorbei Richtung Osten, bis wir die offene Wüste des Gila River erreichten, der in südwestlicher Richtung fließt und schließlich im Colorado mündet. Als wir an seinem Ufer aus dem geparkten Jeep stiegen, spürte ich sofort, daß der Geist des Gila ganz anders ist als der des Colorado. Während der Colorado River, obwohl er durch Dämme gebremst wird und wegen der künstlichen Bewässerung etwas abgenommen hat, einen kraftvollen Geist besitzt, wirkt der Gila munterer. An dieser Stelle floß das Wasser schnell und unbehindert von menschlichen Eingriffen. Im Osten und Westen von kahlen blauen Lavabergen umgeben, war die Stelle ein perfekter Platz für unser Gespräch.

Ich holte zwei Strohmatten aus dem Kofferraum und reichte sie Don Juan, damit er sie am Fluß an einer gemütlichen Stelle ausbreiten konnte. Dann holte ich noch eine Kürbisflasche mit Wasser und ein paar hier in der Gegend getrocknete Datteln heraus. Ich setzte meinen Hut auf und gesellte mich zu Don Juan unter den Mesquitebaum, den er für uns ausgesucht hatte. Die Aussicht von dort war spektakulär. Auf dem Südufer sitzend mit Blick auf ein großes Saguarofeld im Norden, konnten wir den Gila, dessen Strömung wie das Kichern eines kleinen Kindes klang, vor uns fließen hören und beobachten, wie gelegentlich weiße Wolken vorbeizogen und Vögel umherflogen.

Gerade als ich mich hingesetzt hatte, reckte eine kleine Eule ihren winzigen Kopf aus einem Loch ganz oben an einem großen Saguarokaktus hervor. In dem Gebiet wimmelte es von Eselhasen, Roadrunnern und Falken, die alle emsig ihren morgendlichen Beschäftigungen nachgingen.

»Alle haben ihre Freude am Fluß«, gluckste Don Juan, als wir zusahen, wie die Wildtiere umherhuschten und sich langsam an unsere Anwesenheit gewöhnten. »Ich dachte, heute wäre der perfekte Tag, um mit dir über Liebe zu sprechen«, sagte er, während er sich eine große Medjuldattel nahm und einen Bissen von ihrem goldbraunen Fruchtfleisch kostete.

Ich spähte nach seinen zwinkernden Augen unter dem Schatten, den die Krempe seines Huts warf. »Ich hatte gehofft, wir würden dieses Thema nicht außen vor lassen«, sagte ich lächelnd. »Keine Geschichten über Melquior Ángelo mehr, hoffe ich.«

Er lachte und schlug sich auf den Oberschenkel. »Nein. Dein Einwurf ist gut. Viele Lehrer und Praktiker sind so stark auf den Erwerb neuer Kräfte aus, daß sie die Liebe anscheinend vollkommen vergessen. Doch wenn und falls sie das Glück haben, und das Echte präsentiert sich ihnen von selbst, dann, das kann ich dir versichern, trifft es sie genauso unvorbereitet wie alle anderen. Ich dachte, ich könnte dich hierher bringen und dir die Geschichte vom Zauberhirsch erzählen, um dir meine Ansicht zu veranschaulichen.«

Ich streckte mich auf der Matte aus, damit ich Don Juan mit voller Aufmerksamkeit zuhören konnte. Don Juan beherrschte das native Geschichtenerzählen unübertrefflich, und sein Timing und seine Wahl des Schauplatzes waren hervorragend.

»Da gab es einen jungen Zauberlehrling«, begann er, »der in einer Wüste voller Wildtiere lebte.« Er streckte seinen Arm aus und fuhr mit ihm den ganzen Horizont entlang. »Er wünschte sich die Kraft des Überflusses, um ein wohlhabender und berühmter Mann zu werden, der jedes Mädchen, das er wollte, haben konnte. Er kam hierher, um die Kraft in einer Visionssuche zu finden, und verbrachte Nacht um Nacht an einem einsamen Fleck, ohne Essen und Wasser, flehte zu den Kräften und

Geistern, die hier wohnen, und schrie seinen Wunsch und seine Absicht heraus.

Das erste Wesen, das sich ihm näherte, war eine Berglöwin. In der ersten Nacht seiner Suche bot sie ihm Kraft und Verschlagenheit an, aber das war nicht das, was er suchte. Er bedankte sich, nahm das Angebot aber nicht an. Als er in der nächsten Nacht im Innern eines Kreises saß und zu den Kräften heulte, erschien ein Kojote und bot ihm Furchtlosigkeit und Charisma an. Der junge Kerl dachte darüber nach und geriet durch den trügerischen Charme des Kojoten ein wenig ins Wanken, doch am Ende sagte er nein danke, und der Kojote ging weiter. In der dritten Nacht tauchte eine Eule auf und sprach zu ihm: ›Ich kann dir zu sehen anbieten, denn ich versichere dir, daß du nicht weißt, was das, was du willst, ist. Dir fehlt es an Unterscheidungsvermögen.‹ Der junge Schüler blieb jedoch eigensinnig bei seinem Wunsch und nahm das Angebot nicht an.

In der vierten Nacht war der junge Schüler vor Hunger und Durst außer sich, aber er beharrte immer noch stur auf seiner Entscheidung. Als er halb im Delirium in dem Kreis lag, hatte er eine Vision. Da, vor seinen Augen, schimmerte eine Zauberhirschkuh vor ihm. Er wußte sofort, daß das kein normales Lebewesen war. Es bewegte sich mit nie gesehener Grazie, und seine Leuchtkraft ...« Don Juan legte eine kurze Pause ein, um die Sache spannender zu machen.

»Doch an dem Wesen war etwas Trügerisches«, fuhr er fort, »als ob seine Kräfte nicht zu besitzen wären. Doch da stand sie, völlig real. Dadurch wollte der junge Schüler die wunderschöne Erscheinung nur noch um so mehr haben.

Das Tier sprach mit einer wohltönenden femininen Stimme zu ihm: ›Ich habe deine Rufe gehört und Mitleid mit dir bekommen‹, sagte es zu ihm. ›Ich kann dir einen Geschmack von der Kraft geben, die du suchst und die die wertvollste der Schöpfung ist, doch sobald du sie geschmeckt hast, wird ihr nichts mehr gleichkommen und du wirst dazu verurteilt sein, immer und überall nach ihr zu suchen.‹

Dem jungen Mann floß das Wasser im Mund zusammen bei dem Gedanken an die wertvollste Kraft. Bestimmt würde er durch sie der wohlhabendste und mächtigste Mann werden. ›Ich bin einverstanden‹, sagte er ohne Zögern. Die Hirschkuh nickte, und plötzlich sah der junge Mann, wie sie sich in etwas so Wunderschönes, so Unfaßbares verwandelte, daß er es mit Worten nicht mehr auszudrücken vermochte. Er fühlte sich im tiefsten Kern seines Wesens berührt; er begann zu weinen und bedeckte sein Gesicht vor Scham.

›Warum verbirgst du deine Augen vor dem, was du willst?‹ fragte die Hirschkuh ihn. Selbst ihre Stimme war verwandelt. ›Ist das nicht das, was du willst?‹ Also entblößte er sein Gesicht und blickte das Wesen an, dergleichen er noch nie erlebt hatte. Er empfand solch große Liebe, eine Liebe, die er nicht erklären konnte, eine Liebe fast jenseits der Grenzen des Wunsches nach der Kraft, die er suchte. Gewiß würde das Geschenk dieses Wesens wunderbar sein. Und dann verschwand sie.«

»Was?« fragte ich und stützte mich auf die Ellbogen.

»Sie verließ ihn«, wiederholte Don Juan.

Es herrschte Schweigen. Selbst der Fluß war einen Augenblick lang still. Ich dachte über die Geschichte nach, erwog in dem Schweigen und in der Brise alles, was er gesagt hatte. »Folglich war ihr Geschenk die Transformation«, sagte ich.

»Und die Liebe, die er empfand«, fügte Don Juan hinzu.

»Hat er sie jemals wiedergesehen?« fragte ich ihn.

»Man kann es nur hoffen«, antwortete er. »Wir können es nicht wissen. Wir wissen lediglich, daß er immer und überall nach ihr suchte, bis an sein Lebensende, ja, sogar über den Tod hinaus.«

In Don Juans Stimme schwang eine Leidenschaft mit, die mir die Tränen in die Augen trieb und die Kehle zuschnürte. Ich zitterte und stand kurz davor, loszuschluchzen. »Hast du jemals ein derartiges Gefühl erlebt?« fragte ich ihn.

»Das habe ich«, gab er zurück und blickte mir direkt in die Augen.

Meine Hände gruben sich in die Erde, als ich spürte, wie mir rasant die Luft entwich.

»Mach dir keine Gedanken«, sagte er.

Aber ich *machte* mir Gedanken, und ich wußte nicht, warum. Ich fühlte mich so erregt, daß ich meinte, ich würde jeden Moment in Moleküle und Partikel zerspringen. Don Juan nahm seinen Hut ab, strich sich die Haare glatt und drehte mein Gesicht dem seinen zu, dann legte er mir den Finger unters Kinn. Er schaute mich einen Augenblick lang an und blickte mir dabei ganz ruhig in die Augen; dann beugte er sich sanft nach vorne und berührte mit dem Oberrand seiner Stirn meinen Haaransatz.

In diesem Augenblick empfand ich das unglaublichste, unbeschreiblichste Gefühl von Frieden und Liebe, ganz anders als alles, was ich jemals empfunden hatte. Alles verschwand, und jenseits meiner geschlossenen Lider waren wir und alles um uns herum eins und voller weißgoldenem Licht.

Übung 18
Meditativ verschmelzen

1. Das ist eine wunderbare Übung, die Formverschieber benutzen, um mit dem Objekt ihrer Absicht eins zu werden. Auch Liebende oder Freunde können sie anwenden, um miteinander eins zu werden.
2. Beginnen Sie damit, daß Sie sich auf Armlänge entfernt gegenüber hinsetzen. Machen Sie Ihren Kopf von Gedanken frei; atmen Sie mit dem Bauch und lassen ihn sich beim Luftholen ganz entspannt wölben.
3. Blicken Sie sich gegenseitig tief und ruhig in die Augen. Lassen Sie sich wechselseitig vom anderen füllen und sich von Ihrem Selbst vollkommen leeren. Tun Sie das, ohne in irgendeiner Weise Bewertungen vorzunehmen, sich zu fürchten oder zu klammern.
4. Im richtigen Augenblick machen Sie in Ihrem Inneren für den anderen Platz. Tun Sie das, indem Sie sanft den rechten Arm nach vorne strecken. Das bedeutet energetisch: »Ich mache dir in mir Platz.«
5. Nehmen Sie sanft den Arm zurück und zur Seite. Damit sagen Sie energetisch zu Ihrem Partner: »Ich mache für mich in dir Platz.«

6. Der andere reagiert darauf im passenden Augenblick mit denselben Bewegungen. Achtung: Diese Übung bringt oft überwältigende Gefühle hoch, und es können Tränen in die Augen steigen. Die Tränen reinigen das Fenster der Augen. Lassen Sie nicht zu, daß Sie zusammenbrechen und schluchzen. Damit die Energie festgehalten werden kann, darf das Gefäß nicht zerspringen. Halten Sie einfach die Flut von Gefühlen aus, und atmen Sie tief. Schauen Sie durch die Tränen hindurch.
7. Diese Übung hat eine so starke Wirkung, daß sie Ihrer beiden Gehirnwellen in Gleichklang bringen kann. Vielleicht bemerken Sie anschließend kleine verräterische Anzeichen dafür, etwa kaum merkliche identische Bewegungen, die Sie beide ausführen, vielleicht sogar im selben Augenblick.

19
Das Einhorn

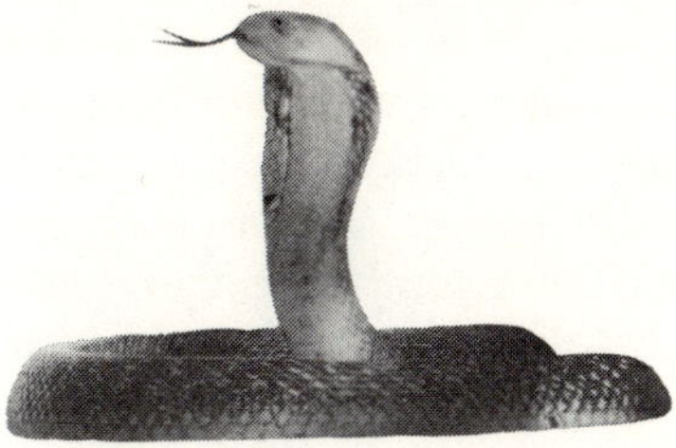

Am nächsten Morgen kamen Chon und Doña Celestina in die Küche, als ich mir gerade »huevos rancheros«, Eier, die mit frischem Tortillateig aus Maismehl übergossen und mit grüner Chili- und Tomatillosauce serviert werden, zubereitete. Chon schenkte sich eine Tasse heißen Kaffee ein und setzte sich zu mir an den Tisch. Doña Celestina inspizierte mein Essen anerkennend, bereitete sich zwei Eier zu und gesellte sich dann ebenfalls zu uns. Ich war überrascht, daß ich sie beide zusammen antraf, vor allem da sie beide erwartungsvoll gestimmt waren und mir signalisierten, daß ich ihnen nach dem Frühstück ungeteilte Aufmerksamkeit schenken sollte.

»Wir wollen mit dir über die vier energetischen Abschnitte des ausgeglichenen Energiewesens sprechen«, begann Chon, der meine Neugierde spürte. «Keine Sorge. Wir werden uns nicht um dich schlagen.« Er kicherte und zwinkerte Doña Celestina zu, nachdem er meine Gedanken ausgesprochen hatte. »An sich können wir sie dir nur zu dritt richtig erklären, deshalb wird Don Juan später noch zu uns stoßen. Aber jetzt genieße dein Frühstück, und wenn du meinst, es sei an der Zeit, dann komm in den kleinen Heilraum, den ich hinten eingerichtet habe.«

Ich nickte zustimmend und aß weiter. Chon nahm seinen Kaffee und ging in den Patio hinaus. Doña Celestina blieb mit mir am Tisch sitzen und verzehrte schweigend ihr Frühstück. Ich konnte am Ausdruck ihrer Augen ablesen, daß ihr irgend etwas äußerst gut gefiel. Das schelmische Augenzwinkern war jedoch das einzige Anzeichen dafür, bei ihrer ansonsten kraftvollen Präsenz. Ich hörte nie auf, mich über ihre Stärke zu wundern.

Als ich das Geschirr abgespült und die Küche aufgeräumt hatte, ging ich in mein Zimmer und verbrachte einige Zeit mit Eintragungen in mein Tagebuch. Das Schreiben half mir nicht nur, ihre Lektionen zu verarbeiten, sondern auch mich von den damit verbundenen Gefühlen zu entleeren, damit ich für den nächsten Schritt der neuen Arbeit, was auch immer das sein sollte, klar war. Doña Celestina erinnerte mich fortwährend daran, daß eine Frau am mächtigsten ist, wenn sie still und leer ist, und Don Juan fügte oft hinzu, daß das derselbe Zustand sei, der einem Krieger die notwendige Nüchternheit und Leidenschaftslosigkeit verleiht, um zu überleben und alle Aufgaben, die das Schicksal auf dem Weg bereithalten mag, effektiv zu erfüllen. Mit diesen Gedanken im Kopf ging ich, als der richtige Zeitpunkt gekommen war, zurück in den Heilraum, in dem die drei mich bereits erwarteten.

Als ich durch die Tür in den Raum spähte, bemerkte ich, daß er nur mit vier geradlehnigen Stühlen möbliert war, von denen drei besetzt waren. Alle standen auf, um mich zu begrüßen.

»Machen wir uns an die Arbeit!« sagte Don Juan enthusiastisch.

Sie versammelten sich um mich und schlugen mir nacheinander auf eine andere Stelle zwischen die Schulterblätter. Don Juan zog einen Stuhl zu mir heran, damit ich mich setzen konnte, und dann setzten auch sie sich wieder. Alle schauten mir tief in die Augen, und dann begann Chon zu sprechen.

»Es sollte dich nicht überraschen, daß jeder von uns einen Teil seiner eigenen Energie in dich hineingegeben hat«, sagte Chon und schaute mich direkt an. »Du hattest drei Lehrer und drei Wohltäter, und ein jeder von uns hat eine andere Region deines Energiekörpers angesprochen, dir Aufgaben zugewiesen und dir das die jeweilige Region betreffende Wissen vermittelt. Unsere

Absicht war es, Stabilität in dir zu erzeugen, und wir haben das Gefühl, daß uns das gelungen ist.«

Doña Celestina fuhr fort. »Ein mächtiges Gebäude muß ausbalanciert sein, oder es kippt um. Die Vier ist die Zahl der Stabilität, und die Vier ist die Zahl der energetischen Abschnitte in einem voll verwirklichten Energiewesen.«

Als nächster sprach Don Juan. »Jeder Mensch wird mit der Kapazität für vier energetische Abschnitte geboren, aber nur wenige Menschen schaffen es, sie zu aktivieren. Um diesen Weg vollständig gehen zu können, müssen alle vier Abschnitte funktionsfähig sein und das jeweils entsprechende Wissen empfangen.«

An diesem Punkt warteten sie ab, ob ich Fragen hätte. Ich hatte keine, und so fuhren sie fort. »Du könntest sagen, daß jeder von uns, oder vielmehr das Wissen, das wir dir zukommen ließen, zu einem anderen energetischen Abschnitt gehört«, sagte Doña Celestina.

»Wir haben dir in Wirklichkeit entscheidende Punkte des Wissens und des Bewußtseins eingepflanzt, die wir selbst zusammengefügt oder mit Hilfe unserer eigenen Lehrer zusammengestellt haben«, fügte Chon hinzu. »So gesehen liegt in dem, was wir getan haben, eine große Kontinuität.«

Don Juan bat mich nun, meine Handfläche zu öffnen. Ich tat es, und er zeichnete mit der Spitze seines Zeigefingers ein kleines Zeichen auf meine Haut. Das Symbol glich einer vierblättrigen Blüte, auf die eine zweite, mit der ersten identische gesetzt wurde. In der Mitte der beiden Blüten befand sich eine kleine runde Öffnung. »Das sind die vier Abschnitte des physischen Körpers«, sagte er und tippte auf die ersten vier Blätter. »Die anderen vier sind die Abschnitte des Energiekörpers. Wenn sie voll entwickelt sind, sind sie mit den ersten vier identisch und doch weiter entwickelt. Die Öffnung führt in die Schöpfungsleere«, sagte er. »Das ist die Konfiguration eines verwirklichten Menschen.«

Alles, was sie sagten, erschien mir vollkommen klar. Ich begriff, daß ein jeder von ihnen der Archetyp eines der vier Abschnitte war, und auch daß in jedem meiner Mentoren die vier Abschnitte aktiv waren. Ich nickte zum Zeichen, daß ich verstanden hatte, und sie fuhren fort.

»Damit der Energiekörper in der Lage ist, sich im Augenblick des Todes richtig zu beschleunigen, also das Gleichgewicht zu halten und nicht an Bewegung zu verlieren, so daß die Energie nicht in eine unerwünschte Richtung kippt oder abdreht oder ›sich abkühlt‹, müssen die vier Blätter nicht nur aktiviert, sondern auch ausgewogen entwickelt sein. Jeder Abschnitt muß in der Lage sein, mit den anderen zu arbeiten, und alle müssen annähernd gleich groß sein. Wenn du dir einen zerbrochenen Propeller vorstellst, wirst du leicht verstehen, was ich meine«, erzählte mir Chon.

Ich hörte genau zu, denn er hatte nun einen sehr ernsten Tonfall angenommen. Ich konzentrierte mich darauf, schweigend und aufmerksam zu lauschen.

»Wir meinen, daß du ausgeglichen bist, und wenn die Zeit kommt, wirst du in der Lage sein, in Energiewelten zu gehen, die nicht von dieser Erde sind«, sagte Doña Celestina.

Diese Bemerkung versetzte mir einen Schock.

»Juan ist bereit, und deshalb wird er dich ein Stück weit auf seinem Weg mitnehmen, wenn du einverstanden bist«, sagte Chon unverblümt und starrte mir in die Augen.

Jetzt wurde ich von den verschiedensten Gedanken und Wahrnehmungen, Zweifeln, Emotionen und sogar Ängsten überschwemmt.

Ich schaute Don Juan an, der seine Augenbrauen leicht hob, als wiederhole er Chons Frage noch einmal.

»Genau wie wir dir ein Stück von uns gegeben haben, so haben wir uns auch ein Stück von dir genommen. So einfach ist das«, sagte Don Juan zu mir. »Wir werden stets miteinander verbunden sein, und doch sind wir frei. Es ist ein ausgewogener Handel.«

»Deswegen«, fuhr Chon fort, » können, wohin wir auch reisen, die anderen von uns lernen und sich vorbereiten. Irgend jemand wird stets den Weg bereiten, denn ein Teil eines jeden von uns ist bei dem anderen. Stimmst du dem zu?«

Etwas anderes als mein normales Alltagsbewußtsein hörte jedes gesprochene Wort und beantwortete die Frage eindeutig, klar und einfach. »Das tue ich«, sagte ich.

Damit war eine Kraft geschaffen. Sie baten mich aufzustehen und erhoben sich ebenfalls der Reihe nach. Doña Celestina stand rechts vor mir, Don Juan links hinter mir, Chon links hinten und das Nichts links vor mir.

»Das ist die Konfiguration«, sagte Doña Celestina. »Auf diese Weise sind wir ausgeglichene Krieger. Vor dir befindet sich das Wasser, hinter dir das Feuer. Rechts von dir ist das Männliche, links das Weibliche. Rechts steht die Kraft, links die Geschmeidigkeit. Auf der rechten Seite sind Macht und Handeln, auf der linken das Schweigen und die Leere. In der Mitte befinden sich deine Langlebigkeit und dein Gleichgewicht, deine Weisheit und dein Weg.« Sie berührte dieselbe Stelle am Haaransatz auf meiner Stirn, die Don Juan bereits am Tag zuvor mit seiner Stirn berührt hatte. Sie beließ die Spitze ihres rechten Zeigefingers dort und zog dann von dieser Stelle aus graziös entgegen dem Uhrzeigersinn Spiralen.

Anschließend klatschten sie, Don Juan und Chon gleichzeitig einmal in die Hände, als wollten sie das unaussprechlich erhabene Etwas, das durch die Luft flog, einfangen, und ich hatte das Gefühl, ich sei aus meinem Traum erwacht. Don Juan strich mir sanft über den Rücken.

»Trinken wir eine Limonade«, schlug er vor. »In ein paar Minuten können wir weiter darüber reden.«

Die kleine Pause tat mir gut. Chon und Doña Celestina widmeten sich ihren Aufgaben, während Don Juan und ich im Patio aus hohen Gläsern Hibiskuslimonade tranken. Der Tag war genauso schön wie der zuvor. Die Temperatur wurde nun mit jedem Tag frühlingshafter, der Himmel war wolkenlos oder nahezu wolkenlos, eine sanfte Brise wehte, und so würde das Wetter bleiben bis April, wenn die Temperaturen von neuem langsam bis auf ihren Höhepunkt im Juli und August steigen würden.

Ich entspannte mich und lehnte meinen Kopf gegen den

Schaukelstuhl. Es war das erste Mal, daß mein Körper wirklich registrierte, wieviel Information und Energie durch ihn hindurchströmte, und ich genoß es, einfach nur zu sein. Doch nach ein paar Sekunden schoß mir eine Frage durch den Kopf.

»Was passiert mit dieser Stelle am Scheitel meiner Stirn, Don Juan? Ihr scheint ihr jetzt alle Eure Aufmerksamkeit zu widmen, doch zuvor wurde sie nicht ein einziges Mal erwähnt.«

Don Juan lächelte. »Es geschieht folgendes: An dieser Stelle kommt deine Rassel heraus. Übe einfach weiter all die Varianten der Feueratmung, die du gelernt hast. Die Schlange streckte sich in die Länge. Ein Praktiker, der sehen kann, wird die daraus auftauchende Energie erkennen können. Denk daran, die Schlange ist deine Weisheit und Langlebigkeit. Je mehr du sie kultivierst, desto mehr Energie wird hervortreten. Fortgeschrittene Praktiker tragen oft Haarbänder oder -tücher, um die Energie an der Stelle zu halten, denn sie wird mit der Zeit und der Übung sehr lang. Was auch immer du vielleicht glaubst, du kannst ein sehr hohes Alter erreichen, Merlina.«

Ich dachte einen Moment lang über seine Worte nach und teilte ihm dann das Ergebnis mit. »In der Mythologie einiger antiker Kulturen gab es eine Kreatur, die Einhorn genannt wurde. Dem Wesen wuchs an der Stelle, von der du sprichst, ein Horn. Man konnte es nicht berühren, denn das Horn war das sexuelle und schöpferische Potential eines Zauberwesens. Dieses Horn stand für die Reinheit, und das Einhorn konnte männlichen wie weiblichen Geschlechts sein.«

»Aber irgendwie war es beides«, fügte Don Juan hinzu, obwohl ich wußte, daß er von diesem Lebewesen noch nie etwas gehört hatte.

»Ja, Don Juan. Das stimmt. Aber irgendwie war es beides«, wiederholte ich.

»Und hatten sie auch Geschichten über den leuchtenden Kokon des Menschen?« fragte er mich.

»Nein, Don Juan, ich glaube nicht«, antwortete ich ihm.

»Das ist schade«, jammerte er, »denn darin liegt das Geheimnis, weißt du. Sobald die Rassel, das Horn oder die Fühler hervorzutreten beginnen, ist die leuchtende Transformation nicht mehr fern. Genau wie die Kokons von Doña Celestinas Motten, die du mit eigenen Augen beobachtet hast, so ist auch der leuchtende Kokon des Menschen. Mensch zu sein kann zu einem wurmzerfressenen Gefängnis werden, eine ausgetrocknete hohle Schale von Staub, oder es kann ein Aufstieg in die Welt der energetischen Transformation sein, die etwas Unbeschreibliches ist, etwas Wunderbares, Unfaßbares, das unsere kühnsten Vorstellungen noch weit übertrifft.«

Übung 19
Die vier energetischen Abschnitte ausbalancieren

1. Versuchen Sie im Traum, den Zustand Ihrer vier energetischen Abschnitte zu bestimmen. Sie könnten zum Beispiel im Traum auf einen Gasherd mit vier Flammen treffen. In welchem Zustand befindet sich jede einzelne Platte? Fehlen welche, sind welche außer Betrieb, abgedeckt oder verstopft? In welchem Zustand befinden sich der Herd insgesamt und der Ort, an dem er steht?
2. Versuchen Sie Ihre Abschnitte zu reinigen. Führen Sie alle notwendigen Reparaturen durch. Versuchen Sie festzustellen, wo sich etwaige fehlende Flammen befinden.
3. Versuchen Sie die Abschnitte im Traum in Gang zu setzen. Wenn es sich beispielsweise um die Flammen eines Gasherds handelt, können Sie versuchen, sie anzuzünden. Erzwingen Sie nichts. Prüfen Sie einfach, welche Abschnitte in Gang kommen und welche nicht. Bitten Sie Ihren Energiekörper um die Klärung jeglicher Probleme, die sich Ihnen stellen könnten.
4. Holen Sie in einem Ritual den Traum auf Ihre *mesa* (siehe *mesa*-Übung, S. 96). Machen Sie die *mesa* völlig frei, und verstauen Sie Ihre Utensilien der sexuellen Energie an einem sicheren und heiligen Ort. Nehmen Sie beim Aufräumen gleichzeitig eine Rekapitulation aller repräsentierten sexuellen Energien und aller Offenbarungen vor, die Ihnen im Traum in bezug auf Ihre energetischen Abschnitte widerfahren sein könnten. Das sollte Stille und Leere zur Folge haben.

5. Wählen Sie vier Kerzen aus, die für die vier Abschnitte stehen sollen, und stellen Sie sie entweder in Form eines Medizinrads (ein vollendeter Kreis, der zweimal von einer Linie durchschnitten wird, die ihn in vier gleiche Viertel unterteilen und so die Form eines Kreuzes ergeben; die vier Kerzen werden dann im Norden, Süden, Osten und Westen aufgestellt) oder in der Anordnung der Gasflammen eines Herdes auf.
6. Entzünden Sie alle vier Kerzen in der Reihenfolge, die Ihnen Ihr Energiekörper weist. Schon allein dies wird Ihnen eine Menge sagen. Wenn Sie meinen, eine der Kerzen sollte nicht angezündet werden, so entfernen Sie sie von der *mesa*, und ersetzen Sie sie durch eine kleine Wasserschale, in der einige Blüten schwimmen.
7. Treten Sie in der folgenden Nacht wieder in den Traum ein, und untersuchen Sie erneut die vier Abschnitte. Vielleicht träumen Sie von ihnen als vier getrennte, aneinandergrenzende Gärten. Sind die Pforten zwischen den Gärten offen oder blockiert? In welchem Zustand befindet sich ein jeder Garten, und welchen Charakter hat er?
8. Holen Sie Ihren Traum zur *mesa* herüber, und arbeiten Sie von neuem mit den Kerzen und dem Wasser. Nehmen Sie diesmal vier Wasserschüsseln mit Blüten, die auf der Arbeitsfläche der *mesa* für die vier Abschnitte stehen sollen. Wenn sich irgendeine Fläche nicht gereinigt anfühlt, wenn das Wasser auf sie nicht reagiert, so setzen Sie die dazugehörige Kerze statt dessen dorthin und zünden sie an.
9. Ziel ist es, in Vierergruppen oder in Zweierpaaren arbeiten zu können, mit anderen Worten, mit voller Kraft, und dies von Ihrem Traum spiegeln zu lassen, der bestätigen muß, daß alle Wahrnehmungen in Ihrer *mesa* exakt und ausgewogen funktionieren.

20
Nichtirdische Energiewelten

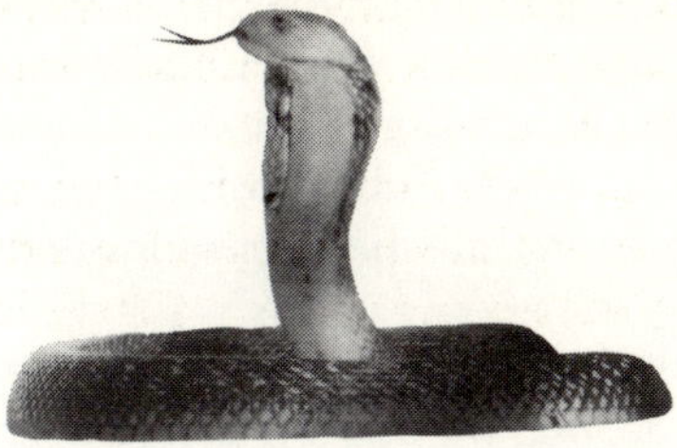

Eine sonderbare Stimmung ergriff uns alle, so als ob wir wüßten, daß schon bald jeder wieder eine Zeitlang seiner eigenen Wege gehen würde. Am nächsten Morgen frühstückten wir alle zusammen im Patio; da verkündete Chon, ihm habe geträumt, daß er zurück in den Süden Mexikos fahren sollte. Alle nickten schweigend, wobei die Blicke aller das jeweils eigene innere Wissen widerspiegelten. Doña Celestina dankte ihm für alles, was er für ihre Klientinnen getan hatte, und lud ihn ein, sie wieder zu besuchen, sobald er es für geboten halte. Sie sagte zu ihm, er sei stets willkommen und sie hoffe, er werde bald wieder nach San Luis kommen.

Chon fragte mich, ob ich bereit wäre, ihn nach Mexicali zu fahren, damit er den Nachmittagszug nach Mexiko City erreichen könne. Don Juan schlug vor, das wäre eine gute Gelegenheit, gemeinsam nach Pozo zurückzufahren, da Mexicali auf dem Weg, etwa in der Mitte zwischen Pozo und San Luis, liegt. Ich erklärte mich einverstanden und verspürte einen Anflug von Sentimentalität, da wir drei in ein paar Stunden abreisen würden.

Nachdem diese Entscheidung gefallen war, schlug unsere Stimmung in Ausgelassenheit um, und wir nahmen uns alle ein zweites Mal Kaffee und füllten die Teller mit »chilaquiles«, einem Auflauf aus Hühnchenstücken, zerkleinerten Maistortillas, Zwiebeln, Chilisauce und Käse. Es war ein wolkenloser Morgen, ein kalter Wind blies aus östlicher Richtung, und die Sonne schien grell und blendend, aber mit wenig Kraft. Chon meinte scherzend, er könne sich vermutlich auf einen weiteren Regenmonat einstellen, wenn er im Gebiet von San Cristobal de las Casas angelangt sei, wo er sich bis zum Frühjahr aufhalten wollte. Er sagte, er wisse nicht, ob seine Hutkrempe noch eine weitere Sintflut aushalten würde, und führte uns mit übermütigen Gesten vor, wie er mit durchnäßtem Hut und Kopf aussehen würde.

Wir redeten, lachten und blieben am Tisch sitzen, bis es unumgänglich wurde, daß wir uns um unsere Sachen kümmerten. Chon und Don Juan gingen daran, alles, was sie mitnehmen wollten, einzupacken. Ich tat das gleiche. Doña Celestina begab sich in ihr Sprechzimmer, und die vier Mädchen machten im Patio, auf dem Eßtisch und in der Küche klar Schiff. Als ich mit dem Packen fertig war, ging ich zu Doña Celestinas Altarraum, um mich von ihr zu verabschieden und ihr zu danken. Sie hatte gerade keinen Klienten, sondern saß tief in Gedanken versunken an ihrem Altartisch, und die Sonne schien durch das offenstehende Fenster.

»Ich möchte mich bei dir für alles bedanken, Doña«, sagte ich zu ihr, nachdem ich an die offene Tür geklopft und um die Erlaubnis, eintreten zu dürfen, gebeten hatte.

Sie nickte, als sei das alles ganz selbstverständlich gewesen. »Komm herein, Merlina. Ich werde dich in einigen Monaten im Cocopa-Reservat wiedersehen«, sagte sie. »Dort wird eine Zeremonie stattfinden, die ich besuchen werde. Du hast hier sehr gute Arbeit geleistet, Liebes, aber glaub nicht, daß du damit schon fertig bist. Juan hat für dich noch mehr auf Lager, sobald ihr beide wieder in Pozo seid.«

Ich schluckte meine Vorahnung hinunter. »Danke, daß du mich in deinem Haus aufgenommen hast«, sagte ich aufrichtig zu ihr. »Ich kann dir gar nicht sagen, wieviel ich gelernt habe.«

»Das mußt du mir auch nicht sagen, aber sorge dafür, daß du es irgend jemandem sagst!« scherzte sie mit einem sanften

Lächeln. »Ich sehe nach wie vor, daß du eine Geschichtenerzählerin wirst, Merlina.« Sie stand von ihrer *mesa* auf, legte mir bestätigend den Arm um die Schulter und begleitete mich hinaus auf den Flur.

Diese Zauberer standen eindeutig nicht auf Sentimentalitäten oder Feierlichkeiten. Als alle gepackt hatten und es Zeit war, uns zu verabschieden, wechselten wir noch ein paar Worte des Respekts und der Dankbarkeit und gingen dann. Wir trugen unsere Sachen zu meinem Jeep. Chon verstaute seine Habseligkeiten auf dem Rücksitz neben sich, und Don Juan und ich stiegen vorne ein. Nach wenigen Augenblicken waren wir unterwegs, fuhren langsam durch die engen sandigen Straßen von San Luis und wirbelten eine Staubwolke hinter uns auf.

Die Fahrt nach Mexicali dauerte rund eine Stunde. Chon und Don Juan lachten und erzählten fast die ganze Zeit über Geschichten, hauptsächlich über Leute, die ich nie kennengelernt hatte. Ich war dankbar für die Gelegenheit, einfach nur zuhören und fahren zu können, ohne die Notwendigkeit zu verspüren, etwas zur Unterhaltung beitragen zu müssen. Mit jedem von ihnen konnte das Autofahren in Sekundenschnelle unirdisch werden, und ich mußte ganz auf die Straße achten, damit ich keine wichtigen Abzweigungen verpaßte oder die falschen Ausfahrten nahm.

Als wir an der Bahnstation eintrafen, hatten wir noch etwas Zeit. Chon lud seine Sachen und Säcke mit Wüstenpflanzen aus. Mir fiel auf, daß anschließend immer noch viel Gepäck im Jeep lag. Offenbar gehörte der Rest Don Juan. Es schien mir viel mehr zu sein, als wir bei der Hinfahrt dabeihatten, und wirkte so, als habe er vor, ein paar Tage zu zelten. Da lagen Wasserflaschen, Decken und andere Dinge, die ich vorher nicht bemerkt hatte, da sie von Chons Sachen verdeckt gewesen waren. Ich überlegte neugierig, weshalb wir wohl dieses Zeug mitschleppten, doch ich hatte nicht viel Zeit, mich damit zu beschäftigen, denn wir mußten in einer Schlange warten, um Chons Fahrkarte kaufen zu können.

Ich holte uns Mineralwasser aus dem Wagen, falls wir während des Wartens durstig wurden, und wir standen mehr als eine Stunde lang plaudernd in der Schlange. Schließlich erstanden wir die Fahrkarte für Chon und setzten uns im Bahnhof auf eine Bank, um auf die Abfahrt des Zuges zu warten. Als wir es uns bequem gemacht hatten, fing Chon an, in seinen Sachen herumzustöbern.

»Ich habe etwas für dich«, sagte er zu mir. Einige Sekunden später lächelte er zufrieden und zog seinen Hochland-Strohhut heraus, der mit langen bunten Bändern verziert war. Chon zeigte mir den Hut mit Genugtuung. Er war ein Kunstwerk, ein echtes Sammlerstück mit einer kleinen Spitze oben und einer Troddel aus Pferdehaaren an der Hinterseite. »Der übersteht keinen einzigen Regenguß mehr«, scherzte er.

Ich nahm den wunderschönen Hut mit Freuden an. Er war bis über den Rand mit Chons Energie und Persönlichkeit gefüllt. Doch plötzlich schoß mir ein seltsamer Gedanke durch den Kopf. Ich dachte an Don Juans Geschichte über die verschenkten Decken des Zauberers Melquior Ángelo. Ich untersuchte den Hut mit neu erwachtem Interesse und fragte mich, ob Chons Energiekörper sich eventuell in ihm versteckte. Daraufhin brachen Chon und Don Juan in brüllendes Gelächter aus. Sie veranstalteten einen derartigen Krawall, daß ich den Gedanken verwerfen mußte, damit sie sich beruhigten. Ich dankte Chon für das Geschenk.

»Ich will dich damit einfach nur im Auge behalten können, bis ich dich wiedersehe«, sagte er augenzwinkernd zu mir und drohte mir mit dem Finger.

Er wandte sich Don Juan zu, und ihr Abschiednehmen hätte auch das lebenslanger Freunde sein können, die sich 15 Minuten später hinter der nächsten Straßenecke wieder treffen. Ich war von ihrer Würde und unausgesprochenen Zuneigung, ihrer beiläufigen Art und dem tiefen Vertrauen, das zwischen ihnen bestand, sehr gerührt.

Als der Zug zum Einsteigen bereitstand, mußten wir uns sehr beeilen, Chon hineinzusetzen. Er suchte sich einen Platz am Fenster und schaute so glücklich drein, wie er angesichts der bevorstehenden langen Fahrt nur sein konnte. Wir standen auf dem Bahnsteig und beobachteten ihn durch das Fenster, nachdem wir ihm geholfen hatten, sein Gepäck in den Waggon zu bringen, und dann fuhr der Zug ab. Es war ein surrealer Augenblick der Vorahnung und Endgültigkeit einer geheimnisvollen Reise.

Als wir aus dem Bahnhof hinausgingen, sagte Don Juan zu mir: »Wann immer jemand, den ich kenne, nicht bei mir ist, vor allem wenn es jemand ist, der mir viel bedeutet, sehe ich ihn stets ins Unendliche reisen.« Das war genau der richtige und angemessene Satz, und er machte uns den Abschied ein wenig leichter.

Wir hatten noch eine längere Fahrt vor uns. Aber wir hatten Glück, denn der Nachmittag war genauso klar und schön wie der Morgen. Don Juan lehnte sich bequem zurück. Wir fuhren von Mexicali aus in den Süden Richtung Pozo, doch als wir die staubige Straße erreichten, die uns zu der im Westen gelegenen Stadt bringen würde, wies er mich an, in südlicher Richtung weiterzufahren.

»Wir kehren nicht auf direktem Weg zu meinem Zuhause zurück«, teilte mir Don Juan mit.

»Werden wir irgendwo campen?« fragte ich, nachdem ich nun endlich die Gelegenheit hatte, auf das zusätzliche Gepäck im Kofferraum des Jeeps zu sprechen zu kommen.

»Ich werde dich zu einem Kraftort, den ich kenne, mitnehmen. Wir werden dort einige Nächte bleiben. Es gibt Dinge, die ich dir zeigen muß und die man nur an einem derartigen Ort lernen kann«, sagte er.

Ich wußte, daß er den Ausflug von vornherein geplant hatte und daß Doña Celestina dies gemeint hatte, als sie sagte, Don Juan habe »noch mehr auf Lager«. Ich fuhr entspannt weiter, denn ich wußte, Don Juan würde mir zum entsprechenden Zeitpunkt Richtungsanweisungen geben. Ich war sehr froh, daß ich den Jeep in Mexicali vollgetankt hatte, denn wir fuhren ein ziemlich langes Stück weiter.

Wir waren bereits fast die ganze Strecke bis nach Santa Rosalia im Süden gefahren und näherten uns der Mitte der Baja Peninsula, als Don Juan mir schließlich befahl, ich solle nach Westen in die Sierra-de-Guadalupe-Berge abbiegen. Dann fuhren wir weiter in die Berge hinein und bogen noch mehrmals ab, bis wir an einen Ort gelangten, an dem Don Juan meinte, er eigne sich gut als Abstellplatz für den Wagen.

»Das ist das Gebiet der Höhlenmalereien«, erklärte er mir. »Einige der stärksten liegen hier ganz in der Nähe. Das Gebiet gehörte den Cumiai-Indianern, doch an einigen heiligen Stätten vollzogen auch andere Wüstengruppen Visionen und Traumsuchen.«

»Sind wir aus diesem Grund hier, Don Juan?«

»Manchmal«, sagte er, »wenn Praktiker genug Energie aufgebaut haben, überschreitet ihre Fähigkeit zur Transformation die Grenzen der Erde, ihrer Zeit und ihres menschlichen Körpers. Sie übertreffen die Fähigkeit ihres Körpers zur Metamorphose noch.«

»Was geschieht dann?« fragte ich ihn.

Don Juan schaute mich fest an, so als würde ich die Antwort auf diese Frage bereits kennen. »Sie verlassen sich auf die Entwicklung ihres Energiekörpers«, sagte er schließlich nach einer langen Pause. »Sie gehen in nichtmenschliche und nichtirdische Welten. Aus diesem Grund habe ich beschlossen, dich an so einen Ort zu bringen. Hier werden wir über das Menschliche hinaus sehen. Behandle alles, was du hier tust, als nicht von dieser Welt.« Damit öffnete Don Juan auf seiner Seite die Wagentür und stieg aus.

Übung 20
Menschliche und nichtmenschliche Energie sehen

1. Suchen Sie sich eine Stelle, von der aus Sie nicht gesehen werden und ungestört die Passanten beobachten können, zum Beispiel einen öffentlichen Platz oder einen kleinen Park. Setzen Sie sich, vielleicht auf eine abseits stehende

Bank, und bringen Sie Ihre Gedanken zum Schweigen. Lösen Sie sich von all Ihren Vorstellungen und Beschreibungen dessen, was »Realität« ist.

2. Atmen Sie tief in den Bauch ein. Entspannen Sie Ihren Körper und Ihren Blick. Versuchen Sie Ihre Wahrnehmungen nicht vom inneren Dialog beeinträchtigen zu lassen.
3. Mildern Sie Ihren Fokus, und betrachten Sie die Passanten mit innerem Schweigen. Unterdrücken Sie jeden Versuch, die Vorübergehenden zu beschreiben. Probieren Sie, ob Sie das tief eingeprägte Programm, mit dem diese Ihnen als Menschen in einer menschlichen Zivilisation beschrieben werden, außer Kraft setzen können. Schauen Sie die Passanten nur mit weichem Fokus an, als handele es sich um Erscheinungen, die Sie noch nie zuvor erblickt haben.
4. Nachdem Sie deren Beschreibung auf diese Weise unterbunden haben, schauen Sie, ob Sie einen Blick auf die strahlende Lebenskraft, die diese Menschen belebt, erhaschen können. Richten Sie den Blick auf andere Dinge in Ihrem Gesichtsfeld, und vergleichen Sie die Unterschiede. Schauen Sie mit demselben Procedere andere Menschen, Tiere, Pflanzen und Bäume an. Unterbinden Sie deren Beschreibung. Können Sie Abweichungen wahrnehmen, ohne nur beschreibende Kommentare oder Definitionen zu verwenden? Betrachten Sie auch Objekte wie etwa Straßenlaternen oder Springbrunnen. Deobjektivieren Sie sie. Inwiefern ist bei jedem die Energie anders? Inwiefern ist sie dieselbe?
5. Versuchen Sie alles nicht als lebendig oder leblos, sondern nur als Energie zu betrachten. Bestimmen Sie die Unterschiede, die nicht auf vorgefaßten Konzepten, sondern vielmehr auf der Fähigkeit zu reiner Wahrnehmung beruhen. Versuchen Sie die Welt mit Ihren Augen zu fühlen. Das Ergebnis kann überraschend sein. Aufgesetzte Strukturen oder allgemeingültige Ansichten loszulassen und auf diese Weise zu sehen ist für den Körper und den Verstand sehr erfrischend und wohltuend.

21
Der dem Tod trotzt

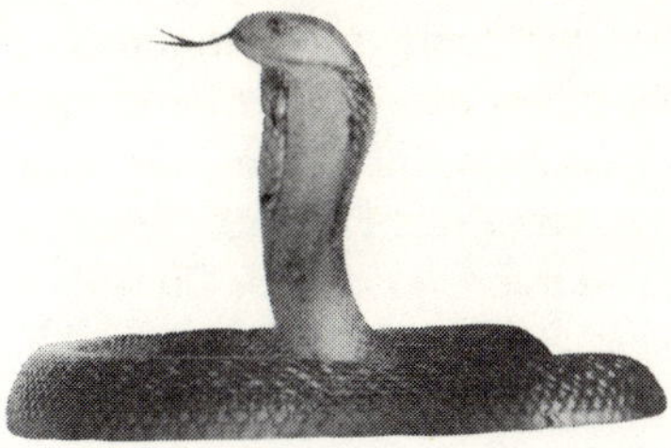

Von der Stelle aus, an der wir den Jeep geparkt hatten, marschierten wir etwa 800 Meter weiter. Auf unsere Rücken hatten wir mit dünnen Seilen Pakete mit getrockneten Früchten und Fleisch gebunden, und in den Händen trugen wir die aufgerollten Decken und Wasserflaschen. Die Dämmerung würde bald anbrechen. Wir folgten einer Biegung, und dann kam unser Ziel in Sicht. Es war eine riesengroße, vorne offene Höhle, die auf beiden Seiten des Eingangs und auf allen umgebenden Felsflächen mit gigantischen rotschwarzen Gestalten bemalt war.

Don Juan bat mich, Feuerholz sammeln zu gehen, während er die Höhle betrat, um den Feuerkreis anzulegen. Als ich zurückkehrte, hatte er schon unsere ganze Ausrüstung ausgepackt und sie tief im Innern unter einem großen Felsvorsprung verstaut. Eine in der Mitte, aber dem Eingang etwas näher gelegene Stelle war für das Feuer freigeräumt.

»Die Sache wird folgendermaßen ablaufen«, sagte er zu mir, als er die Stöckchen und Mesquitezweige, die ich gesammelt hatte, für das Feuer zurechtlegte. »Vom Anbruch der Abenddämmerung bis zur Morgendämmerung wirst du weder sprechen noch irgendein Geräusch machen, das nicht für dein Überleben notwendig ist. Nur meine Stimme wird zu hören sein, denn die Geister dieses Ortes kennen mich. Von Sonnenaufgang bis Sonnenuntergang darf gegessen werden. Nach Anbruch der Dämmerung darf keine Nahrung konsumiert werden. Am Tag kannst du umherwandern, doch sobald die Sonne unterzugehen beginnt, mußt du unbedingt in die Höhle zurückkommen.« Er legte eine Pause ein und blickte mir in die Augen, um sich zu versichern, daß er vollkommen verstanden worden war.

»An jedem Abend werde ich ein Feuer an dieser Stelle anzünden und die Energien, die diesen Ort umgeben, in meiner Sprache rufen. Du wirst nicht wissen, was ich sage, doch dein Energiekörper sollte mich verstehen. Du wirst ins Feuer oder auf die in dieser Höhle aufgemalten Gestalten blicken, bis du dich schläfrig fühlst. Dann wirst du zu deinem Platz da drüben an der Wand gehen und träumen. Deine Absicht wird es sein zu träumen, und weiter nichts. Die Energien dieses Ortes werden den Rest übernehmen. Wenn du in der Nacht ins normale wache Bewußtsein kommst, mußt du zum Feuer zurückkehren, bevor du wieder ins Träumen eintrittst. Ich werde die ganze Nacht beim Feuer sein.

Am Morgen können wir uns unterhalten und all deine Fragen beantworten. Am Nachmittag werde ich mich ausruhen, und wir werden den Prozeß drei Nächte lang allabendlich wiederholen.« Er machte erneut eine Pause und blickte mir in die Augen, um zu überprüfen, daß ich ihn verstanden hatte und einverstanden war. »Es ist in Ordnung, wenn du die Höhle nachts im Traum verläßt, aber du darfst nur auf diese Weise hinausgehen. Ich werde dir gegenüber am Feuer sitzen und dich mit dem Rücken zum Eingang beobachten, um sicherzustellen, daß du nicht hinausrennst.«

Meine Augen müssen doppelt so groß geworden sein. Don Juan achtete nicht auf meine offensichtliche Furcht, als er einen Funken entfachte. Er bedeutete mir, in die Büsche zu gehen und meinen körperlichen Bedürfnissen nachzukommen. Ich war für die Gelegenheit dankbar. Ich hatte von Don Juan bei anderen Zeremonien in der Wüste gelernt, daß es einem zweifachen Zweck dient, wenn man sich auf die Aufnahme von nur kleinen Mengen an Dörrfleisch und Wasser während der Tagesstunden beschränkt. Damit wird nicht nur die Fähigkeit, in Trancezustände und ins Träumen einzutreten, verbessert, sondern auch das Bedürfnis, sich zu erleichtern, verringert. Daß diese Körperfunktionen sich nicht bemerkbar machen, ist ein wünschenswertes und notwendiges Nebenprodukt, denn es ist häufig nicht gestattet, den Zeremonialbereich während der Nacht zu verlassen.

Als ich zurückkam, begann das Feuer zu lodern. Ich betrat die Höhle in gebückter Körperhaltung, wie Don Juan es mir beigebracht hatte, obwohl der Eingang sich erst über meinem Kopf wölbte. Ich war instruiert worden, daß die angemessene Form der Respekterweisung, wenn man heilige Uterusräume betritt, darin besteht, sich zu beugen, zu bücken oder gar zu kriechen. Ich beabsichtigte, all meinen Respekt aufzubringen und ihn in diesem jenseitigen Vortex auf mir bestmögliche Weise zu bekunden.

Ich setzte mich an meinen Platz und wartete darauf, daß Don Juan begann. Sobald es vollkommen dunkel geworden war, fing er an zu singen. Ich hatte ihn schon oft singen gehört, doch das entkräftigte die mächtige Wirkung nicht. Seine Stimme wurde rauh und rasselähnlich, während er die Melodien ständig wiederholte. Die Worte waren mir unverständlich. Die Laute waren uralt und guttural, und ihre hypnotisierende Wirkung war verblüffend. In Sekundenschnelle fing die kathedralenartige Decke der Höhle zu vibrieren an. Die Schatten, die das Feuer warf, sprangen über die riesigen, auf die Wände gemalten Gestalten, riesengroße rotschwarze anthropomorphe Figuren, die eindeutig nichtmenschlich waren. Sie wurden mit immer größerer Intensität sichtbar, bis ich spürte, wie mein Körper unbeabsichtigt kleiner wurde.

Ich saß zu einer Kugel zusammengerollt am Feuer und verspürte das Bedürfnis, zu meiner Decke zu krabbeln. Die Geräusche fingen an nachzuhallen, als ich mich auf Händen und Knien vorwärtsbewegte. Ich wickelte die Decke wie einen Kokon um mich und schloß die Augen in der Hoffnung, das Hämmern in meinem Kopf eindämmen zu können. Alles begann sich zu drehen. Ich versuchte, die Augen wieder aufzuschlagen, doch dadurch wurde das Wirbeln nur noch schlimmer. Bald merkte ich, wie die Schwere des Schlummers über mich kam. Die schwingenden Echos wurden fast unerträglich. Kurz danach bin ich, ich weiß nicht wie, anscheinend in tiefen Schlaf gesunken.

Ich erwachte in meinem Energiekörper ohne jedes Schwindelgefühl. Don Juan sang am Feuer, aber die Wirkung war stark vermindert. Es war, als wäre die Lautstärke herabgedreht worden. Alles schien sich in Zeitlupe zu bewegen. Selbst die Flammen standen jeweils sekundenlang still. Ich hatte den starken Wunsch, nach draußen zu gehen. Als ich am Feuer vorbeikam, konnte ich ein Funkeln in Don Juans Augen erkennen. Sie waren hinter den leicht geöffneten Lidern nach hinten verdreht.

Ich passierte mit Leichtigkeit den Eingang und atmete die frische Nachtluft tief ein. Ich schaute zum wolken- und mondlosen Himmel hinauf. Irgendwie leuchtete er noch, als würde er von hinten angestrahlt. Dann bemerkte ich einen Kometen, der über ihn hinwegzog. Das war sonderbar. Mir war nichts von irgendwelchen Kometen in diesem Gebiet bekannt. Dann entdeckte ich eine massive dunkle Gestalt auf dem Wüstenboden. Zuerst hatte es den Anschein, als handle es sich um einen großen Cardon-Kaktus, doch bei genauerer Betrachtung schien die Gestalt sich zu bewegen. Ich ging noch ein wenig näher ran und blieb dann stehen. Auf einmal hörte ich das Geräusch eines weitentfernten Donners, und das ließ mich erstarren.

Ich merkte, daß ich nicht einen Kaktus betrachtete. Was ich sah, war lebendig, und doch schien es nicht auf die uns bekannte Weise zu leben. Das Wesen, was immer es sein mochte, drehte sich um und sah mich vor der Höhle stehen. Ich konnte nicht wegrennen. Das Wesen fing an, sich auf mich zuzubewegen. Man hätte erwartet, daß es aufgrund seiner Größe schwerfällig vorankäme, doch es mied graziös die Büsche auf seinem Weg. Ich war in Bann geschlagen. Da war eine Wellenbewegung, wie ein Strudel oder ein fließender Umhang, der dem Wesen folgte und es umgab. Es schien einen großen schlangenähnlichen Schwanz zu überwinden, doch es schritt aufrecht auf zwei Beinen weiter auf mich zu. Das Wesen war mindestens doppelt so groß wie ich.

Das Feuer in der Höhle warf Licht auf das Wesen, als es nah genug herangekommen war. Ich holte tief Luft. Ich blickte in ein vollkommen intelligentes Gesicht. Die Augen loderten. Seinen Kopf zierten drei Hörner. Das eine saß oben auf der Stirn, und die beiden anderen befanden sich über den Ohren an den Seiten des Kopfes. Das Wesen schien wie die gigantischen Gestalten auf den Innenwänden der Höhle und an deren Eingang rot und schwarz zu sein. Ich dachte, ich sähe im Traum vielleicht den Wächter der Mächte dieses Ortes.

Dann blickte mir das Wesen direkt ins Gesicht und senkte den Kopf, um meine Augen in der Nacht zu studieren. Die Gesichtszüge waren wunderschön, symmetrisch und irgendwie klassisch! Ich erkannte, daß dieses Wesen viel weiter entwickelt und verfeinerter war als ich. Am Gesicht, an den Hörnern und am Körper war leicht festzustellen, daß dieses Wesen eine Mischung aus Mann und Frau war, ein perfekter Hermaphrodit, und daß es nicht von dieser Welt war. Ich begann mich zu fragen, ob ich etwa eine Gottheit vor mir hätte. Es hatte einige fast menschliche Züge, das Gesicht, die Arme und Beine und der graziöse Rumpf, doch war es noch mehr. Die Massivität, die Färbung und die Hörner stellten eindeutig etwas weit außerhalb unserer evolutionären Nutzung der sexuellen und der Lebenskraft-Energie dar.

Der Komet sonderte über unseren Köpfen Spritzer ab, und leuchtende Regenbogenfunken fielen überall von ihm herunter, die den Himmel erstrahlen ließen und mir einen fast taghellen Blick auf das Wesen vor mir erlaubten. Das Wesen sagte nichts, sondern deutete statt dessen mit dem langen Zeigefinger seiner rechten Hand auf den wandernden Kometen. Dann streckte es eben diesen Zeigefinger aus und berührte damit eine Stelle in meiner Brust. Als es das tat, merkte ich, wie etwas in mir explodierte und sich neu konfigurierte. Meine Augen brannten und wurden von einem Gefühl des Lichts vollkommen absorbiert.

Ich hörte von diesem Licht einen weiteren Donner loskrachen

und erwachte in meiner Decke. Das Licht der aufgehenden Sonne bahnte sich stückchenweise seinen Weg durch die Höhlenöffnung. Das Feuer war jetzt nur noch ein Haufen friedlich schwelende Asche, und Don Juan saß noch genauso da, wie ich ihn gesehen hatte, und wirkte überraschend ausgeruht und friedlich, wenn man bedachte, daß er die ganze Nacht hindurch das Feuer versorgt hatte.

Nachdem er die Asche mit Sand bedeckt hatte, um sicherzustellen, daß sie erloschen war, öffnete Don Juan einige Pakete mit getrockneten Aprikosen und Datteln. Ich nahm eine Wasserflasche, und wir setzten uns vor die Höhle, um zu frühstücken. Der Wüstenmorgen war frisch und wunderschön. Die ersten Sonnenstrahlen beschienen die glatten Felsflächen, erwärmten sie und verwandelten die Farbe der gemalten Giganten von Rot und Schwarz in ein erdfarbenes Rosa und Pastellgrau.

»Diese Gestalten sind eine exakte Wiedergabe dessen, was ich heute nacht im Traum sah«, bemerkte ich, als ich sie zum erstenmal im vollen Tageslicht betrachtete.

»Sie wurden nicht von einem einzelnen Künstler oder einer Gruppe von Leuten gemalt, sondern von vielen Menschen, die im Laufe von Tausenden von Jahren hierherkamen und alle mehr oder weniger dasselbe gesehen haben«, erzählte mir Don Juan.

Ich schaute auf die direkt uns gegenüberliegenden Gestalten und erkannte, daß sogar der gehörnte Kopf aus unterschiedlichen künstlerischen Perspektiven akkurat dargestellt war. »Was war das, was mir da träumte, Don Juan? Zuerst dachte ich, ich würde den Wächter dieses Ortes sehen, aber später hatte ich das Gefühl, es sei etwas völlig anderes.«

»Dieses Wesen ist von jenseits dieser Welt und dieses Lebens und Todes«, sagte Don Juan. »Es gehört irgendwo außerhalb der Menschheit hin, besitzt aber dennoch, wie du sahst, menschengleiche Eigenschaften sowie männliche und weibliche Energie. Erinnere dich, ich habe dir erzählt, daß es Energien gibt, die die menschliche oder irdische Fähigkeit, sie festzuhalten, übersteigen. Es sind transformierende Energien jenseits dieser Welt. Manchmal begegnet der Körper ihnen. Das ist ein Zeichen, daß man für etwas jenseits all dessen hier bestimmt ist.« Don Juan wies auf die Umgebung um uns herum. »Genau wie die Kraft deines Energiekörpers die Fähigkeit deines physischen Körpers, sie festzuhalten, übersteigen kann, wie du letzte Nacht in der Höhle erlebt hast, als dein Energiekörper aufzutauchen begann und dein physischer Körper schlafen mußte, so überschreitet der Energiekörper auch manchmal die Fähigkeit der Erde, ihn in den irdischen Bezirken festzuhalten. Erzähl mir«, sagte er, »ob das Wesen dich irgendwie oder an irgendeiner Stelle berührt hat.«

»Ja. Es berührte meine Brust in der Nähe des Herzens«, antwortete ich ihm ein wenig erstaunt darüber, daß er mir diese Frage stellte.

»Das ist höchst bedeutsam«, sagte er mit einem Nicken. »Wie du siehst, besitzt dieses Wesen die Möglichkeit zur Transformation außerhalb dieses menschlichen Dramas, das wir Leben und Tod nennen. Dazu ist natürlich ein Energiekörper notwendig, und auch du mußtest in der Lage sein, deinen zu wecken und das Wesen unter seinen Bedingungen zu treffen. Was geschah, ist folgendes: Es pflanzte dir einen Teil seiner eigenen Energie ein, etwas, zu dem du werden wirst, wenn du aus deinem leuchtenden Kokon emportauchst.«

Ich war sprachlos. »Haben auch andere Menschen dieses Wesen gesehen, Don Juan, oder ist es nur dem Sehen der Wüstenschamanen vorbehalten?«

»Bei Menschen aus anderen Ländern bin ich mir nicht sicher, aber ich habe das Gefühl, daß einige das Wesen vielleicht in ähnlicher oder einer anderen Form gesehen haben«, sagte er und nahm sich die Zeit, über meine Frage nachzudenken. »Ich weiß mit Sicherheit, daß andere Ureinwohnerkulturen es gesehen haben. Die Nahuatl haben es gesehen, und Chon, der ein Maya ist, hat es ebenfalls gesehen. Aber das Wesen ist sehr wählerisch. Es scheint, daß man den Energiedoppelgänger entwickelt haben muß, um es sehen zu dürfen, oder die Möglichkeit haben muß, sich in seiner Gegenwart aufzuhalten, ansonsten wird man es mißverstehen.«

»Hat es einen Namen?« fragte ich.

»Den Namen von etwas zu kennen heißt, daß man die Macht besitzt, es nach Wunsch zu rufen. Dieses Wesen würde so etwas nie zulassen. Es verleiht seine Energie, weißt du. Ich denke gerne an das Wesen als etwas, das über die Energie des Todes hinausgeht, indem es die Möglichkeit einer Transformation, die ihn überschreitet, übermittelt. So erlebe ich es im Sehen. Vielleicht könnte man es ›Der dem Tod trotzt‹ nennen.«

Übung 21
Den Tod träumen

1. Das ist eine Traumaufgabe, die von der Energie des »Der dem Tod trotzt« , wie ihn die Wüstenschamanen sehen, übertragen wird. Sie wird im Augenblick des Todes praktiziert.
2. Dieser Traum muß von selbst eintreten. Er läßt sich nicht herbeiführen. Man betritt einen Zustand des Träumens und läßt den Traum zu einem über den eigenen Tod werden, und zwar nicht in prophetischem Sinne, sondern schlicht als Übung. Der Tod kann im Traum von einem Wesen aktiviert werden, das sich außerhalb von einem selbst befindet, oder der eigene Energiekörper kann die Übung initiieren, wenn der Praktiker in ausreichendem Maß die Kontrolle und das Bewußtsein über das Geschehen besitzt.
3. Lassen Sie den Tod eintreten, und bahnen Sie sich im Traum Ihren Weg durch den Prozeß, ohne Angst zu bekommen und aufzuwachen. Die zweite Reaktion ist sehr verbreitet, da sie aus Furcht instinktiv hervorgerufen wird. Doch man kann sie überwinden.
4. Lassen Sie das totale Nichtsein eintreten, ohne auch nur einen Eingriff Ihres Traumbewußtseins zu dulden. Wenn ein solches Eingreifen nicht zu verhindern ist, so dehnen Sie es nicht über das unbedingt notwendige Maß aus. Werden Sie zum Nichtsein. Beginnen Sie dann Ihr Bewußtsein neu zu konfigurieren, und zwar gereinigt und essentieller als die vorherige Konfiguration. Sinken Sie nicht in normale Träume oder in die Träume des Egos ab.
5. Bemühen Sie sich vielmehr, das essentielle Bewußtsein hierüber mit Ihnen in die wache Welt in schlichter, stiller, leerer Demut zu bringen. Konzentrieren Sie sich auf Frieden.

22
Der Adler

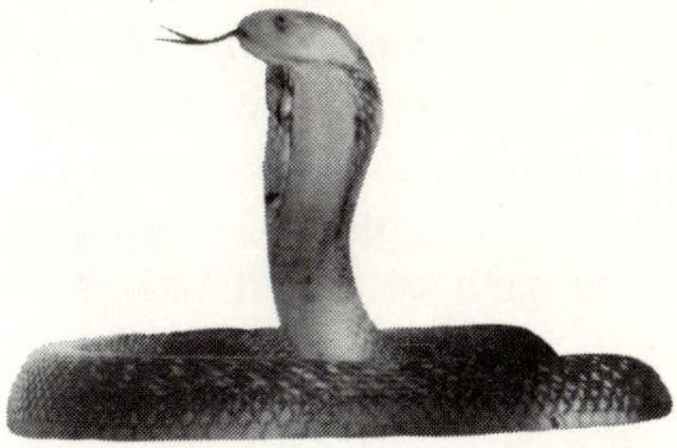

Am Nachmittag, als Don Juan sich ausruhte, unternahm ich einen Spaziergang durch die nähere Umgebung. Mehrere Pfade führten zu anderen Plätzen mit Wandmalereien, deren denkwürdigste eine Felswand mit großen, schwarzen, fliegenden Wesen mit ausgebreiteten Flügeln war, die vielleicht Adler darstellen sollen. Als ich mir die Gestalten genauer ansah, hatte es den Anschein, daß jede von ihnen dasselbe Wesen porträtierte, auch wenn die Künstler es bewußt vermieden hatten, den Kopf des Wesens abzubilden, weshalb ich ohne Don Juans Beisein unmöglich mit Sicherheit feststellen konnte, was da dargestellt war. Doch aus irgendeinem mir unbekannten Grund, vielleicht wegen der Flügelspannweite und der Form, hatte ich den Eindruck, daß sie alle dieselbe Adlerform hatten.

Ich entfernte mich nicht allzu weit von der Höhle, denn Don Juan hatte mir sehr konkrete Anweisungen erteilt, daß ich bei Anbruch der Dämmerung zurücksein mußte. Auf dem Rückweg sammelte ich ein bißchen Feuerholz, und als ich die ausgemalte Höhle erreichte, war die Sonne gerade untergegangen. Don Juan bereitete den Feuerkreis vor, wie er es schon am Abend zuvor getan hatte. Als ich mich auf meinem Platz in der offenen Kammer niederließ, fragte ich mich, was die Nacht und die Träume wohl für mich bereithalten würden, doch ich brachte diese Gedanken zum Schweigen. Don Juans Anweisungen hatten gelautet, lediglich das Träumen und sonst nichts zu beabsichtigen.

Als der Himmel schwarz war und das Feuer hell loderte, begann Don Juan wieder zu singen. Die Worte, die Rhythmen und die Melodien waren andere als am Abend zuvor, doch das war auch schon alles, was ich erkennen konnte. Zu einem seiner Gesänge gehörte ein gelegentliches hohes Kreischen, das mir Schauer durch den Körper jagte. Bei jedem Schrei warf er etwas ins Feuer. Ich konnte nicht sehen, um was es sich handelte, aber was auch immer er ins Feuer warf, es brachte die Flammen dazu, zu seinen Worten aufzulodern.

Ich blieb an diesem zweiten Abend länger bei wachem Bewußtsein, doch nach einer Weile fiel mir auf, daß an der Decke der Höhle Schatten schwebten und herumschwirrten. Als ich sie beobachtete, wurde mir äußerst schwindlig, und ich konnte die Benommenheit nur stoppen, indem ich mich auf meine Decke legte und die Augen schloß. Als ich das getan hatte, schienen sich die Geräusche des Feuers zu verstärken, bis ich meinte, die Glut würde mich unversehrt verschlingen und verbrennen. In diesem Augenblick wurde ich von Wärme überschwemmt und begann in den Schlaf wegzudriften.

Als ich im Traum erwachte, befand sich mein Energiekörper an der Decke und blickte auf meinen schlafenden Körper hinunter. Von oben konnte ich deutlich Don Juans Körper beim Feuer erkennen, der von Zeit zu Zeit Stöckchen in die Flammen warf. Aber ich konnte keinerlei Singen hören, obwohl sich seine Lippen zu bewegen schienen. Ich flitzte wie eine Spinne über die Decke der Höhle, und als ich den Eingang erreichte, ließ sich mein Energiekörper selbst sanft an einem silbernen Faden hinab, bis ich nahe genug über dem Boden war, um mich auf ihn aus der Perspektive meiner normalen Größe zu fokussieren.

Ich klopfte mir mit den Händen auf die Arme. Ich schien ich selbst zu sein. Wie ich einen Augenblick lang so winzigklein hatte werden können, war mir ein Rätsel, aber das hatte mich in die Lage versetzt, unbemerkt über die Decke zu huschen und über das lodernde Feuer zu gehen, ohne versengt zu werden. Nun, da ich auf dem Boden vor der Höhle stand, drehte ich mich um und schaute hinein. Ein gewaltiger schwarzer Schatten, wie jene, die ich zuvor über mir schweben gesehen hatte, stürzte in genau diesem Augenblick herab und blockierte den Eingang, so daß ich die Gestalten im Innern und das Feuer darin kaum mehr ausmachen konnte.

Ich wich zurück, als mir klar wurde, daß der Schatten eßbar war und die Konsistenz eines dichten schwarzen Gases hatte. In der Schwärze schien es einen einzelnen Fleck zu geben, der brannte. Ich dachte mir, daß ich Zeugin der Geburt einer neuen Galaxie sei. Dann wurde die Stelle zu einem riesengroßen gelben Auge, das mich aus der Mitte eines schwarzen adlerförmigen Kopfes anstarrte. Die Flügel wurden an der Unterseite sichtbar und erstreckten sich in die Unendlichkeit. Ich blickte in das Zentrum des Universums!

Irgendwie wurde das Universum zu einem schwarzen Adler und der Adler ein Universum. Die beiden flossen immer wieder ineinander über. Plötzlich wurde ich mit seinem einzelnen, gelbweißen, heißen Kern bei einer Temperatur verbrannt, die ich für unvorstellbar gehalten hätte. Ich wurde auf ein winzigkleines Häuflein Goldstaub reduziert. Der Adler starrte auf das Staubhäuflein. Sein Auge wurde so groß, daß es mein ganzes Gesichtsfeld einnahm. Dann pickte sich der Adler ein Goldkörnchen mit dem Schnabel von dem Haufen Goldstaub, der ich war, und flog damit davon, wobei er den erleuchteten Eingang in die Höhle offenbarte.

Mein Bewußtsein konfigurierte sich neu, sobald der Adler verschwunden war. Wäre Don Juan nicht in der Höhle gewesen, und hätte er mich nicht ermahnt, zu ihr zurückzukehren, wäre ich vielleicht nicht mehr daran interessiert gewesen, von derart kühnem Wagemut war mein Energiekörper. Ich spürte einen sauberen Abriß von meinem schlafenden Körper. Trotzdem wußte ich, daß der Transformationszyklus noch nicht abgeschlossen war. Aus Respekt für das, was wir beide anstrebten und wurden, mußte ich zurückkehren.

Das war allerdings nicht so einfach, wie ich anfangs vielleicht gedacht hatte. Ich hatte so oft die Form gewechselt, daß es nicht mehr zurückverfolgbar war und ich nicht mehr zu dem werden konnte, was ich gewesen war. Um wieder zu meinem Körper zu gelangen, mußte ich aufhören, das Häuflein Goldstaub zu sein, und zum puren Nichts werden. Nur in dieser Form konnte ich durch die Höhle hinter das Feuer treiben und über dem schlafenden Körper schweben, den ich als meinen eigenen wiedergewinnen wollte.

Als ich am Morgen erwachte, sah ich, wie Don Juan Sand durch seine Finger auf die Aschereste rieseln ließ, um sicherzugehen, daß das Feuer aus war. Ich lag in meiner Decke und blickte zum Dach der Höhle hoch. Das Morgenlicht erschien im Vergleich zu den Feuern, die ich im Traum erlebt hatte, kalt. Ich rollte mich fester in meine Decke und drehte mich auf die rechte Seite, damit ich aus der Höhle hinausschauen konnte. Das Einatmen der Luft des neuen Tages belebte mich. Die Dämmerung konnte die Textur dessen, was in der Nacht gegenwärtig gewesen war, nicht Lügen strafen.

Nachdem wir vor der Höhle etwas Dörrfleisch gegessen und unsere Gesichter mit ein wenig Wasser aus unseren Flaschen benetzt hatten, gingen Don Juan und ich den Pfad entlang, der zu den gemalten kopflosen Adlern führte. Da ich die Energie im Traum erlebt hatte, verstand ich nun, warum die Köpfe nicht dargestellt worden waren. Wir setzten uns mit dem Rücken an glatte Felsbrocken, um uns über die vergangene Nacht zu unterhalten.

»Kannst du mir einige Informationen geben, die mir helfen zu verstehen, was letzte Nacht mit mir geschehen ist, Don Juan?« bat ich ihn, als wir es uns im milden Sonnenschein bequem gemacht hatten.

»Du hast gesehen, was wir beim Sehen sehen, das ist alles, was ich dir dazu sagen kann«, erklärte er mir. »Der Adler ist eine Möglichkeit, die forschende Kraft wahrzunehmen, die die Substanz des Universums auf Nichtkorrumpierbarkeit hin überprüft. Das aufmerksame Auge des Adlers sieht alles. Ihm entgeht nichts, ganz gleichgültig wie scheinbar klein oder unbedeutend es auch sei. Normalerweise wird diese Kraft gerufen, damit sie unser Wesen im Augenblick des Todes prüft, aber ein mächtiger Schamane kann sie auch früher rufen. Das geschieht dann zur eigenen Vorbereitung.

Wenn die forschende Kraft im Augenblick unseres Todes angewandt wird, braucht sie alle Lebenskraft und das ganze Bewußtsein auf, das mit der Täuschung verbunden ist. Bei vielen Menschen heißt das, daß sie alles verschlingt, was sie haben. Der Adler testet mit dem Feuer, das die Schöpfung ersann, auf unkorrumpierbare Energie. Was also einem Feuer dieser Stärke nicht standhalten kann, wird verdampft, ist weg.« Er schnippte mit den Fingern.

»Doch der Adler tötet nicht«, fuhr er nach einer pathetischen Pause fort. »Zuerst muß der Tod eintreten. Wenn es also einem Schamanen gelingt, den Adler vor seinem physischen Tod herbeizurufen, indem er ihm einen schamanischen Tod anbietet, dann ist es ihm möglich zu sehen, wie der Adler das Opfer behandelt. Wenn das Opfer zurückgewiesen wird, wenn die Energie korrumpierbar ist, wird von der Macht des Schamanen nichts übrigbleiben. Wenn das Opfer allerdings angenommen wird, wenn etwas die Flammen aus dem Auge des Adlers übersteht, dann wird er sich davon eine kleine Probe nehmen und davonfliegen, um diese woanders zu säen.

Das ist die Vereinbarung, die alte Schamanen mit dieser Energie trafen. Es gibt nur wenig, das einen derartigen Test besteht. Nur Gold übersteht einen so heißen Schmelzofen und geht daraus unbeschadet und rein wieder hervor. Davon hat dein Traum gehandelt.«

Meine Finger sausten zu meinen Lippen hoch, als ich tief Luft holte.

»Du hast bestanden«, sagte Don Juan zu mir und blickte mir fest in die Augen. »Du wurdest auf deine Essenz reduziert. In deinem Bewußtsein und deiner Lebenskraft war etwas, das die Fähigkeit besaß, die Prüfung zu bestehen. Gold erzielt unter Hitze und Druck Reinheit. Verstehst du? Herzlichen Glückwunsch.«

»Und dennoch mußte ich das Gold aufgeben, damit ich in die Höhle zurückkehren konnte«, erzählte ich ihm und dachte über dieses Paradox nach.

»Genau, das Opfer ist einfach und doch scheinbar unmöglich. Beim Tod muß man alles zurückgeben, das man bekommen hat, und noch mehr, in Form der Danksagung, und doch noch mehr haben als am Anfang. Nur dann können wir am Adler vorbei. Schummeln ist nicht drin. Das Opfer muß echte Magie sein, und das bedeutet, es muß in der Lage sein, aus nichts etwas zu machen, damit dieses Etwas unkorrumpierbar wird und dieses unkorrumpierbare Etwas zum nichtkorrupten Nichts wird.«

Ich war hingerissen von der poetischen Eleganz der magischen Sprache der Energie. Nichts in meinem Leben, mit Ausnahme des Lebens selbst und seiner Liebe, hätte mich auf eine derart schlichte Wahrheit vorbereiten können. Ich fragte Don Juan, ob ich eine Zeitlang an der Stätte allein sein könne, um laut danke zu sagen. Er verstand mich völlig; er ging zur Höhle zurück, um sich auszuruhen, und ließ mich allein zurück.

Als er davonging, legte er seine Hand anerkennend auf meine Schulter, und dann war ich allein, umgeben von den aufgemalten Flügeln großer, kopfloser, schwarzer Adler. Ich fragte mich, wie viele Schamanen vor mir diese Visionen auf Stein festgehalten hatten, um ihren Dank hier zurückzulassen. Ich fragte mich, wie die Begegnungen, die sie vielleicht hatten, und ihre möglichen Triumphe oder Wehklagen wohl ausgesehen haben mochten.

Es war mir nicht wirklich möglich, dem Adler, dem Leben und der Schöpfung meine Dankbarkeit in Worten auszudrücken, doch ich vermochte meine dankenden Heilgesänge zu singen, Lieder, die ich auf meinen langen Traumreisen und in Zeremonien erworben hatte. Nachdem ich mit dem Singen fertig war, bemerkte ich einen einsamen goldenen Adler, der am Himmel über mir dahinschwebte. Später gesellte sich ihm noch ein zweiter hinzu, und da wußte ich, daß meine Dankgebete gehört worden waren.

Übung 22
Opfer des Herzens

1. Es gibt eine Bewegungsmeditation, die man als Teil der Vorbereitung für das Opfer an den Adler ausführen kann. Sie wird Opfer des Herzens genannt und wurde von den alten Maya und Tolteken praktiziert. Diese Bewegung erinnert auch an das Sonnentanz-Opfer der Ureinwohnerstämme der Plains.
2. Während man tief in den Bauch einatmet, lehnt man sich so weit wie möglich nach hinten und streckt die Arme aus, um die sengende Sonne zu umarmen. Der Nacken ist vollkommen entspannt. Der Kopf hängt schlaff nach hinten, und die Augen sind offen und blicken zum Scheitel hoch. Die Arme sind schlaff und zu der weiten Umarmung ausgestreckt. Der Rücken ist nach hinten gebeugt. Die Beine stehen mehr als schulterbreit auseinander und wurzeln fest in der Erde, die Knie sind leicht gebeugt.
3. Verharren Sie in dieser Stellung, und strecken Sie sich voll in sie hinein, während Sie den Atem anhalten. Überlassen Sie den Körper völlig ihm, bieten sie jede Unze Ihres Wesens der sengenden Sonne über Ihnen an, und entblößen Sie Ihr Herz vor ihr.
4. Halten Sie diese Stellung so lange durch, bis Ihre Brust brennt und Sie spüren, wie sich das Herz-Energiezentrum mit Licht und Hitze weitet. Machen Sie so weiter, bis Sie merken, daß Sie kurz davor stehen, das Bewußtsein zu verlieren. Visualisieren Sie den Adler, wie er sich in diesem Augenblick einen Bissen aus Ihrem Herzen holt.
5. Nun richten Sie sich auf, und heben Sie die Arme über den Kopf. Beugen Sie sich tief hinunter, mit immer noch über den Kopf gehaltenen Armen, und lassen Sie sie graziös hinter Ihnen her nach unten folgen. Atmen Sie tief aus, während Sie sich nach unten beugen, halten Sie die Beine durchgestreckt, dehnen Sie das Rückgrat, und berühren Sie mit den Handflächen den Boden. Lassen Sie noch das letzte bißchen an Luft und Selbst heraus, bis Sie vollkommen leer sind. Bleiben Sie in gebeugter Stellung, und atmen Sie noch weiter aus, während Sie dabei den Bauch einziehen, bis von Ihnen nichts mehr übrig ist als das reine Nichtsein.
6. Stehen Sie aufrecht, atmen Sie ein, und bedanken Sie sich, indem Sie die Arme zur Brust führen und die Handflächen über dem Herzen zur Gebetshaltung aneinanderlegen.

7. Sie sollten wissen, daß Sie sich jedesmal, wenn Sie sich opfern, auch reinigen. Konzentrieren Sie sich auf die unkorrumpierbare Liebe, wenn Sie üben. Denken Sie nicht an sich. Seien Sie vielmehr dankbar, daß Sie etwas zu geben haben. Geben Sie alles dem Adler. Geben Sie ohne Bitterkeit oder Selbstsüchtigkeit alles zurück, was Sie jemals erhalten haben. Verherrlichen Sie das, was Sie erhalten haben, indem Sie sich dafür bedanken, wenn Sie im Opfer alles zurückgeben.

23
Das Feuer im Innern

Unsere letzte Nacht in der Höhle begann anders als die anderen. Don Juan hieß mich, am Feuerkreis zu bleiben, während er das Holz dafür holte. Dann machten wir gemeinsam Feuer. Als es brannte, ging ich zu meinem Platz gegenüber von Don Juan und wartete darauf, daß er zu singen anfangen würde. Statt dessen zog er jedoch seine Rohrflöte aus seiner aufgerollten Decke hervor und begann auf ihr zu spielen.

Die schwermütigen, sehnsuchtsvollen Melodien, die er anstimmte, werden mir für immer in Erinnerung bleiben. Die ganze Wüste wurde still und stumm, und es hatte den Anschein, als würde die Kammer, in der wir uns aufhielten, bei jedem leisen und doch durchdringenden Ton stöhnen. Die runden Noten hingen wie Globuli in der Luft und wurden vor meinen Augen manifest. Die Wirkung war so überwältigend, daß mein Rückgrat nachgab. Um mein Gewicht tragen zu können, mußte ich mich auf den Rücken legen und mich von den Wellen der Lieder überspülen lassen. Auf diese Weise driftete ich weg.

Als nächstes erinnere ich mich daran, daß ich im Traum erwachte und Don Juans Gesicht nur wenige Zentimeter über mir in mein Gesicht starren sah. Daß sein Gesicht so nah zu sein schien, verblüffte mich. Er befahl mir aufzustehen, denn es sei Zeit zu gehen. Bereitwillig erhob ich mich und folgte ihm am warmen, brennenden Feuer vorbei, zum Höhlenausgang. Daß wir unsere physischen Körper zurücklassen würden, beunruhigte mich nicht.

Als wir zum Eingang der Höhle kamen, wandte er sich zurück, um mich anzuschauen. Er hatte sich bereits fast ganz umgedreht, als ein weißes Licht aufflackerte. Ich verlor mit Ausnahme des weißen Lichts jede visuelle Wahrnehmung. Es war, als ob eine Supernova zwischen uns explodiert wäre. Ich wußte, daß er da war, und konnte bis auf das Licht doch nichts sehen.

Ich spürte jedoch, daß sich vor dem Höhleneingang ein schimmernder Fluß befand. Irgendwie war er in der Textur des Lichts wahrnehmbar. Wir würden ihn überqueren müssen. Ich merkte, wie Don Juan meine linke Hand ergriff, und wir gingen gemeinsam auf die andere Seite, obwohl ich zu keinem Zeitpunkt das Wasser sah. Erst als wir auf der anderen Seite angelangt waren, kehrte mein Sehvermögen zurück. Da konnte ich die offene Höhle mit dem silbrigen Strom davor deutlich sehen.

Die Welt, in der wir uns befanden, war nicht die diesseitige, sondern bestand vielmehr aus Regenbogen. Alles war holographisch. Wir leuchteten stärker als die stärkste Leuchtkraft. Ich wußte, hier würden wir aus unseren Kokons herausschlüpfen, um zu diesem Traum zu werden, der sich noch entwickelte. Ich empfand so viel Liebe, so viel Energie und Überfluß ... und dann wachte ich auf und merkte, daß ich an die Decke der Höhle blickte.

Es war vielleicht gegen drei Uhr morgens. Don Juan hatte mit dem Flötenspiel aufgehört, und ein Nachtvogel sang süß. Das Feuer brannte noch, und Don Juan saß schweigend auf der anderen Seite. Ich kehrte zu meinem Platz am Feuer zurück und genoß die Wärme und Glut der Flammen. Ich empfand nicht das Bedürfnis, wieder einzuschlafen. Tatsächlich hatte ich das Gefühl, ich müßte nie wieder schlafen.

Als die Dämmerung anbrach, ließen wir das Feuer herunterbrennen und streuten Sand auf die noch glimmende Asche. Don Juan hielt es für eine gute Idee, den Ort zu verlassen, und so bedankten wir uns, banden uns die Ausrüstung auf den Rücken und liefen zurück zum Jeep. Die Sonne war noch kaum aufgegangen, als wir am Wagen ankamen. Wir waren beide der Ansicht, wir sollten zur Küste in der Nähe von Santa Rosalia fahren und uns dort, inmitten der Naturschönheiten am Ufer des Golfs, unterhalten.

Wir nahmen unterwegs im Jeep ein leichtes Frühstück zu uns, und nach eineinhalb Stunden verließen wir die Straße und fuhren die sandige Küste hoch. In einer abgelegenen kleinen Bucht nahe am funkelnden Meer begann Don Juan mit unserer, wie sich herausstellte, letzten Unterrichtsstunde. »Dieser letzte Traum wird im Augenblick des Todes herübergeholt«, sagte er und blickte auf das ruhige Wasser, das im Sonnenschein glitzerte. Er stützte sich nach hinten auf die Ellbogen und zog sich den Hut ein wenig über die Augen. »Ich werde als erster gehen, genau wie du es beim Sehen erlebt hast. Ich werde dort sein, an der Stelle, die uns träumte, und ich werde dich dort treffen, wenn du diese Welt verläßt.«

Ich dachte über seine Worte nach. »Wo werden wir sein?« fragte ich ihn.

»Es gibt keine Straßenkarte, die dorthin führt«, sagte er. »Du mußt durch das Feuer und über das Geistwasser, genauso wie du es im Traum sahst. Es ist ein reales Land, ein reines Land der höchsten Vibration. Es existiert vor dem gestaltlosen Unendlichen. Vielleicht wird uns unsere Reise in die Unendlichkeit bringen, wenn wir wieder vereint sind.«

»Wie komme ich dorthin?« fragte ich und staunte gleichzeitig über die Wunder des Träumens.

»Das ist eine Sache des Energiekörpers«, antwortete er sanft. »Niemand kann dorthin gelangen, wenn er nicht tauglich ist. Die Energie dieses Ortes ist nicht raubgierig, und folglich können nur die aufrichtigste Absicht und das reinste Wissen Zutritt erlangen. Der erste Teil der Reise wird unternommen, während man noch im physischen Körper lebt, wie es jetzt bei dir der Fall ist. Durch das Träumen, durch Übung und richtiges Leben legt man den Energievorrat an. Dann muß man den Ort und die Energie sehen, die einen dorthin bringt. Das ist der Zweck des Träumens, das du erlebtest. Jemand, der zum Gehen bereit ist, muß ihn dir zeigen.

Wenn der Energiekörper so einen Ort und so eine Transformation miterlebt hat, beginnt er sich zu entwickeln. Das Träumen und die Übungen setzen sich dann bis zum Lebensende des Initianden fort. Der nächste Schritt besteht darin, daß der Mentor geht. Das wird bald geschehen. Wenn ich gehe, werde ich einen Teil deiner Energie mitnehmen. Dann beginnt die eigentliche Reise, denn ein Stück deiner lebendigen Energie wird hinübergebracht werden.

Um zu überleben, mußt du die Arbeit vollenden. Wenn ich wegen dieses Stücks Energie komme, wirst du mich im Traum sehen, genau wie du es letzte Nacht tatest, nur werden wir beide diesmal nicht nur eine Brücke schlagen und zusammensitzen, um unsere Arbeit zu besprechen. Wenn ich wieder zu dir komme, werde ich über diese Energiebrücke gehen. Dann wird es an dir sein, dich so vorzubereiten, wie ich es getan habe. Ich werde auf der anderen Seite auf dich warten, und wenn du dein Leben gelebt und deine Vorbereitungen abgeschlossen hast, wirst auch du über die Energiebrücke gehen.«

»Wie werde ich über sie gehen?«

»Der erste Schritt beginnt, wenn der Körper sich dem Tode nähert«, sagte er. »In diesem Augenblick holt sich der Energiekörper von ihm die Lebenskraft. Das ist das, was den glühenden Lichtblitz verursachte, den du sahst. Es ist das Feuer im Innern. Der Energiekörper durchtränkt sich mit Lebenskraft und beginnt mit eigenem Leben zu lodern, ohne noch weiter den physischen Körper zum Schüren des Ofens zu benötigen. Der Traum lehrt den Energiekörper, auf einer höheren Ebene zu funktionieren, und mit der freien Energie, die im Traum zu finden ist, kann die Lebenskraft des Energiekörpers endlos aufrechterhalten werden.

Als nächstes mußt du den physischen Körper verlassen, wenn deine Energiekapazität über ihn hinausgegangen ist. Das geschieht, indem er die zweite Schranke, die du sahst, passiert. Sie erscheint als ein Feld flüssigen Lichts. Die nativen Schamanen haben sie Geistwasser genannt. Diese Schranke kann überwunden werden, indem man mit dem Energiekörper einfach über sie hinwegschreitet, aber man darf nicht vergessen, daß man das tun muß.

Die Schranke kann auf zwei Weisen passiert werden. Die erste besteht darin, tot zu sein. Der zweite Weg besteht darin, die energetische Schranke mit der Lebenskraft zu überqueren, die im Energiekörper lodert. Das ist die Möglichkeit, für die wir uns entschieden haben. Wir haben diese Straße über die Jahrtausende entdeckt, als wir mit den Kräften arbeiteten, die du in den ersten beiden Nächten in der Höhle im Traum sahst.«

»Wie schnappt sich der Energiekörper die Lebenskraft?« fragte ich ihn.

»Man muß gezeigt bekommen, wie man das macht. Das ist der Grund, warum Kontinuität so wichtig ist. Der eine geht zuerst, und danach geht der andere. Die Fähigkeit wird im Traum entwickelt. Anstatt nur im physischen Körper genug Lebenskraft zurückzulassen, damit während der Übung eine minimale Atmung und ein verlangsamter Herzschlag aufrechterhalten werden, fängt der Energiekörper an, den Lebenskraft-Brennstoff herauszuziehen und zu konzentrieren. Dann beginnt er diesen Treibstoff in etwas zu verwandeln, das effizienter verbrennt, da es mit den hochrangigeren Energien kombiniert wird, die im Traum zu finden sind, und diese Kombination wandelt er in eine sich selbst speisende Quelle um, die zu den nichträuberischen Anforderungen der Welt, die du sahst, paßt.

Wenn der Treibstoff fertig ist, könnte man sagen, ähnelt er stark einer Perle. Der Energiekörper wird kommen und ihn aus der Auster, dem physischen Körper, unmittelbar vor dem Augenblick des Todes zurückgewinnen. Dieser Weggang hat keinerlei Ähnlichkeit mit dem gewöhnlichen Tod, bei dem die Energie ausläuft und doch die physische Hülle benötigt wird, um sie weiter zu verfeinern und zu konzentrieren, diese Option aber nicht mehr länger vorhanden ist. In dieser Form des Weggangs sind die Lebenskraft, der Energiekörper und das Bewußtsein vollkommen in der Lage, in einen höheren Zustand des Seins emporzusteigen, genau wie ein Schmetterling aus seinem Kokon schlüpft. Wenn sie die Schranke überwinden, driften sie nicht einfach leblos durch sie hindurch, sondern dem, was sie tun, unterliegt eine Absicht. Da ist Wissen und Bewußtsein und ein Körper, der diese beherbergt.

Das ist ein Schmetterling aus konzentrierter Lebenskraft, nichtkorrumpierbarem Geist, Traumbewußtsein und Lichtenergie, vier der haltbarsten und wertvollsten Essenzen der Schöpfung. Vier ist die Zahl einer stabilen Form, und mit diesen vieren taucht die Schlange mit unversehrter Weisheit und Langlebigkeit aus ihrer alten Haut empor und tauscht ihren physischen Körper gegen einen Energiekörper des Regenbogenlichts, das vor Lebenskraft glüht.«

»Die Regenbogenschlange«, sagte ich.

»Richtig.« Don Juan nickte zustimmend. »Es dauert eine Weile, die ganze Haut abzustreifen. Genau wie das Traumbewußtsein durch Übung endlos aufrechterhalten werden kann, so kann die Lebenskraft im Energiekörper endlos am Leben gehalten werden, wenn sie auf diese Weise mit der Kraft eines nicht korrumpierbaren Geists kombiniert wird.

Wann und wo ist dieses Für-immer, fragst du? Zeit und Raum sind insgesamt vollkommen gleichzeitig, aber für den physischen Körper hat es den Anschein, als würde doch die Zeit vergehen. Der Körper schlägt, aufgrund des physischen Konzepts der Zeit, die Brücke dorthin, wo der Energiekörper sich bereits befindet. In Wahrheit sind wir schon dort. Da alles simultan ist, änderst du, wenn du nur ein winziges Detail veränderst, alles. Das Universum ist stets in Bewegung, und demzufolge ist es für immer in Veränderung begriffen, allgegenwärtig und gleichzeitig, neu und doch uralt und vor-existent. Und wir streben danach zu werden, was wir bereits sind.

Bei all diesen Möglichkeiten da draußen sind einige der wertvollsten Dinge, die die Menschen besitzen, ihre Entscheidungen sowie ihre Fähigkeit, sich zu entscheiden. Durch Entscheidung fliegen wir auf den Flügeln der Absicht und benutzen immer das echte Sehen als Führer. Ich selbst bin mit meinen eigenen Entscheidungen zufrieden. Ich habe das Gefühl, daß du eine gute Entscheidung getroffen hast. Ich weiß, daß du das auch weiterhin tun wirst und anderen eine Hilfe sein wirst. Wir sind am Ende des Zyklus angelangt, Merlina. Diese Lektionen gehören zu den großartigsten des Lebens, zu den besten und letzten, die das menschliche Leben zu bieten hat. Ich bin hocherfreut, daß wir einen Teil des Weges gemeinsam gehen konnten. Wir werden noch viel mehr zusammen machen, wenn wir in das emporsteigen, was wir nun werden. Vertrau einfach auf deine Fehlerlosigkeit und das stille Wissen in dir, und wir werden uns wiedersehen.«

Niemand hatte jemals zuvor auf diese Weise mit mir über derartige letzte Dinge und solche machtvollen Anfänge geredet. Das Geheimnis ist in Wahrheit die Reise, und so sie richtig ausgeführt wird, entwickelt es alle Leidenschaft, die das Leben zu geben hat. Wir waren allein mit der Kraft unseres Bewußtseins von der Stille in eine Explosion des Lichts gegangen.

»Vielleicht eines der härtesten Dinge, die zu tun wir uns entschließen, sind die Abschiede«, sagte er. »Auch wenn dieser nicht für immer ist, werde ich ihn dir doch ersparen. Ich möchte, daß du wieder nach Yuma gehst, wenn wir zurück sind, und an deinem Buch arbeitest. Befolge Doña Celestinas Rat. Schreibe weiter über das, was du gesehen, geträumt und gelernt hast. Setze deine Heilarbeit mit Chon fort. Er ist ein hervorragender Traumexperte und kann dir noch viel mehr beibringen. Eines Tages wird auch er gehen, und auch Celestina wird das tun. Es wird über diese Momente Lektionen geben, Geschenke des Wissens, an denen sie dich teilhaben lassen werden. Wenn dieser Zeitpunkt gekommen ist, hast du vielleicht das Gefühl, daß du allein bist, doch das wirst du nicht sein. In der Stille ist alles eins.

Setze deine Übungen mit entschiedenster Absicht fort. Versuche lange genug zu leben, damit du ebenfalls alles an jemanden weitergeben kannst, so wie wir dich einweihten. Wenn aber deine Zeit kommt, wirst du es genauso wissen, wie ich es jetzt weiß, und du wirst bereit sein.«

Ich konnte nur schweigen; ich saß da und blickte aufs Meer, hielt die Tränen zurück und war doch nicht traurig. Irgendwie war ich überglücklich, als ob der Sehnsucht meines ganzen Lebens in diesem Augenblick Flügel verliehen worden wären. Ich lächelte sanft und nickte. Don Juan beließ unser Gespräch dabei. Er meinte, in kathartischen Augenblicken unseres Lebens sei es besser, nicht zuviel zu sagen. Statt dessen schwammen wir gemeinsam im warmen Wasser des Golfs oberhalb von Santa Rosalia und unternahmen eine lange Strandwanderung.

Die Regenbogenschlange, auf deren Rücken ich in den eigentlichen Kern meines Wesens geritten war, war dabei, sich jetzt in sich zu kehren und ihren eigenen Schwanz zu verschlingen. Bald würde die Energie abheben. Ich würde ihn nach Hause bringen. Er würde sein Zuhause verlassen, und ich würde, außer im Traum, meinen Freund, mein Pendant und meinen Mentor in diesem Leben nie wieder sehen.

Epilog

Nach unserer Reise kehrte ich, wie Don Juan es vorgeschlagen hatte, nach Yuma zurück, um zu schreiben. Ich blieb den ganzen Winter über dort und erfreute mich an den warmen Temperaturen und der Einsamkeit der Wüste. Tagtäglich arbeitete ich an meinem Manuskript, wie Don Juan und Doña Celestina mich gemahnt hatten, es zu tun. Don Juan blieb in Pozo, erzählte mir aber, er würde im Frühjahr vielleicht nach Yuma zurückkehren und mich dann sehen, wenn ich meine Schreibaufgabe beendet hätte.

Doña Celestina traf ich in diesem Winter nur einmal, bei einer Cocopa-Zeremonie, und sie teilte mir mit, es sei ihr gelungen, ihre Klientin von dem mißhandelnden Mann, der sie und ihre Tochter gequält hatte, zu befreien. Anscheinend hatte er einfach eines Nachts seine Sachen gepackt und war verschwunden, nachdem Doña Celestina ihn mehrfach in seinen Träumen besucht hatte. Ich beglückwünschte sie, und sie fragte nach, wie es mit dem Schreiben gehe. Ich erzählte ihr, daß ich sehr gut vorankäme und hoffte, Don Juan und ihr vielleicht im Herbst des folgenden Jahres ein Buch zeigen zu können.

Als der Frühling im Jahr 1994 kam, näherte ich mich der Vollendung meines ersten Manuskripts und beschloß, für kurze Zeit in die Ausläufer der Smoky Mountains zu fahren und mir die Blumen und grünen Bäume anzusehen. Während meines Besuchs dort in der Gegend, in der ich geboren bin, erwachte ich eines Nachts im Traum und sah Don Juan, der mir ins Gesicht starrte. Seine Augen waren nur Zentimeter von den meinen entfernt. Ich spürte, wie er an etwas in meinem Inneren zog, und setzte mich plötzlich erschrocken im Bett auf. Ich schnappte nach Luft, und mir war kalter Schweiß ausgebrochen.

Ich suchte nach dem Lichtschalter und saß einfach, gegen das Kopfteil gelehnt, zitternd im Bett, bis der Morgen so weit fortgeschritten war, daß ich im Yuma-Reservat anrufen konnte. Don Juan besaß kein Telefon, aber irgendwie wußte ich, daß er dorthin zurückgekehrt war. Ich konnte mir das zwingende Bedürfnis, diesen Anruf zu machen, nicht erklären, denn normalerweise hätte ich ihn nicht getätigt. Ich spürte, es war an der Zeit, sofort nach Yuma zurückzufahren.

Ich erreichte telefonisch Don Juans nächste Nachbarin. Sie lebte nicht einmal 400 Meter von ihm entfernt, war bereits aufgestanden und zu Hause. Sie teilte mir mit, sie sei am Tag zuvor draußen auf ihrem Land gewesen und hätte in der Ferne Don Juan gesehen, wie er zu seinem Lieblings-Mesquitebaum lief. Sie erzählte, daß er kurz vor dem Baum einfach umfiel und daß er zu dem Zeitpunkt, als sie und ihr Neffe endlich an der Stelle, wo er lag, ankamen, tot gewesen sei.

Ich begann zu schaudern, als ich die Bedeutung meines Traums und das Timing des Ganzen voll erfaßte. Zitternd und hysterisch begann ich Don Juans Nachbarin meinen gerade erlebten Traum zu erzählen, einer Kw'tsan-Frau von ungefähr 60 Jahren; sie war eine gute Freundin von ihm, und ihr Verhältnis zueinander war von gegenseitiger Zuneigung und Achtung geprägt.

»Sein Geist hat dich berührt«, erzählte sie mir und holte so tief Luft, daß es in der Telefonleitung zu hören war. »Du solltest auf der Stelle herkommen.«

Als ich eintraf, hatte man seinen Körper bereits nach der Tradition der Kw'tsan verbrannt. Immer wieder von neuem schilderten die Nachbarin und ihr Neffe mir die Geschichte. An jenem Tag im April war Don Juan spazierengegangen. Sie hatte gesehen, wie er anscheinend die Arme zur Sonne hin ausbreitete. Er hatte hochgeschaut, und sein Körper war auf den Boden gesunken. Sie sagten mir, man habe ihn nicht einmal ins indianische Krankenhaus gebracht, um seinen Tod offiziell feststellen zu lassen. Der Arzt sei herausgefahren und habe ihn vor Ort für tot erklärt, da es sich bei Don Juan um einen alten und hochangesehenen traditionellen Stammesältesten handelte. Die Verbrennung war öffentlich gewesen und noch am selben Abend auf dem Zeremonialgelände vollzogen worden, obwohl diese Art der Leichenverbrennung heutzutage eigentlich untersagt ist.

Ich war völlig geschockt. Außer zu weinen, konnte ich nur noch an eines denken: zu Doña Celestina zu fahren. Sie erwartete mich bereits zu Hause, als ich bei ihr eintraf, und bestätigte all meine Wahrnehmungen und den Traum, den ich gehabt hatte.

»Er hat es genauso gemacht, wie er es dir gesagt hatte«, erklärte sie. »Er kam in jener Nacht, als sein physischer Körper verbrannte, im Traum zu dir.«

Das alles war mehr, als ich verkraften konnte. Ich fragte Doña Celestina, ob ich eine Zeitlang bei ihr bleiben könnte. Sie sagte zu mir, das würde sogar von mir erwartet. Ich müsse mindestens ein Jahr lang in ihrem Heimatgebiet bleiben, bis das Kuruk stattfände, die zweite rituelle Verbrennung des Loslassens und der Rekapitulation, die für traditionelle Stammesälteste mit außergewöhnlicher Macht und Bedeutung in der Gemeinschaft abgehalten werde. Erst dann stünde es mir frei zu gehen. Das sei so, erklärte sie mir, weil Don Juan im Traum signalisiert habe, daß einige seiner Kräfte mir überlassen würden. Doña Celestina trug mir auf, ich solle mir die Sachen, die ich vielleicht bräuchte, schicken lassen, denn ich würde die ganze Wartezeit hindurch bei ihr sein.

Im Laufe dieser eineinhalb Jahre, vom Frühjahr 1994 bis zum Herbst 1995, als das Ku'ruk stattfand, blieb ich in Yuma und San Luis und unternahm nur sehr kurze Ausflüge, die sich nicht vermeiden ließen, an andere Orte. Einer der Ausflüge, die ich gelegentlich unternahm, war die Fahrt nach Algodones an der Baja, einer kleinen mexikanischen Stadt zwischen San Luis und

Los Angeles in Kalifornien, wo Carlo Castillo lebte. Carlo wählte dieses Städtchen für unsere Begegnungen aus. Er würde an Krebs sterben und hatte um ein Wiedersehen gebeten, und da er in San Luis oder Yuma nicht wirklich willkommen war und mir Los Angeles nicht behagte, trafen wir uns unter den schattigen Bäumen von Algodones.

Bei zahlreichen von Freiluftkonzerten begleiteten Imbissen auf den kleinen Plätzen führten wir Gespräche, in denen er sein Schicksal beklagte. Die Wendung der Ereignisse verlief nicht so, wie er es sich gewünscht hatte, und es war offensichtlich, daß er die Dinge gerne geändert hätte, wäre es ihm nur möglich gewesen. Ich hatte das starke Gefühl, daß dies möglich war, aber ihm ging es unglücklicherweise nicht so. Im April 1998, genau vier Jahre nach Don Juans Dahinscheiden, erlag Carlo schließlich in der Abgeschiedenheit seines Hauses dem Leberkrebs.

Ich war nicht geschockt, denn ich hatte seit langer Zeit gewußt, daß dies kommen würde, und war darauf vorbereitet, aber die Art seines Todes stimmte mich traurig. Carlo war ein langjähriger Freund gewesen. Obwohl er gut ausgebildet und ihm so viele Möglichkeiten geboten worden waren, hatte er es nicht geschafft, sein Ende auch nur um ein Jota zu verbessern, und das stand in merklichem Kontrast zum Tode Don Juans. Mir wurde klar, daß die Art, wie wir leben und unsere Energie verwenden, tatsächlich auf alles, was wir tun, und auf alles, was wir sind, starken Einfluß hat – auch auf die Art, wie wir die Erde verlassen. Das hätte mir nicht deutlicher oder prägnanter vorgeführt werden können, denn ich liebte sie beide, wenn auch auf unterschiedliche Weise.

Was Chon betrifft, so lebt er nach wie vor zufrieden im Süden Mexikos, wenn auch in dieser Region wieder Aufstände ausgebrochen sind. Er kommt von Zeit zu Zeit an die Grenze herauf und wohnt dann, genau wie früher, bei Doña Celestina. Wir führen unser Träumen und unsere Heilarbeit fort. Chon sagt, wenn seine Zeit zu gehen gekommen ist, werde er das im Traum machen. Das ist der für ihn naturgegebene Weg. Eines Tages wird sich sein physischer Körper am Morgen einfach nicht erheben, und sein Energiekörper wird weiterleben. Ich hoffe, dieser Tag liegt noch in weiter Ferne.

Doña Celestina ist zum Zeitpunkt, da ich dieses, mein zweites Buch schreibe, in eine Cocopa-Stadt umgezogen. Sie ist wohlauf und fit. Doña Celestina sagt, sie werde irgendwann in der Zukunft nicht zu uns in die Regenbogenwelt kommen, denn ihr drachengleicher Energiekörper habe im glühenden Kessel der Erde noch mehr zu tun. Sie bereitet sich darauf vor, diese Welt mit ihrem Energiekörper erst später zu verlassen. Vielmehr wird sie ihren Energiekörper steuern, damit sie noch stärker mit der Erde selbst eins werden kann. Doch eines Tages wird auch sie gehen. Doña Celestina ist weiterhin meine größte Quelle für die ursprüngliche Weisheit der weiblichen sexuellen Energie.

Ich setze meine Traumarbeit und -praktiken, genau wie all meine Mentoren es mir geraten haben, fort. Ich muß zugeben, daß ich mich infolge der tiefen energetischen Reisen, die wir unternahmen, stärker verändert habe, als ich jemals erwartet hätte. Ernsthaftigkeit ist über mich gekommen, das Wissen um Leben und Tod und die Wege, die sie miteinander verbinden. Die Macht unserer Lebenskraft-Energie, der Schöpfung und der Transformation offenbart weiter Schicht um Schicht des herausragenden gesteigerten Bewußtseins, das im Mysterium eingebettet ist. Die zeitlose Eleganz all dessen ist ehrfurchtgebietend.

Einige Leute haben das Gefühl, die Menschen seien am Ende eines Entwicklungszyklus angelangt. Nach dem, was ich gesehen und erfahren habe, kann ich nicht behaupten, daß das der Fall ist. Ich wurde Zeuge von Transformationen, die meine kühnsten Vorstellungen übertrafen und in den Urkräften unserer sexuellen und Lebenskraft-Energie sowie im gesteigerten Bewußtsein verwurzelt sind. Ich habe mit meinen eigenen Augen den Aufstieg in eine Welt der spiritualisierten Lebenskraft und des Lichts gesehen. Mit diesem Buch verfolgte ich die Absicht, einige der Geheimnisse und Methoden, mittels derer die Schamanen der alten Nagual-Schule die evolutionären Wege unserer sexuellen Lebenskraft-Energien und unserer Bewußtheit fortführen, aufzuzeigen. Ich habe die Hoffnung, daß andere Menschen diese Praktiken für sich übernehmen und mit ihnen für ihr eigenes Wohlbefinden und die eigene Besserung sowie für die Besserung der Menschheit und des menschlichen Bewußtseins als Ganzem arbeiten und sie als die Gemmen begreifen, die sie sind.

Frieden, Weisheit, Ausgeglichenheit und Kraft sind wesentliche Voraussetzungen, wenn wir beabsichtigen, liebend in Welten zu gehen, die jenseits der menschlichen liegen. Wer es demütig auf sich nimmt, mit den eigenen Energien zu arbeiten, kann nur gewinnen, und häufig auf ziemlich unvorstellbare Weise. Ich wünsche Ihnen alles Gute.

Merilyn Tunneshende kommt regelmäßig nach Großbritannien, um Workshops über den Nagualismus abzuhalten, einen speziellen Zweig des Schamanismus, der seine Wurzeln in den Traditionen der Yama, Nahuatl, Mazatal und Maya hat. Näheres dazu finden Sie unter:

The Sacred Trust
PO Box 603
Bath BA1 2ZU
England
Tel.: 00 44 12 25/85 26 15
Fax: 00 44 12 25/85 88 61
E-Mail: mail@sacredtrust.co.uk